中国文化史

柳诒徵 著

上

吉林人民出版社

图书在版编目（CIP）数据

中国文化史 / 柳诒徵著 . -- 长春：吉林人民出版
社，2020. 12
　ISBN 978-7-206-17904-4

　Ⅰ.①中…　Ⅱ.①柳…　Ⅲ.①文化史—中国　Ⅳ.
①K203

中国版本图书馆 CIP 数据核字（2020）第 263050 号

出 品 人：常　宏
选题策划：吴文阁　翁立涛　四季中天
责任编辑：张　娜
助理编辑：刘　涵　丁　昊
封面设计：观止堂＿未　氓

中国文化史

ZHONGGUO WENHUASHI

著　　者：柳诒徵
出版发行：吉林人民出版社（长春市人民大街 7548 号　邮政编码：130022）
咨询电话：0431-85378007
印　　刷：天津雅泽印刷有限公司
开　　本：650mm×960mm　　　　1/16
印　　张：73.75　　　　　　　字　　数：900 千字
标准书号：ISBN 978-7-206-17904-4
版　　次：2021 年 3 月第 1 版　　印　　次：2021 年 3 月第 1 次印刷
定　　价：168.00 元（上中下）

出版说明

　　柳诒徵，字翼谋，亦字希兆，号知非，晚年号劬堂，江苏镇江人。我国著名历史学家、教育家、古文献学家、图书馆学家，中国近现代史学先驱，中国文化学的奠基人，现代儒学宗师，"学衡派"灵魂人物。柳诒徵先生早年任南京江楚编译局编辑，负责编写教科书，后任教于两江师范学堂、南京高等师范学校、国立东南大学等。1927年任江苏省立国学图书馆馆长。1929年，重返南京，任教于国立中央大学，并曾任南京图书馆馆长、考试院委员、江苏省参议员。抗日战争期间，先后任教于浙江大学、贵州大学和重庆中央大学，兼任国史馆纂修。1945年回南京复馆，1948年与冯友兰、胡适等当选为中央研究院第一届院士。新中国成立后，执教于复旦大学，任上海市文物管理委员会委员。曾与柳诒徵先生同在国立东南大学，并"素以平生风义兼师友与之相期"的吴宓教授称许他说："国立东南大学之教授人才，'以柳先生博雅宏通，为第一人'。"

　　《中国文化史》是中国文化史的开山之作，成稿于20世纪20年代，初为教学讲义，后在《学衡》杂志上陆续刊载，再其后有书局以著作形式印行出版，全书分上古、中古、近世三编，规模宏大，流布甚广，引用资料自六经、诸子、二十五史、历代各家著述，旁及国外汉学家论著，兼涉近代杂志、报纸、统计、报告等无不详为搜集，各种史料多达600余种。由于作者身经清末政治衰败濒于崩溃之际，痛感民族自尊心的丧失、崇洋媚外的奴化思想无从抵制，因此蓄志阐述中国文化政教源流，以增强我民族自尊心，故而抉择中国文化之特质，以鼓励青年学习、继承和发扬我中国文化的优良传统。通观全书，史实充分、议论精彩，至今依然是研治中国文化史的必读书目。

鉴于此，我们出版了本书，编辑说明如下：

一、保留原作中符合当时语境的表述，只对错别字、常识性错误进行改动。

二、参照2012年6月实施的《出版物上数字用法》国家标准，在"得体""局部体例一致""同类别同形式"等原则下，对原书中涉及年龄、年月日等数字用法，不做改动（引文、表格和括号内特别注明的除外）。中华人民共和国成立后的年、月、日统一采用公元纪年法表示。

柳诒徵先生的《中国文化史》一书，包罗宏富、内容丰赡，从他的文字里，我们不难感受到作者强烈的民族文化意识。我们出版本书，希望读者朋友能够从中得到有益的启示和借鉴。

编　者

目 录
contents

第二编　中古文化史

第三编　近世文化史

弁　言

　　往玷学校讲席，草创文化史稿，管窥蠡测，无当万一，未敢以问世也。吴君雨僧猥附之《学衡》社友论撰，缪赞虞、张晓峰诸子设钟山书局，复因中华纸版印布千部，蜀中又有线装本及缩印本，转相流布。覆视之，恒自愧汗，不足语于述作。既病懒，复牵迫他务，不克充其意增削之，良惧传播之误学者。顾是稿刊布后，梁新会有纵断之作，才成一二目，未竟其绪。王君云五复鸠各作家分辑专史，所辑亦未赅备，且分帙猥多，只可供学者参考，不便于学年学程之讲习。又凡陈一事，率与他事有连，专治一目者，必旁及相关之政俗，苟尽芟緟复，又无以明其联系之因果，此纵断之病也。他坊肆有译籍及规仿为之者，率不餍众望。荏苒迄今，言吾中国文化，盖尚未有比较丰约适当之学校用书。吴君士选乃为正中书局订约复印是稿，且属再为弁言。嗟乎！此覆酱瓿之本，阅廿年无进境，尚安足言！无已，姑仍其管蠡言之。

　　史非文学，非科学，自有其封域。古之学者治六艺，皆治史耳。故汉志有六艺，不专立书目。刘宋以史俪文、儒、玄三学，似张史学，而乙部益以滋大。顾儒学即史学，而玄又出于史，似四学之并立未谛。近世学校史隶文科，业此而隽其曹者称文学博士，名实诡矣。西国史籍之萌芽，多出文人，故以隶文科，与吾国邃古以来史为政宗异趣。近人欲属之科学，而人文与自然径庭，政治、经济、社会诸学皆产于史，子母不可偶，故吾尝妄谓今之大学宜独立史学院，使学者了然于史之封域非文学、非科学，且创为斯院者，宜莫吾国若。三二纪前，吾史之丰且函有亚洲各国史实，固俨有世界史之性。丽、鲜、越、倭所为国史，皆师吾法。夫以数千年丰备之史为之干，益以近世各国新兴之学拓其封，则独立史学院之自吾倡，不患其异于他国也。

吾国圣哲遗训曰：立天之道曰阴与阳，立地之道曰柔与刚，立人之道曰仁与义。持仁义以为人，爰以参两天地，实即以天地之道立人极，故曰天地之道，博也，厚也，高也，明也，悠也，久也。博厚配地，高明配天，悠久无疆。又曰：惟天下之至诚，为能尽其性；能尽其性，然后能尽人之性；能尽人之性，然后能尽物之性；能尽物之性，则可以赞天地之化育；可以赞天地之化育，则可以与天地参矣。人之性根于天地，汩之则日小，而人道以亡；尽之则无疆，而人道以大。本之天地者，极之参天地，岂惟是营扰于物欲，遂足为人乎！故古之大学明示正鹄，曰明明德，曰新民，曰止于至善。立学校，非以为人之资历，为人之器械也。又申之曰：古之欲明明德于天下者，先治其国；欲治其国者，先齐其家；欲齐其家者，先修其身；欲修其身者，先正其心；欲正其心者，先诚其意；欲诚其意者，先致其知；致知在格物。又曰：自天子以至于庶人，壹是皆以修身为本。庶人修其身，不愧天子；天子不修其身，不足侪庶人。此是若何平等精神！而其大欲在明明德于天下，非曰张霸权于世界，攫政柄于域中也。彝训炳然，百世奉习，官礼之兴以此，文教之昌以此。约之为史，于是迁、固之学为儒之别子史之祖构者，亦即以此。迁之言曰："夫学者载籍极博，犹考信于六艺。"又曰："究天人之际，通古今之变，成一家之言。"固之言曰："修六艺之术，观九家之言，舍短取长，可以通万方之略矣。"又曰："凡《汉书》，叙帝皇，列官司，建侯王。准天地，统阴阳，阐元极，步三光。分州域，物土疆，穷人理，该万方。纬六经，缀道纲，总百氏，赞篇章。函雅故，通古今，正文字，惟学林。"呜呼！吾圣哲之心量之广大，福吾族姓，抚有土宇，推暨边裔，函育万有，非史家之心量能翕受其遗产，恶足以知尽性之极功。彼第知研悦文藻，标举语录，钻索名物者，盖得其偏而未睹其全。而后史之阘冗，又缘政术日替，各族阑入，虽席圣哲之余绪，而本实先拨。顾犹因其服习之久，绵绵然若存若亡，而国史、方志、文儒之传记，得托先业而增拓其封畛焉。吾之谫劣，固不足以语史，第尝妄谓学者必先大其心量以治吾史，进而求圣哲、立人极、参天地者何在，是为认识中国文化之正轨。徒姝姝暖暖于一先生之言，扣槃扪籥，削足适履，则所谓不赅不备一曲之士耳。

虽然，世运日新，吾国亦迈进未已，后此之视吾往史，殆不过世界史中之一部域，一阶程，吾人正不容以往史自囿。然立人之道，参天地，尽物性，必有其宗主，而后博厚高明可推暨于无疆。故吾往史之宗主，虽在此广宇长宙中，若仅仅占有东亚之一方，数千祀之短晷，要其磊磊轩天地者，固积若干圣哲贤智创垂赓续以迄今兹，吾人继往开来，所宜择精语详，以诏来学，以贡世界，此治中国文化史者之责任。而吾此稿之择焉不精、语焉不详之不足副吾悬想，即吾所为覆视而愧汗者也。迁《史》曰："述往事，思来者。"吾岂甘为前哲之奴，正私挟其无穷之望，以企方来之宗主耳！

一九四七年夏五月

柳诒徵

绪　论

历史之学，最重因果。人事不能有因而无果，亦不能有果而无因。治历史者，职在综合人类过去时代复杂之事实，推求其因果而为之解析，以诏示来兹，舍此无所谓史学也。人类之动作，有共同之轨辙，亦有特殊之蜕变。欲知其共同之轨辙，当合世界各国家、各种族之历史，以观其通；欲知其特殊之蜕变，当专求一国家、一民族或多数民族组成一国之历史，以觇其异。今之所述，限于中国。凡所标举，函有二义：一以求人类演进之通则，一以明吾民独造之真际。盖晚清以来，积腐襮著，综他人所诟病，与吾国人自省其阙失，几若无文化可言。欧战既辍，人心惶扰，远西学者，时或想象东方之文化，国人亦颇思反而自求。然证以最近之纷乱，吾国必有持久不敝者存，又若无以共信。实则凭短期之观察，遽以概全部之历史，客感所涽，矜馁皆失。欲知中国历史之真相及其文化之得失，首宜虚心探索，勿遽为之判断，此吾所渴望于同志者也。

吾书凡分三编：第一编，自邃古以迄两汉，是为吾国民族本其创造之力，由部落而建设国家，构成独立之文化之时期；第二编，自东汉以迄明季，是为印度文化输入吾国，与吾国固有文化由抵牾而融合之时期；第三编，自明季迄今日，是为中印两种文化均已就衰，而远西之学术、思想、宗教、政法以次输入，相激相荡而卒相合之时期。此三期者，初无截然划分之界限，特就其蝉联蜕化之际，略分畛畔，以便寻绎。实则吾民族创造之文化，富于弹性，自古迄今，纚纚相属，虽间有盛衰之判，固未尝有中绝之时。苟从多方诊察，自知其于此见为堕落者，于彼仍见其进行。第二、三期吸收印欧之文化，初非尽弃所有，且有相得益彰者焉。

中国文化为何？中国文化何在？中国文化异于印、欧者何在？此学者所首应质疑者也。吾书即为答此疑问而作。其详具于本文，未可以一言罄。然有一语须先为学者告者，即吾中国具有特殊之性质，求之世界无其伦比也。夫世界任何国家之构成，要皆各有其特殊之处，否则万国雷同，何必特标之为某国某国？然他国之特殊之处，有由强盛而崩裂者，有由弱小而积合者，有由复杂而涣散者，事例綦多；而求之吾民族、吾国家，乃适相反。此吾民所最宜悬以相较，借觇文化之因果者也。

就今日中国言之，其第一特殊之现象，即幅员之广袤，世罕其匹也。世界大国，固有总计其所统辖之面积广大于中国者，然若英之合五洲属地，华离庞杂号称大国者，固与中国之整齐联属，纯然为一片土地者不同。即以美洲之合众国较之中国，其形势亦复不侔。合众国之东西道里已逊于我，其南北之距离则尤不逮。南北距离既远，气候因以迥殊。其温度，自华氏表平均七十九度以至三十六度，相差至四十余度。其栖息于此同一主权之下之土地上之民族，一切性质习惯，自亦因之大相悬绝。然试合黑龙江北境之人与广东南境之人于一堂，而叩其国籍，固皆自承为中国之人而无所歧视也。且此等广袤国境，固由汉、唐、元、明、清累朝开拓以致此盛。然自《尧典》、《禹贡》以来，其所称领有之境域，已不减于今之半数。

《书·尧典》：“分命羲仲，宅嵎夷，曰旸谷。”“申命義叔，宅南交，曰明都。""分命和仲，宅西，曰昧谷。""申命和叔，宅朔方，曰幽都。"

《禹贡》："东渐于海，西被于流沙，朔南暨声教，讫于四海。"

圣哲立言，恒以国与天下对举。

《老子》："以正治国，以奇用兵，以无事取天下。""大国者下流，天下之交。"

《大学》："古之欲明明德于天下者，先治其国。""国治而后天下平。"

此虽夸大之词，要必自来所见，恢廓无伦，故以思力所及，名曰"天下"。由是数千年来，治权时合时分，而国土之增辟初无或间。今之拥有广土，皆席前人之成劳。试问前人所以开拓此天下，抟结此天下者，果何术乎？

第二，则种族之复杂，至可惊异也。今之中国，号称五族共和，其实尚有苗、徭、僮、蛮诸种，不止五族。其族之最大者，世称汉族。稽之史策，其血统之混杂，决非一单纯种族。数千年来，其所吸收同化之异族，无虑百数。春秋战国时所谓蛮、夷、戎、狄者无论矣，秦、汉以降，若匈奴，若鲜卑，若羌，若奚，若胡，若突厥，若沙陀，若契丹，若女真，若蒙古，若靺鞨，若高丽，若渤海，若安南，时时有同化于汉族，易其姓名，习其文教，通其婚媾者。外此如月氏、安息、天竺、回纥、唐兀、康里、阿速、钦察、雍古、弗林诸国之人，自汉、魏以至元、明，逐渐混入汉族者，复不知凡几。

《汉书》："金日磾，字翁叔，本匈奴休屠王太子也。"

《晋书》："卜珝，字子玉，匈奴后部人也。""段匹磾，东郡鲜卑人也。""乔智明，字元达，鲜卑前部人也。"

《通志氏族略》："党氏本出西羌。"

《唐书》："王世充，字行满，本姓支，西域胡人也。""李怀仙，柳城胡人也。""哥舒翰，突骑施首领哥舒部落之裔也。""代北李氏，本沙陀部落。""王武俊，契丹怒皆部落也。""李光弼，营州柳城人，其先契丹之酋长。""李怀光，渤海靺鞨人也。""高仙芝，本高丽人。""王毛仲，本高丽人。""高崇文，其先渤海人。""姜公辅，安南人。""史宪诚，其先出于奚虏。""李宝臣，范阳城旁奚族也。"

《通志》："支氏，其先月支胡人也。""安氏，安息王子入侍，遂为汉人。""竺氏，本天竺胡人。"

《元史》："昔班，畏吾人。""余阙，唐兀人。""斡罗思，康里氏。""杭忽思，阿速人。""完者都，钦察人。""马祖常，世为雍古部。""爱薛，西域弗林人。"（此类甚多，姑举以示例。）

《日知录》卷二十三："《章丘志》言：洪武初，翰林编修吴沈奉旨撰《千家姓》，得姓一千九百六十八，而此邑如'术'、如'偶'，尚未之录。今访之术姓，有三四百丁，自云金丞相术虎高琪之后。盖二字改为一字者。而撰姓之时，尚未登于黄册也。以此知单姓之改，并在明初以后。而今代山东氏族，其出于金、元之裔者多矣。""永乐元年九月庚子，上谓兵部尚书刘儁

曰：'各卫鞑靼人多同名，宜赐姓以别之。于是兵部请
如洪武中故事，编置勘合，赐给姓氏。'从之，三年七
月，赐把都帖木儿名吴允诚，伦都儿灰名柴秉诚，保住
名杨效诚，自此遂以为例。"

凡汉族之大姓，若王、若李、若刘者，其得氏之始，虽恒
自附于中国帝王，实则多有异族之改姓。其异族之姓，如金、如
安、如康、如支、如竺、如元、如源、如冒者，在今日视之，固
亦俨然汉族，与姬、姜、子、姒若同一血统矣。甄克思有言：
"广进异种者，其社会将日即于盛强。"

《社会通诠》（甄克思）："世界历史所必不可诬之
事实：必严种界，使常清而不杂者，其种将日弱而驯致
于不足以自存；广进异种者，其社会将日即于盛强，而
种界因之日泯。此其理自草木禽兽以至文明之民，在
在可征之实例。孰得孰失，非难见也。……希腊邑社之
制，即以严种界而衰灭，罗马肇立，亦以严种界而几沦
亡。横览五洲之民，其气脉繁杂者强，英、法、德、美
之民，皆杂种也。其血胤单简者弱，东方诸部，皆真种
人矣。"

顾欧陆诸国，虽多混合之族，而其人至今犹严种界，斯拉
夫、条顿、日耳曼之界，若鸿沟然。而求之吾国，则"非族异
心"之语，"岛夷索虏"之争，固亦时著于史，如：

《左传》成公四年："史佚之《志》有之曰：非我族
类，其心必异。"

> 《通鉴》卷六十九："宋魏以降，南北分治。南谓北为索虏，北谓南为岛夷。"

而异族之强悍者，久之多同化于汉族，汉族亦遂泯然与之相忘。试问吾国所以容纳此诸族，沟通此诸族者，果何道乎？

第三，则年祀之久远，相承勿替也。世界开化最早之国，曰巴比伦，曰埃及，曰印度，曰中国。比而观之，中国独寿。

> 《西洋上古史》（浮田和民）："迦勒底王国，始于公元前四千年以前，至一千三百年而亡。亚述兴于公元前一千三百年，至六百零六年而亡。巴比伦兴于公元前六百二十五年，至五百三十八年，为波斯所灭。……埃及旧帝国兴于公元前四千年，中帝国当公元前二千一百年，新帝国当公元前一千七百年，至五百二十七年，为波斯所灭。"

> 《印度五千年史》（高桑驹吉）："印度吠陀时代，始于公元前二千年，公元后七百十四年，为回教徒所征服。"

中国历年之久，姑不问纬书荒诞之说。

> 《春秋元命苞》："天地开辟，至春秋获麟之岁，凡二百七十六万岁。"

即以今日所传书籍之确有可稽者言之，据《书经·尧典》，则应托始于公元前二千四百年；据龟甲古文，则作于公元前一千二百年；据《诗经》，则作于公元前一千一百年，至共和纪元以后，则逐年事实，皆有可考，是在公元前八百四十一年。汉、唐而降，虽常有异族入主之时，然以今日五族共和言之，则女真、蒙古、满洲诸族，皆吾中国之人。是即三四千年之间，主权有转移，而国家初未亡灭也。并世诸国，若法、若英、若俄，大抵兴于梁、唐以后，即日本号称万世一系，然彼国隋唐以前之历史，大都出于臆造，不足征信。则合过去之国家与新兴之国家而较之，未有若吾国之多历年所者也。试问吾国所以开化甚早、历久犹存者，果何故乎？

答此问题，惟有求之于史策。吾国史籍之富，亦为世所未有。今日所传之正史，共计三千五百四十三卷：

《史记》一百三十卷，西汉司马迁撰。《汉书》一百二十卷，东汉班固撰。《后汉书》一百二十卷，宋范晔撰。《三国志》六十五卷，晋陈寿撰。《晋书》一百三十卷，唐房玄龄等撰。《宋书》一百卷，梁沈约撰。《南齐书》五十九卷，梁萧子显撰。《梁书》五十六卷，唐姚思廉撰。《陈书》三十六卷，唐姚思廉撰。《魏书》一百三十卷，北齐魏收撰。《北齐书》五十卷，唐李百药撰。《周书》五十卷，唐令狐德棻等撰。《隋书》八十五卷，唐魏徵等撰。《南史》八十卷，唐李延寿撰。《北史》一百卷，唐李延寿撰。《旧唐书》二百卷，晋刘昫等撰。《新唐书》二百五十五卷，宋欧阳修、宋祁撰。《旧五代史》一百五十二卷，宋薛居正等撰。《新五代史》七十五卷，宋欧阳修撰。《宋史》四百九十六卷，元脱脱等撰。《辽史》一百十六卷，元脱脱等撰。《金史》一百三十五卷，元脱脱等撰。《元史》二百十卷，明宋濂等撰。《新元史》二百五十七卷，民国柯劭忞撰。

《明史》三百三十六卷，清张廷玉等撰。

自《隋书·经籍志》以下，史部之书，每较经、子、集为多：

《隋书·经籍志》

六艺经纬	六二七部	五三七一卷
史部	八一七部	一三二六四卷
子部	八五三部	六四三七卷
集部	五五四部	六六二二卷
道佛	二三二九部	七四一四卷

《旧唐书·经籍志》

经录	五七五部	六二四一卷
史	八四〇部	一七九四六卷
子	七五三部	一五六三七卷
集	八九二部	一二〇二八卷
释道书	二五〇〇部	九五〇〇卷

《新唐书·艺文志》

经	五九七部	六一四五卷
史	八五七部	一六八七四卷
子	九六七部	一七一五二卷
集	八五六部	一一九二三卷

《宋史·艺文志》

| 经 | 一三〇四部 | 一三六〇八卷 |

史	二一四七部	四三一〇九卷
子	三九九九部	二八二九〇卷
集	二三六九部	三四九六五卷

《明史·艺文志》

经	九四九部	八七四六卷
史	一三一六部	二八〇五一卷
子	九七〇部	三九二一一卷
集	一三九八部	二九九六六卷

清《四库书目》

经	六九四部	一〇二六〇卷
史	五六三部	二一九四一卷
子	九〇七部	一七八九六卷
集	一二七七部	二九二五四卷

然经、子、集部，以至道、释二藏之性质，虽与史书有别，实亦无不可备史料。其第以编年纪事，及纪、传、表、志诸体为史书之界限者。初非深知史者也。世恒病吾国史书为皇帝家谱，不能表示民族社会变迁进步之状况，实则民族社会之史料，触处皆是，徒以浩穰无纪，读者不能博观而约取，遂疑吾国所谓史者，不过如坊肆《纲鉴》之类，止有帝王嬗代及武人相斫之事，举凡教学、文艺、社会、风俗以至经济、生活、物产、建筑、图画、雕刻之类，举无可稽。吾书欲祛此惑，故于帝王朝代，国家战伐，多从删略，惟就民族全体之精神所表现者，广搜而列举之。兹事体大，挂漏孔多，姑发其凡，以待来哲尔。

第一编　上古文化史

第一章　中国人种之起源

中国人种之起源，盖不可考。其故有二：

（一）无文字之证。研究历史，自来皆依据文字。吾人今日所知之文字，仅能及于商、周之时，所读之书，大抵周、秦以来之书。周、秦之人之去太古，不知若干万年。视吾人之去周、秦之年岁，不止十百倍蓰。故虽周、秦人相传之说，不能尽信为正确之史料。后世穿凿附会之说，更不足言。

（二）无器物之证。仅据文字以考史事，不过能识有史以后之事，其未有文字以前之史事，仍无从考证。故欲推测人种之起源，必须得未有文字以前之器物以为证。近世东西学者，若劳夫尔及鸟居龙藏等研究中国各地所发现之石器，多不能定其时代，且谓其未必为中国民族之石器。盖古器湮沉，仅从浮土中略得数事，不足据以考史也。

周、秦之人，已知此理。故其推论古初，约有二法：

（一）约举其理。

《易·序卦》："有天地然后有万物，有万物然后有男女，有男女然后有夫妇，有夫妇然后有父子，有父子然后有君臣，有君臣然后有上下，有上下然后礼义有所错。"

《乾凿度》："有太易，有太初，有太始，有太素。

太易者，未见气也；太初者，气之始也；太始者，形之始也；太素者，质之始也。气形质具，而未相离，故曰浑沦。浑沦者，言万物相浑沦而未相离也。视之不见，听之不闻，循之不得，故曰易也。易无形埒，易变而为一，一变而为七，七变而为九。九者，气之究也，乃复变而为一。一者，形变之始也。清轻者上为天，浊重者下为地，冲和气者为人。故天地含精，万物化生。"

古无文字，无名号，无年代，故人类起源之时，不可确指，仅能以理想推测其发生次序如此。今人以地质及古物，推究人类之年代及进化之次第，亦仅约计，不能如有史以后之事实，可确指其距今若干年，在何地，有何事实也。

（二）斥言其诬。

《列子·杨朱篇》："杨朱曰：太古之事灭矣，孰志之哉？三皇之事，若存若亡；五帝之事，若觉若梦。三王之事，或隐或显，亿不识一；当身之事，或闻或见，万不识一；目前之事，或存或废，千不识一。太古至于今日，年数固不可胜纪，但伏羲以来，三十余万岁，贤愚好丑，成败是非，无不消灭，但迟速之间耳。"

此论极诋历史为不可信。盖谓吾人于目前之事，亦不能尽得其真相，况欲上考太古乎？其谓"太古灭矣，孰志之哉"，亦可见有史以后，虽不能谓史事完全真确，尚可确知有人志记；有史以前，既无人为之记录，但凭后人推测，则更属渺茫矣。

后世治历史者，因亦不复远溯古初，仅自羲、农、黄帝、尧、舜以来言之。而近世学者，以西人称吾国人种来自西方，于是周、秦以来所不能确定而质言者，今人转凿凿言之。或谓来自中央亚细亚，或谓来自阿富汗，或谓来自巴比伦，或谓来自于阗，或谓来自马来半岛，众说纷纭，莫衷一是。而以法人拉克伯里（Lacouperie）所倡"中国太古文明西元论"最为学者所信。

> 《中国人种从来考》（丁谦）："中国史书，皆始于盘古，而三皇继之，伏羲、神农、黄帝又继之，并无言他处迁来之事。自光绪二十年（公元一千八百九十四年）法人拉克伯里著《中国太古文明西元论》，引据亚洲西方古史，证中西事物法制之多同，而彼间亦实有民族东迁之事。于是中东学者，翕然赞同，初无异词。且搜采古书，以证明其说。如刘光汉之《华夏篇》、《思故国篇》，黄节之《立国篇》，章太炎之《种姓篇》，蒋观云之《中国人种考》，及日本人所著之《兴国史谭》等，虽各有主张，要无不以人种西来之说为可信。"

而德人夏德（F.Hirth）所著《中国太古史》，力斥拉克伯里之傅会，近日学者亦多驳斥其说。盖中国古书，多不可信，年代对比，亦难正确。如谓巴克民族为盘古，当先确定盘古之有无。

> 《中国人种从来考》（丁谦）："西史谓徙中国者为巴克民族，巴克乃盘古转音。中国人谓盘古氏开辟天地，未免失实，而盘古氏之为中国始迁祖，则固确有可考矣。"
>
> 《五运历年记》（徐整）："元气濛鸿，萌芽兹始，遂分天地，肇立乾坤。启阴感阳，分布元气，乃孕中和，是为人也。首生盘古，垂死化身，气成风云，声为

雷霆，左眼为日，右眼为月，四肢五体为四极五岳，血液为江河，筋脉为地里，肌肉为田土，发髭为星辰，皮毛为草木，齿骨为金石，精髓为珠玉，汗流为雨泽，身之诸虫，因风所感，化为黎甿。"《三五历记》："天地混沌如鸡子，盘古生其中，万八千岁，天地开辟。阳清为天，阴浊为地，盘古在其中，一日九变，神于天，灵于地。天日高一丈，地日厚一丈，盘古日长一丈。如此万八千岁，天数极高，地数极深、盘古极长。后乃有三皇。"（此等荒诞之说，丁氏亦知失实，然犹信盘古为中国始迁祖，则傅会之过也。）

《中国历史》（夏曾佑）："盘古之名，古籍不见，疑非汉族旧有之说。或'盘古'、'盘瓠'音近。盘瓠为南蛮之祖。此为南蛮自说其天地开辟之文，吾人误用以为己有也。故南海独有盘古墓，桂林又有盘古祠。不然，吾族古皇，并在北方，何盘古独居南荒哉？"

谓霭南国王为黄帝，亦难确定黄帝之年代。

《中国人种从来考》（丁谦）："西亚古史，中国人种为丢那尼安族。其族分二派，一思米尔，一阿加逖，皆起于亚洲中境。思米尔人先入美索波达米南境，建立迦勒底国。阿加逖人后至沙蛟山麓，建都城于苏萨，称霭南国。其王廓特奈亨台兼并迦勒底诸部，既乃率其种人，迁入中华，谓即黄帝。以此王时代在公元前二千二百八十年间也。但其说不确。因此年数，即彼土亦不衷一，或谓在二十四世纪至二十七世纪。据《竹书》所纪之年，上推黄帝，为二千六百二十年，与第一说不相应，而与第二说差近。但亦无实证，不足为凭。"

《中国通史》（陈汉章）："近今一般社说，并谓中
国黄种，皆黄帝子孙，而黄帝实由西北方迁徙而来。按
法人拉克伯里说，以奈亨台为丢那尼安种，非塞米的种
与黄种合矣。底格里士河边地，与幼发拉的河侧地，并
即迦勒底古国，而里海西岸之巴克，并其统领迦勒底
国之地，当时实为波斯巴撒迦特族人所居。若率巴克民
族东来，则东来者仍是白种（西人说波斯古国者，或云
哈母种，或云阿利安种，皆白种），非黄种。且公元前
二千八百八十二年，当中国颛顼帝之二十二年，犹得
以底格里士河边之酋长，由土耳其斯坦来中国者为黄
帝乎？"

至以八卦与楔形字为一源，则无论年代不合，但以卦象与楔形字
比而观之，一则有横无纵，而数止于三；一则纵横兼备，而笔画
亦无定数。虽至愚极浅之人，亦可知其不类也。

《中国通史》（陈汉章）："或谓八卦即巴比伦
之楔形文字，试问巴比伦始造尖桙文字，在公元前
二千一百四十七年，当中国帝挚时，能与伏羲时代附
合乎？"

中国人种之起源，既不可知，以从来所传不可尽信之说，比
而观之，大约可得二义：

一则出于多元也。羲、农以前之事，多见于纬书。论者谓纬
书为古史书。

《癸巳类稿》(俞正燮)："纬书论纬者，古史书也。孔子定六经，其余文在太史者，后人目之为纬。"

今其书亦不完，即其所存者观之，多荒诞不经之说，犹各国古史之有神话也。诸纬书所述古事，始于三皇，继分十纪：

《春秋命历序》："天地初立，有天皇氏，十二头，淡泊无所施为，而俗自化，木德王，岁起摄提，兄弟十二人，立各一万八千岁。地皇，十一头，火德王，一姓十一人，兴于熊耳龙门山，亦各万八千岁。""人皇，九头，提羽盖，乘云车，使风雨，出旸谷，分九河。""人皇出于提地之国，九男九兄弟相似，别长九国，凡一百五十世，合可万五千六百年。""自开辟至获麟，二百二十七万六千岁，分为十纪。每纪为二十六万七千年，凡世七万六百年。一曰九头纪，二曰五龙纪，三曰摄提纪，四曰合雒纪，五曰连通纪，六曰序命纪，七曰循蜚纪，八曰因提纪，九曰禅通纪，十曰疏仡纪。"按纬书所云十纪，并未实指某纪有某氏某氏，惟云"人皇九头"，故曰"九头纪"，皇伯、皇仲、皇叔、皇季、皇少，五姓同期，俱驾龙，号曰"五龙"。至宋罗泌《路史》，杂采诸书，傅会其说始云摄提纪传五十九世，合雒纪传四世，连通纪传六世，叙命纪传四世，循蜚纪传二十二世，有钜灵氏、句疆氏、谯明氏、涿光氏、钩陈氏、黄神氏、狙神氏、犁录氏、大騩氏、鬼騩氏、弇兹氏、太逢氏、冉相氏、盖盈氏、大敦氏、云阳氏、巫常氏、太一氏、空桑氏、神民氏、倚帝氏、次民氏。因提纪传十三世，有辰放氏、蜀山氏、虺傀氏、浑敦氏、东户氏、皇覃氏、启统氏、吉夷氏、几蘧氏、豨韦氏、大巢氏、燧人氏、庸成氏。禅通纪传十九世，有仓颉氏、轩辕氏、伏羲氏、女娲氏、大庭氏、柏皇氏、中央氏、粟陆氏、骊连氏、尊卢氏、祝融氏、混沌氏、昊英氏、有巢氏、葛天氏、阴康氏、朱襄氏、无怀氏、神农氏。虽其说不尽无稽，要不可据为正确之系统也。

大抵出于臆造。然即此臆造之说推之，亦可立三义，以破后来之谬论：

（一）人类之生历年久远也。古无历法，则纪年必不能如后世之正确。所称若干万年，不过约举臆测，不能视为确数。然以地质证之，自生民之初至于有史时代，至少亦必经数十万年。若谓吾国茫茫九有，从古初无人类，必待至最近数千年中，始由巴比伦、中央亚细亚转徙而来，是则理之所不可信者也。

（二）人类之生不限一地也。天皇起于昆仑，则西方之种族也；地皇兴于熊耳、龙门，则中部之酋长也；人皇出于旸谷、九河，则东方之部落也。吾国地势，固西高而东下，然亦未必人类悉出于西方。吾意天皇、地皇、人皇，初非后先相继，特十口相传之说，谓吾国东、中、西三方，有最初发生之部落，因目之为天、地、人三皇，而后世遂以天、地、人分先后，若近世帝皇相嬗者然。实则纬书之言，仅可为人类初生不限一地之证，不当以后世帝皇例之也。

（三）一地之人各分部落也。天皇十二头，兄弟十二人；地皇十一头，一姓十一人；人皇九头，兄弟九人。此可见最古之时，但有人类，即分部落。部落之中，各有酋长。后世传说，谓其地之相近者，皆此一姓兄弟所据。实则其时父子夫妇之伦未分，恶有所谓兄弟，纬书之言若干头，犹后世盗贼分据山林，各拥头目耳。以此推之，合雒、禅通诸纪之某氏某氏，亦非一时代只有一氏，盖同时有若干部落，即有若干氏。其纷争合并之迹，虽不可详考，要之羲、农以后所谓华夏之族，实由前此无数部落混合而成。必实指此种族为崛兴于某地，或由来于某地，凿矣。

彼以为中国土著，只有一族，后之战胜者，亦只外来之一族者，皆不知古书之传说，固明示以多元之义也。

次则兴于山岳也。世多谓文明起于河流，吾谓吾国文明，实先发生于山岳。盖吾国地居大陆，人种之生，本不限于一地，其拥部众而施号令者，必具居高临下之势，始可以控制多方。非若海滨岛国，地狭人少，徒取一隅之便利也。周、秦诸书，虽不尽可据为上古之信史，然自来传说，古代诸部兴于山岭者多，而起于河流者少。如天皇兴于柱洲昆仑山，地皇兴于熊耳、龙门山，人皇兴于刑马山。出旸谷，分九河之类，实吾民先居山岭，后沿河流之证。更以其后言之，则证据尤多：

（一）君主相传号为林、蒸。《尔雅》："林、蒸，君也。"盖古之部落，其酋长多深居山林，故后世译古代林、蒸之名，即君主之义。

（二）唐、虞时诸侯之长尚号为岳。《尚书》四岳之名，说者不一，或谓为一人，或谓四方各一人。要皆可证古者诸侯之长，多居山岳，故以岳为朝臣首领也。

（三）巡狩之朝诸侯必于山岳。舜巡四岳，禹会诸侯于涂山，即其证。

（四）人民相传号为丘民。《孟子》谓"得乎丘民为天子"。丘民，盖古者相传之称。《禹贡》有"降丘宅土"之文，是洪水以前及洪水时，民多居丘也。

（五）为帝王者必登山封禅。《管子》有云："古者封泰山、禅梁父者七十二家。而夷吾所记者，十有二焉：昔无怀氏封泰山禅云云，虑戏氏封泰山禅云云，神农氏封泰山禅云云，炎帝封泰山禅云云，黄帝封泰山禅云云，颛顼封泰山禅云云，帝喾封泰山禅云云，尧封泰山禅云云，舜封泰山禅云云，禹封泰山禅会稽，汤封泰山禅云云，周成王封泰山禅社首。"此非古人迷信山林之神也。最古之大部强酋，多居山岳，故后之为帝王者，虽已奠都造邑，亦必循古代之仪式，登山行礼，然后为众所推尊。《书》称"尧纳舜于大麓"，亦即此意也。

此外更有可玩味者，古代诸氏，虽皆后人传说，不尽可凭。然奕祀相传，不谓之某林某蒸，或某君某主，而概称之曰氏，则氏字必有其定义。后世胙土始命之氏，氏之名义，实根于土。《说文》之释"氏"字，即援此义为说：

> 《说文》："氏，巴蜀名山岸胁之旁箸欲落堕者曰氏。氏崩，声闻数百里。象形。段玉裁注：谓𠂤象傍于山胁也。氏之附于姓者类此。"

然则古所谓某氏某氏者，即所谓某山之部落，某山之酋长耳。诸氏并起于山，故后世傅会名山之古迹，往往有某某之丘，某某之台。

> 《山海经》："有九丘，以水络之，名曰陶唐之丘。有叔得之丘、孟盈之丘、昆吾之丘、黑白之丘、赤望之丘、参卫之丘、武夫之丘、神民之丘。""帝尧台、帝喾台，帝丹朱台、帝舜台，各二台，台四方，在昆仑

东北。"

其后渐次混合，谋便交通，始有开辟河流、制作舟楫之事。此事实之次序，固可以理测度者也。

第二章　洪水以前之制作

部落时代，统系无征，年祀莫考。诸称某皇某帝之事迹年代，要皆仅可存疑。

《礼含文嘉》称："三皇：虑戏、燧人、神农。"

《春秋运斗枢》称："伏羲、女娲、神农，为三皇也。"

《潜夫论》（王符）："世多以伏羲、神农为三皇。其一者，或曰燧人，或曰祝融，或曰女娲，是与非未可知也。"

《春秋命历序》称五帝为："炎帝号曰大庭氏，传八世，合五百二十岁。黄帝一曰帝轩辕，传十世，二千五百岁。次曰帝宣，曰少昊；一曰金天氏，则穷桑氏，传八世，五百岁。次曰颛顼，则高阳氏，传二十世，三百五十岁。次是帝喾，即高辛氏，传十世，四百岁。乃至尧。"

孔子删《书》，断自唐、虞。盖以唐尧时有洪水。考史者当以此为界限。洪水以前之文物，大都为洪水所荡涤，虽有传说，多不足据也。洪水之祸，历时甚久。

《中国历史》（夏曾佑）："《尧典》称洪水滔天，浩浩怀山襄陵，则其水之大可知。然不详其起于何时，一若起于尧时者然。今案女娲氏时，四极废，九州裂，水浩漾而不息。于是女娲氏断鳌足以立四极，积芦灰以止淫水。其后共工氏与颛顼争为帝，怒而触不周之山。共工氏振滔洪水，以薄穷桑，江淮流通，四海溟涬，民皆上丘陵，赴树木。似洪水之祸，实起于尧以前。特至尧时，人事进化，始治之耳。考天下各族述其古事，莫不有洪水，巴比伦古书言洪水乃一神西苏罗斯所造。洪水前有十王，凡四十三万年，洪水后乃今世。希伯来《创世纪》言耶和华鉴世人罪恶贯盈，以洪水灭之，历百五十日，不死者惟挪亚一家。最近发现云南倮倮古书，亦言洪水，言古有宇宙干燥时代，其后即洪水时代。有兄弟四五人，三男一女，各思避水，长男乘铁箱，次男乘铜箱，三男与季女同乘木箱。其后惟木箱不没，而人类遂存。观此，则知洪水为上古之实事。而此诸族者，亦必有相连之故矣。"

洪水之前后地势，亦有变迁。

《尸子》："古者龙门未开，吕梁未凿。河出于孟门之上，大溢逆流，无有丘阜高陵皆灭之，名曰鸿水。禹于是疏河决江，十年不窥其家。"

《墨子》："古者禹治天下，西为西河渔窦，以泄渠孙皇之水。北为防原派，注后之邸、嘑池之窦，洒为底柱，凿为龙门，以利燕、代、胡、貉与西河之民。东方漏之陆，防孟诸之泽，洒为九浍，以楗东土之水，以利冀州之民。南为江、汉、淮、汝，东流之，注五湖之处，以利荆楚、干越与南夷之民。"

　　然由洪水以后观之，社会事物，已渐完备，似非一时所能创造，则其渊源所自，必多因袭于前人。其由草昧榛狉，渐底开明之域，历年甚远，作者孔多。后世所传，逸文只句，虽多挂漏，尚可推寻。所谓"自古"、"在昔"、"先民有作"者，不得悉诋为谰言也。

　　记载洪水以前之制作者，莫详于《世本》，《世本》有《作篇》，专记历代之制作。今据高邮茆泮林所辑《世本》佚文，录之于下：

　　〔燧人〕燧人出火。造火者燧人，因以为名。

　　〔庖羲〕（一）伏羲以俪皮制嫁娶之礼。（二）庖羲氏作瑟。宓羲作瑟，八尺二寸，四十五弦。庖羲氏作五十弦，黄帝使素女鼓瑟，哀不自胜，乃破为二十五弦，具二均声。（三）伏羲作琴。伏羲作琴瑟。（四）伏羲臣芒氏作罗。芒作罔。

　　〔神农〕（一）神农和药济人。（二）神农作琴，曰神农氏琴。长三尺六寸六分，上有五弦。曰宫、商、角、徵、羽。文王增二弦，曰少宫、少商。（三）神农作瑟。

　　〔蚩尤〕蚩尤作兵。蚩尤以金作兵器。蚩尤作五兵，戈、矛、戟、酋矛、夷矛。

　　〔黄帝〕（一）黄帝见百物，始穿井。（二）黄帝乐名《咸池》。（三）黄帝造火食、旃冕。黄帝作旃冕。黄帝作旃。黄帝作冕旒。黄帝作冕。（四）羲和占日。（五）常仪占月。羲和作占月。（六）后益作占岁。（七）臾区占星气。（八）大挠作甲子。黄帝令大挠作甲子。（九）隶首作算数。隶首作数。（十）伶伦造律吕。（十一）容成造历。（十二）仓颉作书。仓颉造文字。沮诵、仓颉作书，并黄帝时史官。（十三）史皇作图。（十四）伯余作衣裳。（十五）胡曹作衣。胡曹作冕。（十六）於则作扉屦。（十七）雍父作舂杵臼。（十八）胲作服牛。（十九）相土作乘马。（二十）膈作驾。（二十一）共鼓、货狄作舟。（二十二）女娲作笙簧。女娲作簧。（二十三）随作笙。随作竽。（二十四）夷作鼓。（二十五）挥作弓。（二十六）夷牟作矢。（二十七）巫彭作医。

〔颛顼〕祝融作市。

上皆唐、虞洪水以前之制作也。其唐、虞前之制作，未能确定为洪水前后者。如：

〔尧〕（一）巫咸初作医。巫咸作筮。巫咸作鼓。（二）无句作磬。（三）化益作井。

〔舜〕（一）舜始陶，夏臣昆吾更增加。（二）倕作规矩准绳（三）垂作丰耜。垂作耒耨。垂作銚耨。（四）咎繇作耒耜。（五）伯夷作五刑。（六）箫，舜所造，其形参差，象凤翼，十管，长二尺。（七）垂作钟。（八）夔作乐。（九）磬，叔所造。（十）乌曹作簿。

〔夏〕（一）鲧作城郭。（二）禹作宫室。（三）奚仲作车。（四）夏作赎刑。（五）仪狄造酒。

亦见于《作篇》，皆可为研究古代社会开化之资料者也。外此则诸经、诸子纪载古代之制作，亦可与《作篇》相参证。如：

《易·系辞》："古者包牺氏之王天下也，仰则观象于天，俯则观法于地，观鸟兽之文与地之宜，近取诸身，远取诸物，于是始作八卦，以通神明之德，以类万物之情。作结绳为罔罟，以佃以渔，盖取诸《离》。包牺氏没，神农氏作，斫木为耜，揉木为耒，耒耨之利，以教天下，盖取诸《益》。日中为市，致天下之民，聚天下之货，交易而退。各得其所，盖取诸《噬嗑》。神农氏没，黄帝、尧、舜氏作，通其变，使民不倦；神而化之，使民宜之。《易》，穷则变，变则通，通则久。是以自天祐之，吉无不利。黄帝、尧、舜垂衣裳而天下治，盖取诸《乾》、《坤》。刳木为舟，剡木为楫。舟楫之利，以济不通，致远以利天下，盖取诸《涣》。服牛乘马，引重致远，以利天下，盖取诸《随》。重门击柝以待暴客，盖取诸《豫》。断木为杵，掘地为臼，杵臼之利，万民以济，盖取诸《小过》。弦木为弧，剡木为矢，弧矢之利，以威天下，盖取诸《睽》。上古穴居而野处，后世圣人易之以宫室。上栋下宇，以待风雨，盖取诸《大壮》。古之葬者，厚衣之以薪，葬之中野，不封不树，丧期无数。后世圣人，易之以棺椁，盖取诸《大过》。上古结绳而治，后世圣人易之以书契。百官以治，万民以察，盖取诸《夬》。"

《管子》："虙戏作造六峜，以迎阴阳。作九九之数，以合天道。……黄帝作钻燧生火，以熟荤臊。"

《尸子》："宓羲氏之世，天下多兽，故教民以猎。"

《吕氏春秋》："大挠作甲子，黔如作虏首，容成作历，羲和作占日，尚仪作占月，后益作占岁，胡曹作衣，夷羿作弓，祝融作市，仪狄作酒，高元作室，虞姁作舟，伯益作井，赤冀作臼，乘雅作驾，寒哀作御，王冰作服牛，史皇作图，巫彭作医，巫咸作筮。"

《山海经》：殳始为侯，鼓、延是始为钟。番禺是始为舟。吉光是始以木为车。般是始为弓矢，晏龙是为琴瑟。帝俊有子八人，是始为歌舞。义均是始为巧垂，是始作下民百巧。后稷是播百谷。稷之孙曰叔均，始作牛耕。大比赤阴是始为国。禹、鲧是始布土，均定九州。

《白虎通》："神农制耒耜，教民农作。黄帝作宫室，以避寒暑。"

《说文》：瑟，庖牺所作弦乐也。琴，神农所作。古者芒氏初作罗。古者凤沙氏初作煮海盐。黄帝初教作糜。古者黄帝初作冕。古者掘地为臼。古者共鼓、货狄刳木为舟，剡木为楫，以济不通。古者女娲作簧。古者随作笙。古者挥作弓。古者夷牟初作矢。古者巫彭始作医。古者巫咸初作巫。古者伯益初作井。古者昆吾作匋。古者垂作耒耜，以振民也。古者垂作钟。古者乌曹作簿。车，夏后氏奚仲所造。

《汉书》："黄帝作舟车，以济不通。"

《释名》："黄帝造车，故号轩辕氏。"

上皆可见洪水以前制作之盛。然诸书所言，多有抵牾，制作之方，亦未详举。吾侪研究古史，随在皆见可疑之迹。如《系辞》明言"神农氏作，斫木为耜，揉木为耒"，而《世本》称耒耜为

垂与咎繇所作。马骕《绎史》虽谓垂为神农臣，与茆辑《世本》
以垂为舜臣者不同，然咎繇固舜臣也。神农既已创作，何待咎繇
更作？然此犹两书所言不同也。《世本》一书，即互有不同。如
言伏羲作琴瑟，又言神农作琴瑟；言黄帝始穿井，又言化益作
井；言夷作鼓，又言巫咸作鼓；言巫彭作医，又言巫咸初作医；
言常仪占月，又言羲和作占月；言伯余作衣裳，又言胡曹作衣；
言黄帝作冕旒，又言胡曹作冕。有同时而二人并作者，有异代而
前后迭制者。是果何故欤？

《考工记》曰："知者创物，巧者述之。守之世，谓之工。百
工之事，皆圣人之作也。烁金以为刃，凝土以为器，作车以行
陆，作舟以行水，此皆圣人之所作也。"知创，巧述，皆得谓之
作。而《世本》所载一器为前后迭作者，尤可见古代进化之迹。
神农之去伏羲远矣，伏羲作琴瑟，大抵出于草创，未能完善，传
至神农时，神农又加以研究，于是琴瑟之制，始渐如后世之制。
后世溯其原始，独称伏羲不可也，独称神农亦不可也，则两记
之。而草创与改良之人，均称曰作焉，此一义也。后世之人发明
一物，往往有同时异地各不相谋者，矧古代交通不便，未有文
书，仿效传播，不若后世之捷乎？黄帝作井之法，或限于一地，
或久而失传。唐尧之时，化益别于一地作井，则作井之人，后先
有二矣。神农作耒耜于陈，咎繇作耒耜于虞，度亦同之。此又一
义也。发明创制不必一人，亦不必同时，伯余、胡曹皆作衣，犹
之共鼓、货狄皆作舟，或相续为之，或各极其意匠，后世以其皆
在黄帝时代，则并举曰黄帝时某某作某，是亦无足异也。

《检论·尊史篇》（章炳麟）："夫古器纯朴，后制
丽则，故有名物大同，形范革良者，一矣。礼极而禠，
乐极而崩，遗器坠失，光复旧物者，二也。此既冠带，

彼犹毛薪，则其闭门创造，眇与佗会者，三矣。三者非
始作，然皆可以作者称之。"

自燧人以迄唐、虞洪水之时，其历年虽无确数，以意度之，
最少当亦不下数千年。故合而观其制作，则惊古圣之多；分而按
其时期，则见初民之陋。牺、农之时，虽有琴瑟、罔罟、耒耜、
兵戈诸物，其生活之单简可想。至黄帝时，诸圣勃兴，而宫室、
衣裳、舟车、弓矢、文书、图画、律历、算数始并作焉。故洪水
以前，实以黄帝时为最盛之时。后世盛称黄帝，有以也。然黄帝
时之制作，或恃前人之经验，或赖多士之分工，万物并兴，实非
一手一足之烈。故知社会之开明，必基于民族之自力，非可徒责
望于少数智能之士。而研究历史，尤当涤除旧念，着眼于人民之
进化，勿认开物成务，为一人一家之绩也。

第三章 家族及私产制度之起源

上古历史，虽多懵昧难考，然即周、秦以来之书，推究上古社会之状况，亦往往有端绪可寻。盖自草昧社会进而至于开明，其中阶级甚多，必经若干年岁之蜕化，始渐即于完成。而后来社会之语言、文字、思想、制度，亦必仍有前此之迹象，蝉联寓伏于其中。由后推前，不难见其经过之迹也。今世学者研究社会制度，病其拘牵束缚，欲一切破坏，以求其理想中廓然大公之境，实则草昧社会本无后来一切制度，而人类之思想，所以必构造此拘束人生自由之具，相沿至于数千年者，要必有其不得已之故。此非研究上古历史，无以明其由来也。

上古之社会无所谓家族也。人类之生，同于禽兽，男女无别，亦无名称。

> 《说文》："男，丈夫也，从田力，言男子力于田也。"龟甲古文男字作𤰮，钟鼎文作𤰃。据此可知男女之别，起于农业既兴之后。渔牧时代，男女群行，初无分别，至后服田力穑，则为男子专职。女子家居，席地作事，别有所持。是皆可以文字推求其原始者也。

至于伏羲之时，始有夫妇之制。

《白虎通》："古之时，未有三纲六纪。民人但知其母，不知其父，能覆前而不能覆后。卧之詓詓，起之吁吁。饥即求食，饱即弃余，茹毛饮血而衣皮革。于是伏羲仰观象于天，俯察法于地，因夫妇，正五行，始定人道。"

其源创制之始，必以人类男女之欲，不可漫无禁制。不立夫妇之制，则淫污争夺，其害有不可胜言者。以后世婚礼推之，即知其制之出于不得已矣。

《中国历史教科书》（刘师培）："上古婚礼未备，以女子为一国所共有，故民知母不知父。且当时之民，非惟以女子为一国所共有也，且有劫夺妇女之风。凡战胜他族，必系累妇女，以备嫔嫱，故取女必于异部。而妇女亦与奴婢相同。其始也，盛行一妻多夫之制，及男权日昌，使女子终身事一夫，故一妻多夫之制革，而一夫多妻之制，仍属盛行。伏羲之世。虑劫略之易于造乱，乃创为俪皮之礼，定夫妇之道。而女娲亦佐伏羲定婚礼，并置女媒。然俪皮之礼，即买卖妇女之俗也。故视妇女为财产之一。后世婚姻行纳采、纳吉、问名、纳徵、请期、亲迎六礼，纳采、纳吉皆奠雁，而纳徵则用玄纁束帛，所以沿买卖妇女之俗也。而亲迎必以昏者，则古代劫略妇女，必乘妇女之不备，且使之不知为谁何，故必以昏时。"

按刘氏之说，大致可以证明婚姻制度因乱交而起，至以聘礼为买卖，则有未当。古者相见必执贽，或执羔，或执雁；国家聘使，则以玉帛：所以表示敬礼，不得谓之买卖也。婚姻之道，男下女，女从男，故男子以其所有赠遗于女氏，游猎之民所有者惟兽皮，爰以此为赠品。后世相沿，则委禽焉。非恶俗也。

伏羲之时，渔猎之时代也。家族等名起于猎。

《说文》："家，居也。从宀，豭省声。"古文"家"从古文"豕"。

按豕为家畜。屋下覆豕，实为私产之起源。有私家之观念，于是有私产之制度。"家"字虽未必起于伏羲之时，然后世造字之观念，必根于前人之思想，可断言也。

《说文》："族，矢缝也。束之族族也。从㫃，从矢。㫃所以标众，众矢之所集。"

按族之本义为矢族，后衍为亲族之谊。其字亦必不起于伏羲之时，然族之所以为亲族者，大抵因血统相近。部落相邻之人，同事畋猎，或相争夺，于是各树旗帜，以供识别。凡在一旗帜之下者，即为一族。故古之分族，犹满洲之分旗也。

财产之制起于渔。

《说文》："贝，海介虫也。……古者货贝而宝龟。"

按所谓古者，未知何时。而以贝为货，必起于渔。"货"、"财"等字皆从"贝"，知人之私财，由渔得贝，矜为奇宝而起。人类之有私心，其来固以久矣。降而至于神农之世，由渔猎进而为农田，人有定居，益爱护其私产。

《说文》:"里,居也,从田从土。"段玉裁曰:"有田有土,而可居矣。"

按游牧之民无定居,农业之民则有定居。有定居,则爱护私产之念益深,此定理也。由田土而有疆界。

《说文》:"畕,比田也。""疆,界也,从畕,三其界画也。"

按"疆"起于田土之界,后世引申为国家郡邑之疆界。据此,是有田土即有此疆尔界之意。渔猎之时,无界限也。由居宅而有公私。

《韩非子·五蠹篇》:"古者仓颉之作书也,自环者谓之厶,背私谓之公。"

按"自环"者,人私其居,筑为垣墉,以自围匝也。字起于仓颉,而人之有私意,必在仓颉之先。又按后世以私为厶,而稼字从禾,家声;穑字从禾,啬声。可见农业之人,各私其家,务为吝啬,胜于他业矣。《说文》:"啬,爱濇也。"田夫谓之啬夫,盖田夫多务盖藏,不肯以所得公之于人也。种谷作酒,宴其部族,而酋长尊属,遂由之起。

《说文》:"酋,绎酒也。""尊,酒器也。"

按酋长等义,皆引申之义。是古代初无尊卑,由种谷作酒之后,始以饮食之礼而分尊卑也。原其所以私田产而分尊卑,要亦以人类彼此争攘，无有厌足，非各谋自卫，有家族之组织，不能免祸而争存也。

人类有私必有争，有争而私心愈炽。有圣哲出，或因其私而严为限制，或因其争而别谋变通。故家族之制，相沿不废，而商市井田之制，则因争因私而谋所以调剂之者也。日中为市始于神农。盖由私有之物，不能供其所需，故必甲以私有之物，易乙丙私有之物，而后欲望始平。《易》称"交易而退，各得其所"者，即各得其私心之所需也。然提挈负戴之物，可持以入市交易者，有市易以厌其欲，而田土家屋之不可持以为市者，犹时有多寡、肥瘠、遗传、继续、侵占无主之争，无善法以处之，则生人贼杀斗争之祸未已也。浸淫至于黄帝之时，于是以田土为公有，而井田之法起焉。

　　《通典》："昔黄帝始经土设井，以塞争端，立步制亩，以防不足。使八家为井，井开四道而分八宅。凿井于中，一则不泄地气，二则无费一家，三则同风俗，四则齐巧拙，五则通财货，六则存亡更守，七则出入相同，八则嫁娶相媒，九则有无相货，十则疾病相救。是以情性可得而亲，生产可得而均。均则欺凌之路塞，亲则斗讼之心弭。"

按井田之始，专为塞争，亦犹市易之使人各得其所也。土地所有权虽属于公而不得私，而八家各遂其私，是实限制私产之意，特求私产之平均耳。《通典》所言十利虽详，而授受之法，初未陈述。疑黄帝时仅肇其端，亦未遍行于各地。历唐、虞、夏、商而至周，始详制其授受之法也。

第四章　政法之萌芽

太古之世，无所谓政治，亦无所谓君主，各分部落，不相统一。剥林木以为兵，用水火以胜敌，强陵弱，大吞小。不知经若干之岁月，始渐由众部而集为大群。

> 《吕氏春秋·荡兵篇》："兵所自来者久矣。黄、炎故用水火矣，共工氏故次作难矣，五帝固相与争矣。递兴递废，胜者用事。人曰'蚩尤作兵'，蚩尤非作兵也，利其械矣。未有蚩尤之时，民固剥林木以战矣。胜者为长，长则犹不足治之，故立君；君又不足以治之，故立天子。天子之立也出于君，君之立也出于长，长之立也出于争。"

其群愈大者，其争亦愈烈。蚩尤、共工，战祸最酷。

按《汉书·古今人表》，列共工于女娲氏后。《太平御览》引《黄帝世纪》："女娲氏末，有诸侯共工氏，任智刑以强伯。"而《列子》、《淮南子》诸书，或云共工与颛顼争帝，或云共工与高辛争帝。《管子·揆度篇》称："共工之王，水处十之七，陆处十之三，乘天势以隘制天下。"盖共工氏为古部落之最强者，自伏羲氏之末，至高辛氏时，常为世患，其子孙部落，固袭称共工氏。即其同盟之部落，散处各地者，亦以共工氏之名号，表示于敌。故有"水处十七，陆处十三"之说。盖水陆各地，在在有共工氏之名号也。章炳麟《检论·尊史篇》："古者王伯显人之号，或仍世循用，不乃攈取先民，与今欧罗巴人无异。"是可知古代共工之多，实非一人。蚩尤为炎帝时诸侯，而《汉书·高帝纪》注，臣瓒引《大戴礼·用兵篇》，谓蚩尤为庶人之贪者。《书经》释文引马融说，又谓蚩尤为少昊末九黎君号。亦犹共工之不一其人也。《龙鱼河图》称蚩尤兄弟八十一人，或曰七十二人。盖同时称兵之酋长有七八十人，皆以蚩尤为号，故谓之为兄弟耳。虽经炎、黄之圣，亦不必取诸部而一一平之，故挞伐与羁縻之策并行。凡举部族以从号令者，即因其故土而封之，使世袭为侯国。此封建之制所由起也。

　　《封建论》(柳宗元)："封建非圣人意也。彼其初与万物皆生，草木榛榛，鹿豕狉狉，人不能搏噬，而且无毛羽，莫克自奉自卫。荀卿有言，必将假物以为用者也。夫假物者必争，争而不已，必就其能断曲直者而听命焉。其智而明者，所伏必众。告之以直而不改，必痛之而后畏，由是君长刑政生焉。故近者聚而为群。群之分，其争必大，大而后有兵。有德又有大者，众群之长，又就而听命焉，以安其属。于是有诸侯之列，则其争又有大者焉。德又大者，诸侯之列又就而听命焉，以安其封。于是有方伯连帅之类，则其争又有大者焉。德又大者，方伯连帅之类又就而听命焉，以安其人，然后天下会于一。是故有里胥而后有县大夫，有县大夫而后有诸侯，有诸侯而后有方伯连帅，有方伯连帅而后有天子。自天子至于里胥，其德在人者，死必求其嗣而奉之。故封建非圣人意也，势也。"

封建之制，实为吾国雄长东亚，成为大一统之国家之基。而外观虽号统一，内部之文化实分无限之阶级。自太古以至今日，无论何时何代，举不能以一语概括其时全国文化之程度。此实治中国历史者所当知之第一义也。上古之人，观于邻近部落之多及其降服酋豪之众，而旷览大地，实亦广漠无穷，故往往好为大言，以自表其所辖之广远。后世传述其说，因亦不加深考。

> 《春秋命历序》："神农始立地形，甄度四海，远近山川林薮所至，东西九十万里，南北八十三万里。"（引此第以见古人好为夸词，不必深究其以若干为一里。）
>
> 《史记·五帝本纪》："黄帝置左右大监，监于万国。"
>
> 《汉书·地理志》："昔在黄帝，作舟车以济不通，帝行天下，方制万里，画野分州，得百里之国万区。"

实则当时土地之开辟者，曾不足方数千里，而其建置国家，亦必不能整齐画一，如画棋局然。所谓国家，不过如今之村落。其数或逾万，或不迨数千，亦不能确定也。

当时诸侯之国，固甚藐小，即各部落所共戴之中央政府，亦未必能统辖若干地域。观于相传之辅佐之数，及其官吏所掌职务，即可推见其政刑之简。

> 《论语摘辅象》："伏羲六佐：金提主化俗，乌明主建福，视默主灾恶，纪通为中职，仲起为海陆，阳侯为江海。""黄帝七辅：风后受金法，天老受天策，五圣受道级，知命受纠俗，窥纪受变复，地典受州络，力墨受准斥。州选举，翼佐帝德。"

《左传》昭公十七年："郯子曰：昔者黄帝氏以云纪，故为云师而云名；炎帝氏以火纪，故为火师而火名；共工氏以水纪，故为水师而水名；太皞氏以龙纪，故为龙师而龙名。我高祖少皞挚之立也，凤鸟适至，故纪于鸟，为鸟师而鸟名：凤鸟氏，历正也；玄鸟氏，司分者也；伯赵氏，司至者也；青鸟氏，司启者也；丹鸟氏，司闭者也；祝鸠氏，司徒也；鴡鸠氏，司马也；鸤鸠氏，司空也；爽鸠氏，司寇也；鹘鸠氏，司事也。五鸠，鸠民者也。五雉为五工正，利器用，正度量，夷民者也。九扈为九农正，扈民无淫者也。自颛顼以来，不能纪远，乃纪于近。为民师而命以民事，则不能故也。"

《管子·五行篇》："黄帝得蚩尤而明于天道，得大常而察于地利，得奢龙而辩于东方，得祝融而辩于南方，得大封而辩于西方，得后土而辩于北方。黄帝得六相而天地治，神明至。蚩尤明乎天道，故使为当时；大常察乎地利，故使为廪者；奢龙辩乎东方，故使为士师；祝融辩乎南方，故使为司徒；大封辩乎西方，故使为司马；后土辩乎北方，故使为李。"

诸书所言，虽未尽可据，大抵羲、黄官简，而少皞、颛顼以来乃渐多。政治之进化，盖缘土地渐辟，人事渐繁而然也。

古之帝皇，虽有统一各部而为共主之势，然其居处无定，等于行国，非若后世中央政府，有确定之都城也。

《遁甲开山图》："伏羲生成纪，徙治陈仓。"

《帝王世纪》："庖羲氏称大昊，都陈。""神农都于陈，又徙于鲁。"

《史记·五帝本纪》："黄帝披山通道，未尝宁居。东至于海，登丸山及岱宗。西至于空桐，登鸡头。南至于江，登熊、湘。北逐荤粥，合符釜山，而邑于涿鹿之阿。迁徙往来无常处，以师兵为营卫。""黄帝居轩辕之丘，而娶于西陵之女，是为嫘祖。嫘祖为黄帝正妃，生二子，其后皆有天下。其一曰玄嚣，是为青阳，青阳降居江水。其二曰昌意，降居若水。"

《大戴礼·五帝德篇》："孔子曰：颛顼，黄帝之孙，昌意之子也……乘龙而至四海，北至于幽陵，南至于交趾，西济于流沙，东至于蟠木。"

以黄帝、颛顼之迁徙往来，即可证伏羲、神农之徒都，亦由于本无确定之都邑，第视兵力所至，形势利便，即屯其众于是。比其老死，即葬身于所死之地，亦不必反其故居。而其子孙分居各地，亦无定处。沿及夏、商，其风犹然。盖由古代地旷人稀，而宫室服御，亦甚简陋，虽至农稼社会，犹存游猎社会之风。治史者正不可徒执一二古迹，谓某帝某皇曾都于是，因以求其文化之发展途辙，或强分为南北东西之部族也。

由部落酋长而发生帝皇官吏之政治，其势实由下而上。故古代虽有君主政体，其君民之别，初不甚严。君者，群也。

《荀子·王制篇》："力不若牛，走不若马，而牛马为用，何也？曰：人能群，彼不能群也。君者，善群者。"

《春秋繁露》："君者，不失其群者也。"

《白虎通》："君，群也。群下之所归心也。"

必得其群之欢心，然后为众所推戴。神农、黄帝皆有明堂，盖合部民议事之所，后世承之，因有衢室街庭等制。

　　《淮南子·主术训》："神农之治天下也，月省时考，岁终献功，以时尝谷，祀于明堂。明堂之制，有盖而无四方。"

　　《管子·桓公问篇》："黄帝立明台之议者，上观于贤也。尧有衢室之问者，下听于人也。舜有告善之旌，而主不蔽也。禹立谏鼓于朝，而备讯唉。汤有总街之庭，以观人诽也。武王有灵台之复，而贤者进也。"

故谓君主政治即为专制政治者，实误解古代之事迹也。近人以《书》有"黎民百姓"之语，遂谓古代区分民与百姓为二阶级。百姓者，王公之子孙；民者，冥也。言未见人道，故"民"字专为九黎、有苗而设。

　　按《史记》称黄帝二十五子，其得姓者十四人。《世本·诸侯篇》云："蜀之为国，肇自人皇。蜀无姓，相承云黄帝后。"是古之无姓者夥矣。以百姓为贵族，民为黎苗之称，则黄帝之子之无姓者皆黎苗乎？孔子称黄帝、高辛时事，数数言"民"。使上古视民为贱族，则《大戴记》及《史记》所书之"民"字，均应改为百姓矣。

　　《大戴礼·五帝德篇》："黄帝抚万民，度四方。生而民得其利百年，死而民畏其神百年，亡而民用其教百年。""颛顼治气以教民。""帝喾知民之隐，抚致万民而利诲之。"

第五章　文字之兴

文字之功用有二，通今及传后也。草昧之世，交通不广，应求之际，专恃口语，固无需乎文字。其后部落渐多，范围渐广，传说易歧，且难及远，则必思有一法，以通遐迩之情，为后先之证，而文字之需要，乃随世运而生。吾国之有文字，实分三阶级：一曰结绳，二曰图画，三曰书契。是三者，皆有文字之用，而书契最便，故书契独擅文字之名。

《说文序》："黄帝之史仓颉，见鸟兽蹄远之迹，知分理之可相别异也，初造书契。……仓颉之初作书，盖依类象形，故谓之文；其后形声相益，即谓之字。"是书契独擅文字之名也。

惟三者为同时并兴，抑后先相禅，则古史懵昧，未能确定也。依《说文序》，则图画始于庖羲，结绳始于神农。

《说文序》："古者庖牺氏之王天下也，仰则观象于天，俯则观法于地，观鸟兽之文，与地之宜，近取诸身，远取诸物，于是始作《易》八卦，以垂宪象。及神农氏结绳为治，而统其事。……"

而段懋堂则谓结绳在画八卦之先。

> 《说文序注》谓："自庖牺以前，及庖牺，及神农，皆结绳为治，而统其事也。《系辞》曰：《易》之兴也，其于中古乎？虞翻曰：兴《易》者，谓庖牺也。庖牺为中古，则庖牺以前为上古，黄帝、尧、舜为后世圣人。按依虞说，则《传》云上古结绳而治者，神农以前皆是。""庖牺作八卦，虽即文字之肇端，但八卦尚非文字，自上古至庖牺、神农专恃结绳。"

夫以"上古"二字，定结绳为庖牺以前事，未足据为确证。惟《易·系辞》言结绳者凡二：

> 《易·系辞》："古者庖牺氏之王天下也……作结绳而为网罟。""上古结绳而治。"

既以作结绳而为网罟专属于庖牺，则结绳而治不属于庖牺可知。庖牺以下，神农、黄帝、尧、舜所作，一一可以指实，则所谓上古者，必非神农、黄帝之时代又可知。以此推之，结绳之法，盖先图画而兴也。

结绳之法，不可详考。郑玄所言，殆出于臆测。

> 《周易正义》引郑康成注云："事大，大结其绳；事小，小结其绳。

近人所谓一、二、三等字之古文，及一、丨、丶、乀诸字，皆结绳时代之字，尤为傅会。

《文学教科书》（刘师培）："结绳之字，不可复考。然观一、二、三诸字，古文则作'弌'、'弍'、'弎'，盖田猎时代，以获禽记数，故古之文一、二、三字。咸附列'弋'字于其旁，所以表田猎所得之物数也。是结绳时代之字。（盖结绳时代并无'弋'字之形，惟于所获禽兽之旁，以结绳记数。）结绳之文，始于'一'字，衡为一，从为丨，缩其形则为丶，斜其体则为丿（考密切），反其体则为乀（分勿切），折其体则为㇖（及），反㇖为厂，（鸣旱切），转厂为乚（隐），反乚为亅（居月切），㇖（及）、乚（隐）之合体为口，转环之则为〇。是结绳文字，不外方圆平直，此结绳时代本体之字也。"

实则结绳时代，初不限于太古，即近世之苗民，犹有结绳之俗。

《苗疆风俗考》（严如煜）："苗民不知文字，父子递传，以鼠、牛、虎、马记年月，暗与历书合。有所控告，必倩土人代书。性善记，惧有忘，则结于绳。为契券，刻木以为信。太古之意犹存。"

欲知太古结绳之法，当求之今日未开化之人种，以所结之绳实证其分别表示之法，不可徒以后世篆隶字画求之。古今人类思想，大致相等，惟进化之迟速不同耳。美洲之秘鲁，亚洲之琉球，皆有结绳之俗，吾国古代之结绳，当亦与之相近。观东西学者所述，自可得其梗概。

《涉史余录》（若林胜邦）："法国人白尔低猷氏之《人类学》尝记秘鲁之克伊普法曰：秘鲁国土人，不知文字，惟以克伊普为记号。克伊普者，即以绦索织组而成，于其各节各标，表示备忘之意之法也。凡人民之统计，土地之界域，各种族及兵卒之标号，以及刑法、宗教之仪仗，无不用克伊普，且各异其种类，故有专攻克伊普之学者焉。克伊普之法虽不一，大抵以色彩示意：赤色为军事及兵卒，黄色为黄金，白色为银及和睦，绿色为谷物。其纪数以绳索之结节为符号，如单结、双结、三结等，即所以示其单数、复数及十、百、千、万等之数也。及其记载家畜之法，以一大绳为轴，附以小绳若干。其第一绳为牡牛，第二绳为牝牛，三为犊，四为羊，其头数年龄，悉以结节表之。"又曰："琉球所行之结绳，分指示及会意两类。凡物品交换，租税赋纳，用以记数者，为指示类；使役人夫，防护田园，用以示意者，则为会意类。其材料多用藤蔓、草茎或木叶等，今其民尚有用此法者。"

结绳者必托于绳以示意，无绳或未及携绳，则所记识者无从表示也。进而为图画，则随在皆可表示其符号。或画于地，或画于石，或以指蘸水，或以垩示色。既无携持之累，且免积压之患，其为便利，过于结绳远矣。《世本·作篇》谓黄帝时史皇作图，以图画与书契同时并兴。

《历代名画记》（张彦远）："史皇，黄帝之臣也。始善图画，创制垂法，体象天地，功侔造化。"云见《世本》。

然图画实始于伏羲。

《易·通卦验》："伏羲方牙、苍精，作《易》，无书，以画事。"

《尸子》："伏羲始画八卦。"

世谓史皇作图者，图画之法，至史皇而始精耳。

《易》称庖羲作八卦，以仰观俯察诸法得之，又称其出于"河图"、"洛书"。

《系辞》："河出图，洛出书，圣人则之。"

《春秋纬》："河以通乾出天苞，洛以流坤吐地符。河龙图发，洛龟书感。河图有九篇，洛书有六篇。"

《礼含文嘉》："伏羲德合上下，天应以鸟兽文章，地应以河图、洛书。"

后世说者，又谓包羲因燧皇之图而制八卦。

《魏志·高贵乡公传》："《易》博士淳于俊曰：'包羲因燧皇之图而制八卦。'帝曰：'若使包羲因燧皇而作《易》，孔子何以不云燧人氏没包羲氏作乎？'俊不能答。"

是一奇一偶之卦象，初非偶然创获，实积种种思考经验，而后发明此种符号。以《易·说卦》考之，八卦所以代表各种名物：如"乾为天，为圆，为君，为父，为玉，为金，为寒，为冰，为大赤，为良马，为老马，为瘠马，为驳马，为木果。坤为地，为母，为布，为釜，为吝啬，为均，为子母牛，为大舆，为文，为众，为柄，其于地也为黑"之类。非专象一事一物，故能以简驭繁，不必一一求其形似。其后事物日多，众庶难于辨别，因之一一图像，务求相肖，而象形之字作矣。

八卦之性质，介乎图画字之间，故世多谓卦象即古之文字。

《易纬乾凿度》："☰古天字，☷古地字，☴古风字，☶古山字，☵古水字，☲古火字，☳古雷字，☱古泽字。"

《文学教科书》（刘师培）："八卦为文字之鼻祖，乾坤坎离之卦形，即天地水火之字形。试举其例如下：

乾为天，今天字草书作彡，象乾卦之形。

坤为地，古坤字或作巛，象坤卦之倒形。

坎为水，篆文水字作川，象坎卦之倒形。

离为火，古文火字作火，象离卦之象。"

《寎言》（赵曾望）："伏羲画八卦，为万世文字之祖，人皆知其然，未必皆知其所以然也。夫八卦之画，有何文字哉？盖因而屈曲之，因而转移之，因而合并交互之，而文字肇兴焉。如乾三连，☰也，屈曲之则为彡，合并之则为天矣。坤六断，☷也，屈曲转移之，则为回，合并交互之则为申。"

夫以八卦为八字，则其象甚少，其用甚隘。仅以八字示人，人必不能解也。谓后世之篆隶因袭卦象，颠倒屈曲之则可，谓古之卦象，只作后世篆隶一字之用，则大误矣。世人附会中国人种西来之说，谓八卦即巴比伦之楔形字。愚谓卦象独具横画，不作纵画，实为与楔形字之极大区别。楔形字或纵或横，且多寡不一，故亦无哲理之观念。八卦之数止于三画，又以一画之断续，分别阴阳，而颠倒上下，即寓阴阳消息之义。故八卦可以开中国之哲学，以一为太极，以 ⚋ 为两仪，以 ☰ 为天地人，举宇宙万有悉可归纳其中。虽伏羲画卦时未必即有此意，然文王、周公能因之以推阐，实亦由卦画之简而能赅所致。使世人观玩巴比伦楔形文字，虽极力附会，必不能成一有系统之哲学也。

书契之作，亦非始于仓颉，仓颉盖始整齐画一之耳。

　　《造字缘起说》（章炳麟）："《荀子·解蔽篇》曰：'好书者众矣，而仓颉独传者，壹也。'依此，是仓颉以前已有造书者。亦犹后稷以前，神农已务稼穑：后夔以前，伶伦已作律吕也。人具四肢，官骸常动，持莛画地，便已纵横成象，用为符号，百姓与能，自不待仓颉也。今之俚人，亦有符号，家为典型，部为徽识，仓颉以前，亦如是矣。一、二、三诸文，横之纵之，本无定也。马、牛、鱼、鸟，诸形势则卧起飞伏，皆可则象也。体则鳞、羽、毛、鬣，皆可增减也。字各异形，则不足以合契。仓颉者，盖始整齐画一，下笔不容增损。由是率尔箸形之符号，始为约定俗成之书契。彼七十二王皆有刻石，十二家中，无怀已在伏戏前矣。所刻者则犹俚人之符号也。"

以近世苗民之俗证之，中国数千年来，已成同文之治，而苗民之俗，犹沿契刻之文。

　　《峒溪纤志》（陆次云）："木契者，刻木为符，以志事也。苗人虽有文字，不能皆习，故每有事，刻木记之，以为约信之验。"

　　《傜僮传》（诸匡鼎）："刻木为齿，与人交易，谓
之打木格。"

　　《苗俗纪闻》（方亨咸）："俗无文契，凡称贷交易，
刻木为信，未尝有渝者。木即常木，或一刻，或数刻，
以多寡远近不同。分为二，各执一，如约时合之，若符
节也。"

足见仓颉之时，各部落皆有契刻之法。黄帝部落欲统一四方之部
落，则以其所定之符号，与各部落相要约，而书契之式，遂由复
杂而画一。世遂以为文字始于黄帝时之仓颉矣。《易》称"百官
以治，万民以察"，知文字之用，始于官书。吾国幅员辽阔，种
族复杂，而能抟结为一大国家者，即恃文字为工具也。

　　仓颉时之文字，不可详考。依许慎之说，则其时文字，止有
指事、象形二种。

　　《说文序》："仓颉之初作书，盖依类象形，故谓之
文；其后形声相益，即谓之字。"段玉裁注："依类象
形，谓指事、象形二者也。指事亦所以象形也。""形声
相益，谓形声、会意二者也。有形则必有声，声与形相
附为形声，形与形相附为会意。其后，为仓颉以后也。
仓颉有指事、象形二者而已。"

然以韩非子说"公"、"厶"考之，则仓颉作书，已有会意之法。

　　《韩非子·五蠹篇》："仓颉之作书也，自环者谓之
厶，背私谓之公。"段玉裁曰："自环为厶，六书之指事
也；八厶为公，六书之会意也。"

有会意，亦必有形声相合之字；虽形声之字多后出者，未必当时绝无此类。（如"江"、"河"为形声字，伏羲、黄帝时已有江水、河水，未必当时只书为水也。）故六书之法，仓颉时必已具有四种。惟转注、假借为后起之事。世或以仓颉作书之时已有六书者，亦未明文字发生之次第也。

象形文字为初民同具之思想。然吾国文字，独演象形之法，绵延至数千年，而埃及象形之字不传于后，此实研究人类思想之一问题也。夫人类未有文字，先有语言，演文字者必以语言为根柢。然太古之时，地小而人少者，声音易于齐同；地广而人众者，语言难于画一。以一地一族表示语言之符号，行之千百里外，必致辗转淆讹，不若形象之易于辨识，虽极东西南朔之异音，仍可按形而知义。吾国文字演形而不演声者，殆此故欤！

洪水以前之语言，流传于世者绝稀。愚意《尔雅》岁阳、岁阴等名，实吾国最古之语言。

> 《尔雅·释天》："太岁在甲曰阏逢，在乙曰旃蒙，在丙曰柔兆，在丁曰强圉，在戊曰箸雍，在己曰屠维，在庚曰上章，在辛曰重光，在壬曰玄黓，在癸曰昭阳。（岁阳）太岁在寅曰摄提格，在卯曰单阏，在辰曰执徐，在巳曰大荒落，在午曰敦牂，在未曰协洽，在申曰涒滩，在酉曰作噩，在戌曰阉茂，在亥曰大渊献，在子曰困敦，在丑曰赤奋若。（岁阴）"

此等名词，诗书古史鲜有用之者。注《尔雅》者亦无解说。（郭璞《尔雅注》云：其事义皆所未详通，故阙而不论。）惟《史记·历书》以之纪年，疑"阏逢"、"困敦"等语，当未有甲子等字之时，已立此名。既立甲子之后，书写者以甲子为便，读时仍用"阏逢"、"困敦"之音。其后语言日渐变迁，凡四合五合之音，一律变为二合音，惟史官自黄帝以来，世守其书，传其音读，故至秦、汉时，以今隶译写古音，而其义则蔑有知者。

> 《史记·历书》："少暤氏之衰也，九黎乱德，民神杂扰，不可放物，祸菑荐至，莫尽其气。颛顼受之，乃命南正重司天以属神，命火正黎司地以属民，使复旧常，无相侵渎。其后三苗服九黎之德，故二官咸废所职，而闰余乖次，孟陬殄灭，摄提无纪，历数失序。"

盖三苗、九黎之乱，其古代语言变迁之关键乎？《楚辞》"摄提贞于孟陬兮"，用《尔雅》之文。屈原生于南方，或由三苗在南方传述古语，楚人犹用以纪年欤？

第六章　洪水以后之中国

孔子删《书》，断自唐、虞。盖自洪水既平，历史始渐详备可考。

> 《史记·五帝本纪赞》："学者多称五帝，尚矣。然《尚书》独载尧以来，而百家言黄帝，其文不雅驯，荐绅先生难言之。孔子所传宰予问《五帝德》及《帝系姓》，儒者或不传。"
>
> 《史记探原》（崔适）："《太史公自序》'述陶唐以来，至于麟止。'则《五帝本纪》本当为《陶唐本纪》，是《史记》亦始于唐、虞也。"

吾国文化之根本，实固定于是时；国家种族之名，胥自是而始见。虽其缘起不可知，然名义所函，具有精理。后世之国民性及哲学家之主张，罔不本焉，是固不可忽视也。

吾国之名为"中国"，始见于《禹贡》。

> 《禹贡》："中邦锡土姓。"
>
> 《史记》："中国锡土姓。"（郑康成曰：中即九州也。）
>
> 孙星衍曰："史迁'邦'作'国'者，非避讳字。

> 后遇'国'字率改为'邦'，误矣。是《禹贡》'邦'
> 字，当从《史记》作'国'。"

后世遂沿用之。

> 《左传》僖公二十五年：仓葛曰"德以柔中国，刑
> 以威四夷"。
> 《礼记·王制》："中国戎夷五方之民，皆有性也，
> 不可推移。"

虽亦有专指京师，

> 《诗·民劳》："惠此中国，以绥四方。"《毛传》：
> "中国，京师也。四方，诸夏也。"

或专指畿甸者。

> 《孟子》："尧崩，三年之丧毕，舜避尧之子于南河
> 之南，天下诸侯朝觐者，不之尧之子而之舜；讼狱者，
> 不之尧之子而之舜；讴歌者，不讴歌尧之子而讴歌舜。
> 夫然后之中国，践天子位焉。"

按《孟子》以中国与南河之南对举，似以当时畿甸之地为中国，
而畿甸以外即非中国者。要以全国之名为正义。且其以中为名，
初非仅以地处中央，别于四裔也。

> 《中华民国解》(章炳麟)："中国之名，别于四裔

而为言。印度亦称摩伽陀为中国，日本亦称山阳为中国，此本非汉土所独有者。就汉土言汉土，则中国之名，以先汉郡县为界。然印度、日本之言中国者，举中土以对边郡。汉土之言中国者，举领域以对异邦，此其名实相殊之处。"

按此说未尽然。

文明之域与无教化者殊风。此吾国国民所共含之观念也。

　　《公羊传》隐公七年："不与夷狄之执中国也。"何休曰："因地不接京师，故以中国正之。中国者，礼义之国也。"

　　《原道》（韩愈）："孔子之作《春秋》也，诸侯用夷礼则夷之，进于中国则中国之。"

据此是中国乃文明之国之义，非方位、界域、种族所得限。是实吾国先民高尚广远之特征，与专持种族主义、国家主义、经济主义者，不几霄壤乎！

　　唐、虞之时所以定国名为"中"者，盖其时哲王，深察人类偏激之失，务以中道诏人御物。

　　《论语》："尧曰：咨！尔舜！允执其中。舜亦以命禹。"

　　《礼记·中庸》："舜其大知也欤！择其两端，而用其中于民。"

　　《书·尧典》："帝曰：夔！命汝典乐，教胄子，直而温，宽而栗，刚而无虐，简而无傲。"

《皋陶谟》："亦行有九德：宽而栗，柔而立，愿而
恭，乱而敬，扰而毅，直而温，简而廉，刚而塞，强
而义。"

据此，是唐、虞时之教育，专就人性之偏者，矫正而调剂之，使
适于中道也。以为非此不足以立国，故制为累世不易之通称。一
言国名，而国性即以此表见。其能统制大宇，混合殊族者以此。
其民多乡原，不容有主持极端之人，或力求偏胜之事，亦以此
也。按中国民性，异常复杂，不得谓之尚武，亦不得谓之文弱；
不得谓之易治，亦不得谓之难服。推原其故，殆上古以来尚中之
德所养成也。然中无一定之界域，故无时无地，仍不能免于偏
执。惟其所执，恒不取其趋于极端耳。

吾国种族之名为"夏"，亦见于唐、虞时。

《尧典》："蛮夷猾夏。"

或谓即夏代之人，以时代之名代表种族。

《愈愚录》（刘宝楠）："《书》'蛮夷猾夏'，此夏
史所记。夏者，禹有天下之号。"

然以《说文》证之，则夏为人种之特称。

《说文》："夏，中国之人也。从夊，从页，从臼。
臼，两手。夊，两足也。夏，古文夏。"　段注："中
国之人"谓"以别于北方狄，东方貉，南方蛮闽，西方
羌，西南焦侥，东方夷也"。

盖"夏"为象形字。实即古之图画。当各族并兴之时，吾民先祖，崛起而特强，侵掠四方，渐成大族，于是表异于众，自绘其形，具有头、目、手、足；而彼四方之众，悉等于犬豸虫羊，此可望文而知义者也。

> 《说文》："羌，西戎羊种也，从羊、儿，羊亦声。南方蛮闽，从虫。北方狄，从犬。东方貉，从豸。西方羌，从羊。此六种也。西南僰人，焦侥从人，盖在坤地，颇有顺理之性。唯东夷从大，大，人也。夷俗仁，仁者寿，有君子不死之国。"

按此虽汉人之说，然沿用之文字，其来盖久，未必属小篆也。古人说东方、西南之人，尚近于人类，惟西北之人，则斥之为非人类，明示夏人之非西方种族矣。

先有种名，后有代号。故朝代虽易，而种名不替。

> 《左传》闵公元年："戎狄豺狼，不可厌也；诸夏亲昵，不可弃也。"定公十年："裔不谋夏。"
>
> 《论语》："夷狄之有君，不如诸夏之亡也。"

使以沿用为解，则"庶殷之名亦见于书"。

> 《书·召诰》："乃以庶殷攻位于洛汭。""庶殷丕作。"

何诸人皆称"夏"而不称"殷"乎？夫一族之民，自视为优越之种，而斥他族为非类，其义似隘。然人类皆具兽性，吾族先民，知兽性之不可以立国，则自勉于正义人道，以为殊族之倡，此其所以为大国民也。

春秋之时吾族复有"华"称。

《左传》定公十年："夷不乱华。"

他书未见此名，而后世相沿，自称"华"人，要不若"夏"之有所取义。近人附会"华夏"之说，类多凿空无稽。章太炎释中华民国，谓"华"取华山；"夏"取夏水，虽颇自圆其说，亦不尽可信也。

《中华民国解》（章炳麟）："诸华之名，因其民族初至之地而为言。世言昆仑为华国者，特以他事比拟得之，中国前皇曾都昆仑与否，史无明征，不足引以为质。然神灵之胄，自西方来，以雍、梁二州为根本，宓牺生成纪，神农产姜水，黄帝宅桥山，是皆雍州之地。高阳起于若水，高辛起于江水，舜居西城（据《世本》，西城为汉汉中郡属县），禹生石纽，是皆梁州之地。观其帝王所产，而知民族奥区，斯为根极。雍州之地，东南至于华阴而止，梁州之地，东北至于华阳而止，就华山以定限，名其国土曰'华'，则缘起如此也（按此亦属想当然耳之说）。其后人迹所至，遍及九州，至于秦、汉，则朝鲜、越南皆为华民耕稼之乡，'华'之名于是始广。'华'本国名（按此亦未确），非种族之号，然今世已为通语。世称山东人为'侉子'，'侉'即'华'之遗言矣。正言种族，宜就'夏'称，《说文》云：'夏，中国之人也。'或言远因大夏，此亦与昆仑、华国同类。质以史书，'夏'之为名，实因夏水而得。是水或谓之'夏'。或谓之'汉'，或谓之'漾'，或谓之'沔'，凡皆小别互名。本出武都，至汉中而始盛。地在雍、梁之际，因水以为族名。犹生姬水者之氏'姬'、生姜水者之氏'姜'也。'夏'本族名，非都国之号，是故得言'诸夏'。其后因族命地，而关东亦以'东夏'著。下逮刘季，抚有九共，与匈奴、西域相却倚，声教远暨，复受'汉族'之称。此虽近起一王，不为典要，然汉家建国，自受封汉中始，于夏水则为同地，于华阳则为同州，用为通称，适与本名符会。是故'华'云，'夏'云，'汉'云，随举一名，互摄三义。建'汉'名以为族，而邦国之义斯在。建'华'名以为国，而种族之义亦在。此'中华民国'之所以谥也。"

洪水前后有一大事，至虞、夏之时，始稍平靖者，九黎与三苗是也。九黎三苗之事，见于《书·吕刑》及《国语》。

《吕刑》："若古有训，蚩尤惟始作乱，延及于平民。罔不寇贼鸱义，奸宄夺攘矫虔。苗民弗用灵，制以刑，惟作五虐之刑曰法，杀戮无辜。"马融曰："蚩尤、少昊之末，九黎君名。"郑康成曰："蚩尤霸天下，黄帝所伐者。学蚩尤为此者，九黎之君少昊之代也，苗民谓九黎之君也。九黎之君于少昊氏衰，而弃善道，上效蚩尤重刑，变九黎言苗民者，有苗九黎之后。颛顼代少昊诛九黎，分流其子孙居于西裔者，为三苗。至高辛之衰，又复九黎之恶。尧兴，又诛之。尧末，又在朝。舜臣尧，又窜之，禹摄位，又在洞庭逆命，禹又诛之。"

《楚语》："少皞之衰也，九黎乱德……其后三苗复
九黎之德。"韦昭曰："少皞，黄帝之子，金天氏也。九
黎，黎氏九人。三苗，九黎之后。高辛氏衰，三苗为
乱，行其凶德，如九黎之为也。"

据郑、韦之说，黎、苗实一族，其为乱累世不绝，尧、舜及禹迭
加诛窜，吾族始获安枕。此洪水以后之中国所大异于洪水以前者
也。近人或谓黎、苗实古代之地主。

《中国历史》（夏曾佑）："古时黎族散处江湖间，
先于吾族不知几何年。至黄帝时，民族竞争之祸乃不能
不起，遂有黄帝、蚩尤之战事。"又曰："南蛮为神州之
土著，黄帝时蚩尤之难，几覆诸夏。少昊之衰，九黎乱
德。颛顼媾三苗之乱，至于历数失序，及尧战于丹水之
浦，舜时迁三苗于三危，稍以衰落，至禹三危既宅，三
苗丕叙，于是洞庭、彭蠡之间，皆王迹之所经，无旧种
人之历史矣。盖吾族与土族之争，自黄帝至禹，上下亘
千年，至此而兴亡乃定。"

又谓即今日南方黎、苗之祖，其实亦未尽可信。观章炳麟之文，
自知其中之区别矣。

《太炎文录·别录二》："苗种得名，其说各异。大
江以南，陪属猥伅之族，自周讫唐，通谓之'蛮'，别
名则或言'僚'言'俚'，言'陆梁'，未有谓之'苗'
者。称'苗'者自宋始，明非耆老相传，存此旧语，乃

学者逆据《尚书》三苗之文，以相傅丽耳。汉者诸蛮无'苗'名，说《尚书》者固不以三苗为荆蛮之族。《虞书》'窜三苗于三危'。马季长曰：'三苗，国名也，缙云氏之后，为诸侯，盖饕餮也。'《淮南·修务训》高诱注曰：'三苗盖谓帝鸿氏之裔子浑敦，少昊氏之裔子穷奇，缙云氏之裔子饕餮，三族之苗裔，故谓之三苗。'此则先汉诸师说三苗者，皆谓是神灵苗裔，与今时苗种不涉。"

第七章 衣裳之治

《易·系辞》称黄帝、尧、舜之德，首举"垂衣裳而天下治"。其义至可疑。治天下之法多矣，何以首举垂衣裳乎？顾君惕森谓古"衣"字象覆二人之形，衣何以覆二人，义亦不可解。"衣"字之下半，当即"北"字。古代北方开化之人，知有冠服，南方则多裸体文身，故"衣"字象北方之人戴冠者。其说至有思想。衣裳之原，起于御寒。西北气寒，而东南气燠，故《礼记·王制》述四夷，惟西北之人有衣，东南无衣也。

> 《王制》："东方曰夷，被发文身。南方曰蛮，雕题交趾。西方曰戎，被发衣皮。北方曰狄，衣羽毛穴居。"

以文字证之，南北曰衺，

> 《说文》："衺，衣带以上。从衣，矛声。一曰南北曰衺，东西曰广。"

边地曰裔。

> 《方言》："裔，夷狄之总名。"郭璞曰："边地为裔。"

固皆以衣分中外，而衣服之服，古以为疆界之名。

> 《书·皋陶谟》："弼成五服。"《禹贡》："五百里甸服，五百里侯服，五百里绥服，五百里要服，五百里荒服。"

推其引申假借之由，必非出于无故。以事实证之，禹时有裸国。

> 《吕氏春秋·贵因篇》："禹之裸国，裸人衣出。"

当商时，荆蛮之俗，文身断发。

> 《史记·吴太伯世家》："太伯、仲雍二人，乃奔荆蛮，文身断发。"

至战国时于越犹然。

> 《庄子·逍遥游篇》："宋人资章甫而适诸越，越人断发文身，无所用之。

中夏之文明，首以冠裳衣服为重，而南北之别，声教之暨，胥可于衣裳觇之。此《系辞》所以称"垂衣裳而天下治"欤！
衣服之原料古惟有羽皮。

> 《礼记·礼运》："昔者先王未有麻丝，衣其羽皮。后圣有作，然后治其麻丝，以为布帛。"

若卉服，则惟南方有之。

《禹贡》：扬州"岛夷卉服。"

不知何人发明织麻养蚕之法。世传伏羲作布。

《白氏帖》："伏羲作布。"

世又称伏羲化蚕桑为穗帛，《皇图要览》："伏羲化蚕桑为繐帛，西陵氏始养蚕。"说均未足据。

然羲、农时已有琴瑟。琴瑟皆用丝弦，则丝之发明久矣。《禹贡》载九州贡物，凡六州有衣服原料。

兖州	厥贡丝	厥篚织文
徐州		厥篚玄纤缟
荆州		厥篚玄纁玑组
青州	厥贡绨丝枲	厥篚檿丝
扬州		厥篚织贝
豫州	厥贡枲绨纻	厥篚纤纩

则洪水以后吾民之利用天产者，其地固甚广矣。

冠服进化之迹，以冠为最著。太古之时，以冃复首。

《说文》："冃，小儿及蛮夷头衣也。"段注："小儿未冠，夷狄未能言冠，故不冠而冃。荀卿曰：'古之王者，有务而拘领者矣。'杨注：'旧读为冒，拘与句同。'《淮南书》曰：'古者有鍪而绻领以王天下者。'高

注：'古者，盖三皇以前也。鍪著兜鍪帽，言未知制
冠。'……冃与鍪皆读为冃，即今之'帽'字也。后圣
有作，因冃以制冠冕，而冃遂为小儿蛮夷头衣。"

其后则有弁。

《说文》："党，冕也。弁或党字。鼻，籀文党。"段
注："'鼻'为籀文，则'党'本古文也。"按党从皃，
其八象形。盖古者简易之制也。

有冕。

《说文》："古者黄帝初作冕。"

有冠。

《说文》："冠，絭也，所以絭发，弁冕之总名也。
从冖，从元，元亦声。冠有法制，故从寸。"

而法制渐备，黄帝之冕有旒。

《世本》："黄帝作冕旒。垂旒，目不邪视也。"

后世因之。以玉为旒。

《尚书》（大小夏侯说）："冕版广七寸，长尺二寸，
前圆后方，前垂四寸，后垂三寸，用白玉珠，十二旒。"

为冠制之至尊者。然冕之布以麻为之，而施以漆，仍存尚质之意。惟麻缕细密，异于余服耳。

> 《礼书通故》（孔安国、郑玄说）："麻冕三十升布为之。"蔡邕云："周爵弁，殷冔，夏收，皆以三十升漆布为壳。"贾公彦曰："布八十缕为升。"

弁制用皮，而别其色。

> 《释名》："以爵韦为之，谓之爵弁。以鹿皮为之，谓之皮弁。以靺韦为之，谓之韦弁。"

亦以示法古尚质之义。

> 《白虎通》："皮弁者，何谓也？所以法古至质冠之名也。弁之为言攀也，所以攀持其发也。上古之时质，先加服皮，以鹿皮者，取其文章也。《礼》曰：'三王共皮弁素积。'言至质不易之服，反古不忘本也。战伐田猎皆服之。"

太古冠亦以布，其色白。斋戒之时，则著黑色之冠。

> 《仪礼记》："太古冠布，斋则缁之。"

后世则易以皂缯，此其进化之概也。

> 《仪礼记》："委貌，周道也。章甫，殷道也。毋追，

夏后氏之道也。"《礼书通故·续汉志》："委貌，以皂缯为之。孔疏云：三冠皆缁布为之，盖非。记曰：太古冠布，则毋追、章甫，委貌不以布矣。"

古之男子，上衣下裳。

　　《白虎通》："圣人所以制衣服何？以为缔绤蔽形，表德劝善，别尊卑也。所以名为'裳'何？衣者，隐也；裳者，障也；所以隐形自障蔽也。何以知上为衣，下为裳？以其先言衣也。"

其材或以丝，或以布。

　　周制，朝服用十五升布，裳用白素绢，爵弁服纯衣。郑《注》："纯衣，丝衣也，是衣之材，或用布，或用丝也。"

其色上玄而下黄，

　　《续汉舆服志》："乾坤有文，故上衣玄，下裳黄。"

间亦有他色，

　　《礼记·玉藻》："狐裘黄衣以裼之。"是衣亦有黄色也。
　　《仪礼》："玄端、玄裳、黄裳、杂裳可也。"是裳亦有玄色也。若皮弁服之用白布衣，爵弁服之纁裳纯衣，各视其冠带而为色，初非一律玄衣黄裳也。

其进化之迹不甚可考。观孔子述黄帝之衣裳，知其时已尚彩绘。

> 《大戴礼·五帝德篇》："黄帝黼黻衣，大带，黼裳。"注："白与黑谓之黼，若斧文。黑与青谓之黻，若两已相庚。"

帝喾、帝尧之衣，皆与黄帝同。

> 《大戴礼》："帝喾黄黼黻衣，帝尧黄黼黻衣。"

《史记》称帝尧黄收纯衣。是其衣亦有时不绘黼黻也。

> 《史记·五帝本纪》："帝尧黄收纯衣。"《索隐》："纯，读曰缁。"

虞舜欲观古人之象，以五采彰施于五色，于是衣裳之文绣，盛行于中国者数千年。

> 《书·益稷》："予欲观古人之象，日、月、星辰、山、龙、华虫，作会；宗彝、藻、火、粉米、黼、黻，缔绣。以五采彰施于五色，作服，汝明。"

虽其说颇多聚讼，不能确定何说为得真。

> 唐虞衣服之制有二说。《尚书大传》曰："天子衣

服，其文华虫、作缋、宗彝、藻火、山龙；诸侯作缋、宗彝、藻火、山龙；子男宗彝、藻火、山龙；大夫藻火、山龙；士山龙。故《书》曰：天命有德，五服五章哉！"又曰："山龙，青也；华虫，黄也；作缋，黑也；宗彝，白也；藻火，赤也。天子服五，诸侯服四，次国服三，大夫服二，士服一。"此今文家说也。郑玄曰："自日月至黼黻，凡十二章，天子以饰祭服。凡画者为绘，刺者为绣。此绣与绘各有六，衣用绘，裳用绣。天子冕服十二章，以日、月、星辰、山、龙、华虫绘于衣，以宗彝、藻、火、粉米、黼、黻绣于裳。诸侯九章，自山、龙以下；伯七章，自华虫以下；子男五章，自藻、火以下；卿大夫三章，自粉米以下。尊者绘衣，卑者不绘衣。"此古文家说也。

然观《尧典》及《皋陶谟》之文，《尧典》："车服以庸。"《皋陶谟》："天命有德，五服五章哉！"则此绘绣之法，非第为观美也。文采之多寡，实为阶级之尊卑，而政治之赏罚，即寓于其中，故衣裳为治天下之具也。

阶级之制虽非尽善之道，当人类未尽开明之时，少数贤哲，主持一国之政俗，非有术焉，辨等威而定秩序，使贤智者有所劝，而愚不肖者知愧耻而自勉，则天下脊脊大乱矣。黄帝、尧、舜之治天下，非能家喻而户说也。以劝善惩恶之心，寓于寻常日用之事，而天下为之变化焉，则执简驭繁之术也。《尚书》之文简奥，读者多不能喻其意。惟《尚书大传》释之最详：

古之帝王，必有命民，能敬长矜孤，取舍好让者，命于其君，然后得乘饰车、骈马，衣文锦。未有命者，

不得衣，不得乘。乘衣者有罚。……未命为士者，不得
乘饰车朱轩，不得衣绣。庶人单马木车，衣布帛。

观此文，则知古之车服，以为人民行谊之饰，非好为区别，故示
民以异同也。不究其劝勉人民为善之心，第责其区分人民阶级之
制，则曰此实不平之事，或愚民之策耳。

衣服之用，有赏有罚。故古代之象刑，即以冠履衣服为
刑罚。

《尚书大传》："唐、虞象刑，而民不敢犯。苗民用
刑，而民兴相渐。唐、虞之象刑：上刑，赭衣不纯；中
刑，杂屦；下刑，墨幪。以居州里，而民耻之。""唐、
虞象刑，犯墨者蒙皂巾，犯劓者赭其衣，犯膑者以墨幪
其膑处而画之。犯大辟者，布衣无领。"

荀子尝斥象刑之非。

《荀子·正论篇》："世俗之为说者曰：治古无肉刑
而有象刑。墨黥（杨注："墨黥当为墨幪，但以墨巾幪
其头而已。"）；慅婴（杨注："当为澡缨，谓澡濯其布
为缨，澡或读为草，《慎子》作草缨。"）；共艾毕（杨
注："共艾未详，或衍字。艾，苍白色，毕与韠同。"）；
菲，对屦（杨注："菲，草屦也。对，当为緅。緅，枲
也。"）；杀，赭衣而不纯。治古如是。是不然，以为治
耶？则人固莫触罪，非独不用肉刑，亦不得用象刑矣。
以为轻刑邪？人或触罪矣，而直轻其刑，然则是杀人者
不死，伤人者不刑也。罪至重而刑至轻，庸人不知恶

矣，乱莫大焉。"

按《书》之象刑，与流宥五刑、鞭、扑并举，初非专恃象刑
一种。

《书·尧典》："象以典刑，流宥五刑，鞭作官刑，
扑作教刑，金作赎刑，眚灾肆赦，怙终贼刑。"

人之知有羞耻者，略加谴责，已惕然自愧，若无所容；其无耻
者，虽日加以桁杨桎梏，而无所畏，是固不可以一概论也。后世
犯法者，衣服亦异于常人，殆由古者尝以是为罚，后虽用刑，犹
治其制而不废欤！

第八章　治历授时

　　古人立国，以测天为急；后世立国，以治人为重。盖后人袭前人之法，劝农教稼，已有定时；躔度微差，无关大体。故觉天道远而人道迩，不汲汲于推步测验之术。不知邃古以来，万事草创，生民衣食之始，无在不与天文气候相关，苟无法以贯通天人，则在在皆形枘凿。故古之圣哲，殚精竭力，绵祀历年，察悬象之运行，示人民以法守。自羲、农，经颛顼，迄尧、舜，始获成功。其艰苦愤悱，史虽不传，而以其时代推之，足知其常耗无穷之心力。吾侪生千百世后，日食其赐而不知，殊无以谢先民也。

　　历算之法相传始于伏羲。

　　　　《周髀算经》：“伏羲作历度。”

　　　　《汉书·律历志》：“自伏羲画八卦，由数起。”

　　至神农时有历日。

　　　　《物理论》（杨泉）：“畴昔神农正节气，审寒温，
　　　　以为早晚之期，故立历日。”

　　而《史记·历书》不言黄帝以前之法。

《历书》："太史公曰：神农以前尚矣。"

惟《索隐》谓黄帝以前有《上元》、《太初》等历。

《历书》："昔自在古历，建正，作于孟春。"《索隐》："古历者，谓黄帝《调历》以前，有《上元》、《太初》历等，皆以建寅为正，谓之孟春也。"

据《汉书》，《上元》、《太初》历，距汉武帝元封七年，凡四千六百一十七岁，不知为何人所制也。

《汉书·律历志》："乃以前历《上元》、《太初》四千六百一十七岁，至于元封七年，复得阏逢摄提格之岁。"

洪水以前，历法之详备，当推黄帝之时。黄帝之历曰《调历》。

《史记索隐》："《系本》及《律历志》：黄帝使羲和占日，常仪占月，臾区占星气，伶伦造律吕，大挠作甲子，隶首作算数，容成综此六术而著《调历》也。"

置闰定岁，

《历书》："黄帝考定星历，建立五行，起消息，正闰余。"

建子为正，

《史记索隐》："黄帝及殷、周、鲁，并建子为正。"

说者谓其时已分二十四气，

《历书》："昔者黄帝合而不死，名察度验，定清浊，
起五部，建气物分数。"孟康曰："五部，五行也。天有
四时，分为五行也。气，二十四气。物，万物也。"

然《左传》称少皞时以诸鸟定分至启闭。是古只分四时，未有
二十四气之目也。

《左传》昭公十七年："少皞挚之立也，凤鸟适至，
故纪于鸟，为鸟师而鸟名：凤鸟氏，历正也；玄鸟氏，
司分者也；伯赵氏，司至者也；青鸟氏，司启者也；丹
鸟氏，司闭者也。"

少皞之后，历法尝再乱。

《历书》："少皞氏之衰也，九黎乱德……祸菑荐至，
莫尽其气。颛顼受之，乃命南正重司天以属神，命火正
黎司地以属民，使复旧常，无相侵渎。其后三苗服九黎
之德，故二官咸废所职，而闰余乖次，孟陬殄灭，摄提
无纪，历数失序。"

至唐尧时，复定历法，而以闰月定四时成岁之制，遂行用至四千
余年。

《尧典》："期三百有六旬有六日，以闰月定四时，成岁。允厘百工，庶绩咸熙。"

考其定历之法，以实测于四方为主。

《尧典》："命羲仲，宅嵎夷，曰旸谷。寅宾出日，平秩东作，日中星鸟，以殷仲春。……命羲叔，宅南交，曰明都。平秩南讹，敬致，日永星火，以正仲夏。……命和仲，宅西，曰昧谷。寅饯纳日，平秩西成，宵中星虚，以殷仲秋。……命和叔，宅朔方，曰幽都，平在朔易，日短星昴，以正仲冬。"

而羲和以世官之经验，掌制历之事，则步算尤其专长矣。

《历书》："尧复遂重黎之后，不忘旧者，使复典之，而立羲、和之官。郑玄曰："尧育重黎之后，羲氏、和氏之贤者，使掌旧职。"

制历之关系，莫先于农时，《书》称"敬授民时"，以民间不知气候，定播种收获之期，则为害乎民事匪鲜也。《尚书大传》释授时之法最详。

《尚书大传》："主春者张，昏中可以种谷。主夏者火，昏中可以种黍。主秋者虚，昏中可以种麦。主冬者昴，昏中可以收敛。……田猎断伐，当上告之天子，而下赋之民。故天子南面而视四星之中，知民之缓急，急则不赋籍，不举力役。故曰'敬授人时'，此之谓也。"

农时之外，一切行政，亦皆根据时令。故《书》有"允厘百工，庶绩咸熙"之说。《大传》亦释之，而其文不全，然其意可推而知也。

> 《尚书大传》："天子以秋命三公将率，选士厉兵，以征不义。决狱讼，断刑罚，趣收敛，以顺天道，以佐秋杀。以冬命三公谨盖藏，闭门闾，固封境，入山泽田猎，以顺天道，以佐冬固藏。"

推测步算，必资器具。世传古有浑仪，

> 《事物纪原》："刘氏历日：高阳造浑仪，黄帝为盖天。则浑仪始于高阳氏也。"
>
> 《春秋文耀钩》："黄帝即位，羲、和立浑仪。"

然未能详其形制，以《尚书》考之，舜时有璇玑玉衡。

> 《尧典》："璇玑玉衡，以齐七政。"

马、郑之说，皆以为浑天仪。

> 马融曰："璇，美玉也；玑，浑天仪，可转旋，故曰玑。衡，其中横筒，所以视星宿也。以璇为玑，以玉为衡，盖贵天象也。日、月、星皆以璇玑玉衡度知其盈缩退进所在。"郑玄曰："璇玑玉衡，浑天仪也。"

而蔡邕说其制较详。

　　《史记正义》引蔡邕云："玉衡长八尺，孔径一寸，下端望之，以视星宿。并县玑以象天，而以衡望之。转玑窥衡，以知星宿。玑径八尺，圆周二丈五尺而强也。"

疑汉代史官，固有相传之古器，邕曾见之。其为虞舜之物与否，未能定也。

　　《晋书·天文志》："汉灵帝时，蔡邕于朔方上书，言宣夜之学，绝无师法。《周髀》术数具存，考验天状，多所违失。惟浑天近得其情，今史官候台所用铜仪，则其法也。"

　　《晋书·天文志》："《虞书》曰：'在璇玑玉衡，以齐七政。'《考灵耀》云：'分寸之晷，代天气生，以制方圆。方圆以成，参以规矩，昏明主时，乃命中星，观玉仪之游。'郑玄谓以玉为浑仪也。《春秋文耀钩》云：'唐尧即位，羲和立浑仪。'此则仪象之设，其来远矣。绵代相传，史官禁密，学者不睹，故宣、盖沸腾。"

诸书又传刻漏始于黄帝。

　　梁《刻漏经》："肇于轩辕之日，宣于夏商之代。"
　　《隋书·天文志》："昔黄帝创观漏水，制器取则，以分昼夜。其后因以命官，《周礼》挈壶氏，则其职也。其法，总以百刻，分于昼夜。冬至昼漏四十刻，夜漏六十刻。夏至昼漏六十刻，夜漏四十刻。春秋二分，昼夜各五十刻。日未出前，二刻半而明；既没后，二刻半乃昏。减夜五刻以益昼，谓之昏旦，漏刻皆随气增。

> 冬、夏二至之间，昼夜长短，凡差二十刻，每差一刻为
> 一箭。冬至互起其首，凡有四十一箭。昼有朝，有禺，
> 有中，有晡，有夕。夜有甲、乙、丙、丁、戊。昏旦有
> 星中，每箭各有其数，皆所以分时代守，更其作役。"

疑亦史官世守之器，以定日夜之时刻者也。

古代星历之事，掌于史官，世传其学，往往守之历千百年。
汉、晋之人，犹及见古历。

> 《汉书·艺文志》："《黄帝五家历》，三十三卷。《颛
> 顼历》，二十一卷。《颛顼五星历》，十四卷。《夏殷周
> 鲁历》，十四卷。"

虽推验多所不合，

> 《长历说》（杜预）："自古以来，论《春秋》者，
> 多述谬误。或用黄帝以来诸历，以推经传朔日，皆不
> 谐合。《春秋》四十七日蚀，《黄帝历》得一蚀，《颛顼
> 历》得八蚀，《夏历》得十四蚀，《真夏历》得一蚀，《殷
> 历》、《周历》得十三蚀，《真周历》得一蚀，《鲁历》
> 得十三蚀。"

然算术古疏后密，未可以不合遽斥为伪。惜晋以后诸历多不传，
遂无由知其历式矣。

第九章　唐虞之让国

　　吾国圣哲之教，以迨后世相承之格言，恒以让为美德。远西诸国，无此礼俗，即其文字，亦未有与吾国"让"字之义相当者。故论中国文化，不可不知逊让之风之由来也。人情好争而不相让，中土初民，固亦如是。如《吕览》谓"君之立出于长，长之立出于争"。可见吾民初非不知竞争，第开化既早，经验较多，积千万年之竞争，熟睹惨杀纷乱之祸之无已，则憬然觉悟，知人类非相让不能相安，而唐、虞之君臣遂身倡而力行之。高位大权，巨富至贵，靡不可以让人，而所争者惟在道德之高下及人群之安否。后此数千年，虽曰争夺劫杀之事不绝于史策，然以逊让为美德之意，深中于人心，时时可以杀忿争之毒，而为和亲之媒。故国家与民族，遂历久而不敝。此非历史人物影响于国民性者乎？

　　唐、虞让国之事，纪于《尚书》。《尚书》开宗明义，即曰"允恭克让"，明其所重在此也。第今世所传之《尚书》，非完全之本，欲考其让国之迹，殊不能得完全之真相，此读史者一大憾事也。孔子所删之《书》，有《尧典》、《舜典》、《大禹谟》，今惟存《尧典》。而晋以后所传之《舜典》，实即《尧典》之文，《舜典》之首二十八字及《大禹谟》，皆后人所伪撰，不可信。故唐尧让位之事，可征于《书》，而虞舜让位之事，则必以他书证之。

　　唐尧让位之事见于《书序》及《书》者为：

　　《尚书序》："昔在帝尧，聪明文思，光宅天下，将逊于位，让于虞舜，作《尧典》。""虞舜侧微，尧闻之聪明，将使嗣位，历试诸难，作《舜典》。"

　　《尚书·尧典》："帝曰：明明扬侧陋。师锡帝曰：有鳏在下，曰虞舜。……帝曰：格汝舜，询事考言，乃言厎可绩。三载，汝陟帝位。舜让于德弗嗣。正月上日，受终于文祖。……二十有八载，帝乃殂落。月正元日，舜格于文祖。"

今本《大禹谟》所称："帝曰：格汝禹，朕宅帝位，三十有三载，耄期倦于勤，汝惟不怠，总朕师。禹曰：朕德罔克，民不依。"及"禹拜稽首固辞……正月朔旦，受命于神宗，率百官若帝之初"。此皆仿《尧典》之文为之，非其原文也。

述唐、虞禅让之事最详者，无过于《孟子》：

　　《孟子·万章上》："舜相尧二十有八载，尧崩，三年之丧毕，舜避尧之子于南河之南。天下诸侯朝觐者，不之尧之子而之舜；讼狱者，不之尧之子而之舜；讴歌者，不讴歌尧之子而讴歌舜。夫然后之中国，践天子位焉。""昔者舜荐禹于天，十有七年，舜崩，三年之丧毕，禹避舜之子于阳城，天下之民从之者，若尧崩之后，不从尧之子而从舜也。"

次则《史记》。

　　《史记·五帝本纪》："尧知子丹朱之不肖，不足授天下，于是乃权授舜。授舜，则天下得其利而丹朱病；

授丹朱，则天下病而丹朱得其利。尧曰：'终不以天下之病而利一人。'而卒授舜以天下。""舜子商均亦不肖，舜乃豫荐禹于天。十七年而崩。三年丧毕，禹亦乃让舜子，如舜让尧子。诸侯归之，然后禹践天子位。尧子丹朱，舜子商均，皆有疆土，以奉先祀。服其服，乐礼如之，以客见天子。天子弗臣，示不敢专也。"

《史记·夏本纪》："舜荐禹于天，为嗣。十七年而帝舜崩。三年丧毕，禹辞避舜之子商均于阳城。天下诸侯皆去商均而朝禹。禹于是遂即天子位，南面朝天下。……帝禹立而举皋陶荐之，且授为政，而皋陶卒。而后举益，任之政。十年，帝禹东巡狩，至于会稽而崩，以天下授益。三年之丧毕，益让帝禹之子启，而辟居箕山之阳。禹子启贤，天下属意焉。于是启遂即天子之位。

二书所言如此，则尧、舜、禹之皆让国为实事，无可疑矣。外此诸书论述唐虞之事者，凡分三种：

一则附会其事，谓尧、舜历让于诸人，不独让于舜、禹也。

《庄子·逍遥游》："尧让天下于许由，许由曰：予无所用天下为。"《庄子·让王》："尧以天下让许由，许由不受。又让于子州支父，子州支父曰：'以我为天子，犹之可也。虽然，我适有幽忧之病，方且治之，未暇治天下也。'舜让天下于子州支伯，子州支伯曰：'予适有幽忧之病，方且治之，未暇治天下也。'舜以天下让善卷，善卷曰：'余立于宇宙之中，冬日衣皮毛，夏日衣葛绨。春耕种，形足以劳动；秋收敛，身足以休食。日

出而作，日入而息，逍遥于天地之间，而心意自得。吾
何以天下为哉！悲夫，子之不知予也！’遂不受，于是
去而入深山，莫知其处。舜以天下让其友石户之农，石
户之农曰：‘捲捲乎，后之为人，葆力之士也。’以舜之
德未为至也，于是夫负妻戴，携子以入于海，终身不
反也。”

《吕氏春秋·离俗览》：“舜让其友北人无择，北人
无择曰：‘异哉，后之为人也！居于畎亩之中，而游入
于尧之门，不若是而已，又欲以其辱行漫我，我羞之。’
而自投于苍领之渊。”

此皆因《书》之称禅让，而加以附会者也。

一则谓古者天子最劳苦，故尧、禹乐于让国也。

《韩非子·五蠹》：“尧之王天下也，茅茨不翦，采
椽不斫，粝粢之食，藜藿之羹，冬日麑裘，夏日葛衣，
虽监门之服养，不亏于此矣。禹之王天下，身执耒臿，
以为民先，股无胈，胫不生毛，虽臣虏之劳，不苦于此
矣。以是言之，夫古之让天子者，是去监门之养，而离
臣虏之劳也。故传天下而不足多也。今之县令，一日身
死，子孙累世絜驾，故人重之。是以人之于让也，轻辞
古之天子，难去今之县令者，薄厚之实异也。”

此则纯以俗情度尧、禹，然亦未尝谓尧、舜未行禅让之事也。

一则疑其让国为虚语，且其得国等于后世之篡弑也。

《史通·疑古篇》（刘子玄）：“按《汲冢琐语》云：

'舜放尧于平阳。'而书云:'某地有城,以囚尧为号。'识者凭斯异说,颇以禅授为疑。据《山海经》谓放勋之子为帝丹朱,而列君于帝者,得非舜虽废尧,仍立尧子,俄又夺其帝者乎?斯则尧之授舜,其事难明,谓之让国,徒虚语耳!""《虞书·舜典》云:'五十载陟方乃死。'注云:'死苍梧之野,因葬焉。'按苍梧者,地总百越,山连五岭,人风螺划,地气歊瘴,百金之子,犹惮经履其途;万乘之君,而堪巡幸其国?兼复二妃不从,怨旷生离,万里无依,孤魂溘尽,让王高蹈,岂其若是!斯则陟方之死,其殆文命之志乎?《汲冢书》云:'舜放尧于平阳,益为启所诛。'又曰:'太甲杀伊尹,文丁杀季历。'凡此数事,语异正经,其书近出,世人多不之信也。舜之放尧,无事别说,足验其情。益与伊尹见戮,并与正书犹无其证,推而论之,如启之诛益,仍可复也。何者?舜废尧而立丹朱,禹黜舜而立商均,益手握机衡,事同舜、禹,而欲因循故事,坐膺天禄,其事不成,自贻伊咎。观夫近古篡夺,桓独不全,马仍反正。若启之诛益,亦犹晋之杀玄者乎?舜、禹相代,事业皆成,唯益覆车,伏辜夏后。亦犹桓效曹、马而独致元兴之祸者乎?"

此则因后世奸雄,假借禅让,因疑古人亦以禅让饰其争夺也。

至于近世,民主之制勃兴,遂有谓尧、舜为首倡共和者。夫共和根于宪法,选举多由政党、总统任事,必有年限,唐、虞之时胥无之,正不容以史事相附会也。

《尧典》所载,君臣交让,其事非一:

帝曰:"咨!四岳,朕在位七十载,汝能庸命,巽朕位。"岳曰："否德忝帝位。"

帝曰："俞！咨禹，汝平水土，惟时懋哉！"禹拜，稽首，让于稷、契暨皋陶。

帝曰："畴若予工？"佥曰："垂哉！"帝曰："俞！咨垂，汝共工。"垂拜稽首，让于殳斨暨伯与。

帝曰："畴若予上下草木鸟兽？"佥曰："益哉！"帝曰："俞！咨益，汝作朕虞。"益拜稽首，让于朱虎、熊黑。

帝曰："咨！四岳，有能典朕三礼？"佥曰："伯夷。"帝曰："俞！咨伯，汝作秩宗。"伯拜稽首，让于夔、龙。

《皋陶谟》尤盛称让德之效。

禹曰："万邦黎献，共惟帝臣。惟帝时举，敷纳以言，明庶以功，车服以庸，谁敢不让，敢不敬应。"夔曰："虞宾在位，群后德让。"

惟《韩非子》、《吕览》称鲧与共工不慊于尧、舜。

《韩非子·外储说》："尧欲传天下于舜。鲧谏曰：'不祥哉！孰以天下而传之于匹夫乎！'尧不听。举兵而诛杀鲧于羽山之郊。共工又谏曰：'孰以天下而传之于匹夫乎？'尧不听，又举兵而流共工于幽州之都。于是天下莫敢言无传天下于舜。"

《吕氏春秋·行论篇》："尧以天下让舜，鲧为诸侯，怒于尧曰：'得天之道者为帝，得地之道者为三公，今

我得地之道，而不以我为三公！'以尧为失论。欲得三
公，怒甚猛兽，欲以为乱，比兽之角，能以为城；举其
尾，能以为旌。召之不来，仿佯于野以患帝。舜于是殛
之于羽山，副之以吴刀。"

盖以《书》有四罪之文，故谩为共、鲧反对之说。借使其说而
信，亦可见尧之克让，具有定识毅力，不为浮议所摇，而反对之
者实为少数也。

让国之事，在人而不在法，故至夏而变为世袭之局。韩愈论
其事，以为塞争乱之道。

《对禹问》（韩愈）："得其人而传之者，尧、舜也；
无其人虑其患而不传者，禹也。时益以难理，传之人则
争，未前定也。传之子则不争，前定也。前定虽不当
贤，犹可以守法，不前定而不遇贤，则争且乱。天下之
生大圣也不数，其生大恶也亦不数。传诸人，得大圣，
然后人莫敢争。传诸子，得大恶，然后人受其乱。禹之
后四百年，然后得桀；亦四百年，然后得汤与伊尹。汤
与伊尹不可待而传也。与其传不得圣人，而争且乱，孰
若传之子，虽不得贤，犹可守法。"

盖让贵得当，不当之让，徒以启争。立法以定元首之年限，视君
主世袭之不能必其得贤，均也。

三代时天子无禅让者，而侯国犹间有之，如吴太伯、伯夷
之类。

《史记·吴太伯世家》："吴太伯，太伯弟仲雍，皆

周太王之子，而王季历之兄也。季历贤而有圣子昌，太王欲立季历以及昌，于是太伯、仲雍二人，乃奔荆蛮，文身断发，示不可用，以避季历。季历果立，是为王季，而昌为文王。"

《伯夷列传》："伯夷、叔齐，孤竹君之二子也。父欲立叔齐。及父卒，叔齐让伯夷。伯夷曰：'父命也。'遂逃去，叔齐亦不肯立而逃之。国人立其中子。"

《左传》成公十五年："晋侯执曹伯，归诸京师，诸侯将见子臧于王而立之。子臧辞曰：'前志有之曰：圣达节，次守节，下失节。为君，非吾节也。虽不能圣，敢失守乎？'遂逃，奔宋。"

《公羊传》襄公二十九年："吴子使札来聘……贤季子也。何贤乎季子？让国也。其让国奈何？谒也，馀祭也，夷昧也，与季子同母者四。季子弱而才，兄弟皆爱之，同欲立之以为君。谒曰：'今若是迮而与季子国，季子犹不受也。请无与子而与弟，弟兄迭为君，而致国乎季子。'皆曰：'诺。'故诸为君者，皆轻死为勇，饮食必祝曰：'天苟有吴国，尚速有悔于予身。'故谒也死，馀祭也立。馀祭也死，夷昧也立。夷昧也死，则国宜之季子者也。季子使而亡焉。僚者，长庶也，即之。季子使而反至而君之尔。阖庐曰：'先君之所以不与子国而与弟者，凡为季子故也。将从先君之命与，则国宜之季子者也。如不从先君之命钦，则我宜立者也。僚恶得为君乎？'于是使专诸刺僚，而致国乎季子。季子不受，曰：'尔弑吾君，吾受尔国，是吾与尔为篡也。尔杀吾兄，吾又杀尔，是父子兄弟相杀，终身无已也。'去之延陵，终身不入吴国。"

皆让国而遂其志者也。越公子搜则让国而不遂。

> 《周季编略》："越三世弑君，公子搜患之，逃乎丹
> 穴。越国无君，求王子搜而不得，从之丹穴，王子搜不
> 肯出。越人熏之以艾，乘之以王舆，搜援绥登车，仰天
> 而呼曰：'君乎，君乎！独不可以舍我乎？'越人乃立
> 搜为君。"

合之凡五事，而燕王哙之让国，独为世所笑。

> 《史记·燕世家》："燕王哙信其臣子之。子之使鹿
> 毛寿谓燕王：'不如以国让相子之。人之谓尧贤者，以
> 其让天下于许由，许由不受，有让天下之名，而实不失
> 天下。今王以国让于子之，子之必不敢受，是王与尧同
> 行也。'燕王因属国于子之。子之大重。或曰：'禹荐益
> 已，而以启人为吏；及老，而以启人为不足任乎天下，
> 传之于益。已而启与交党攻益，夺之。天下谓禹名传天
> 下于益，已而实令启自取之。今王言属国于子之，而吏
> 无非太子人者，是名属子之，而实太子用事也。'王因
> 收印自三百石吏以上，而效之子之。子之南面行王事，
> 而哙老不听政，顾为臣，国事皆决于子之。三年，国
> 大乱。"

伪让而不出于诚，与诚让而不出于伪者，史皆一一著之，非故祖
太伯、伯夷等人，而独非燕哙、子之也。历观诸史，知古代自有
此一种高尚而纯洁之人，不以身居天下国家之尊位为乐者，是皆
尧舜之风，有以感之也。

第十章　治水之功

唐、虞之时，以治洪水为一大事。洪水之祸，为时之久，已详于前。兹篇所述，专重治水之功，以明吾国有史以来之大势。按吾国遭水患者非一次，以治水著者亦非一人。

《论语摘辅象》称：伏羲六佐，"仲起为海陆，阳侯为江海"，是皆治水之官。

《礼记·祭法》："共工氏之霸九州也，其予曰后土，能平九州，故祀以为社。"（按共工氏时，洪水之祸最酷，后土能平九州，当亦专长于治水者。）

《左传》昭公二十九年："蔡墨曰：少皞氏有四叔，曰重、曰该、曰修、曰熙，实能金、木及水。使重为句芒，该为蓐收，修及熙为玄冥。世不失职，遂济穷桑。"是修、熙二子，为少皞时治水之官也。

共工治水，专事湮塞，为害孔巨。

《国语·周语》："昔共工虞于湛乐，淫失其身，欲壅防百川，堕高湮卑，以害天下，皇天弗福，庶民弗助，祸乱并兴，共工用灭。"

后土继之，而其法不传，疑必力反共工之所为。唐虞时，鲧、禹父子相继治水，初亦蹈共工之覆辙，后始改为疏浚。此可知人事必具有经验，往往有前人已经失败，后人复效其所为者。必一再试之而无功，然后确信失败者之法之不可用，正不独治水一端也。

鲧之治水，曰湮、曰障。

> 《书·洪范》："箕子曰：我闻在昔，鲧湮洪水，汩陈其五行。"
> 《祭法》："鲧障鸿水而殛死。"
> 《山海经·海内经》："洪水滔天，鲧窃帝之息壤，以湮洪水。"

殆惟多筑堤防，以遏水势，故经营九载，而功弗成。

> 《尧典》："九载绩用弗成。"

然因治水而得城郭之法，后世且崇祀之，亦不可谓鲧为无微功也。

> 《祭法》疏称："鲧障鸿水殛死者，鲧塞水而无功，而被尧殛死于羽山，亦是有微功于人，故得祀之。若无微功，焉能治水九载。《世本》云'作城郭'，是有功也。"

禹伤父功不成，劳身焦思，以求继续先业而竟其志。

《祭法》："禹能修鲧之功。"

《史记·夏本纪》："禹伤先人父鲧功之不成受诛，乃劳身焦思，居外十三年，过家门不敢入。"

《吴越春秋》："禹伤父功不成，循江溯河，尽济甄淮，乃劳身焦思以行七年，闻乐不听，过门不入，冠挂不顾，履遗不蹑。功未及成，愁然沈思。"

其法盖先行调查测量，

《皋陶谟》："禹曰：予乘四载，随山刊木。"

《禹贡》："禹敷土，随山刊木。"郑玄曰："必随州中之山而登之，除木为道，以望观所当治者，则规其形而度其功焉。"

《史记·夏本纪》："行山表木（《索隐》：表木谓刊木立为表记），陆行乘车，水行乘船，泥行乘橇，山行乘檋。左准绳，右规矩。"

按立木为表记，及携准绳规矩，皆为调查测量之事。郑说规其形而度其功，亦即此义。赵君卿《周髀算经注》："禹治洪水，决流江河，望山川之形，定高下之势，乃句股所由生。"此一证也。而后从事于疏凿。

《淮南子·本经训》："舜之时，龙门未开，吕梁未发，江淮通流，四海溟涬，民皆上丘陵，赴树木。舜乃使禹疏三江五湖，辟伊阙，导廛涧，平通沟陆，流注东海。鸿水漏，九州干，万民皆宁其性。"

《修务训》："禹沐浴霪雨，栉扶风，决江疏河，凿

龙门，辟伊阙，修彭蠡之防，乘四载，随山刊木，平治
水土，定千八百国。"

其所治之诸水具详于《禹贡》。史家推论其功，尤以导河为大。

《史记·河渠书》："河菑衍溢，害中国也尤甚。唯
是为务，故道河自积石，历龙门，南到华阴，东下砥
柱，及孟津、雒汭，至于大邳。于是禹以为河所从来者
高，水湍悍，难以行平地，数为败，乃厮二渠，以引其
河，北载之高地，过降水，至于大陆，播为九河，同为
逆河，入于勃海。九川既疏，九泽既洒，诸夏艾安，功
施于三代。"

按河自龙门，至今河间、天津等地，其长殆二千里，皆禹时以人
力开凿而成。则中国人造之河流，不自南北运河始也。

专治一河其工之巨，已至可骇，矧兼九州之山水治之。北
至河套，南至川、滇，西至青海，东至山东，其面积至少亦有
七八百万方里。鲧治之九年，禹之十三年，合计二十二年，而九
州之地尽行平治。以今人作事揆之，断不能如此神速。故西洋历
史家，于禹之治水极为怀疑。

《中国太古史》（夏德）引爱多阿尔比优氏之说曰：
"黄河自入中国以上，其流程达于五百六十力格；江水
自禹所视察之湖广地方之大湖以下，其长约二百五十力
格；汉水自发源至与江水合流处，长约百五十力格；合
计三河之延长，殆达于一千力格。加以禹所治之他河，
当有一千二百至于一千五百力格。夫古代中国之大纪

念物，即万里长城，虽以非常之劳作而成，其长亦不过
三百力格。然此巨大之建设，实亘非常之岁月。其初
秦、赵、燕等诸国，业已陆续建造，至秦始皇帝，不过
修缮而增设之耳。且以此等泥土筑造之城，比之绵亘
一千二百乃至一千五百力格之大河，修筑堤防开浚水道
之事，犹为容易之业，然其难且如此，则禹之治水，当
需多大之劳苦与岁月乎？试以隆河之屡次泛滥为比，隆
河之下流，较之黄河、长江之下流，不过四分之一，然
治之犹需若干功力。彼禹之修改中国之大河，几与修正
微弱之小川之水道无异。则此等具有怪力之禹，殆非人
间之人也。”

按治水之难，以人工及经费为首。近世人工皆须以金
钱雇之，故兴工必须巨款。吾国古代每有力役，但须召集民人，无须予以金
钱。故《书》、《史》但称禹之治水，不闻唐、虞之人议及工艰费
巨者，此其能成此等大工之最大原因也。西人但读《禹贡》，不
知其时治水者，实合全国人之力，故疑禹为非常之人。若详考他
书，则知其治水非徒恃一二人之功。观《史记》、《书经》注疏即
可知矣。

　　《史记·夏本纪》："禹与益，后稷奉帝命，命诸侯
百姓兴人徒以傅土。"
　　《书·益稷》："弼成五服，至于五千，州十有
二师。"
　　伪《孔传》："服，五百里，四方相距，为方
五千里。治洪水，辅成之，一州用三万人功。九州，
二十七万庸。"孔颖达疏："治水之时，所役人功，每州

用十有二师，通计之，一州用三万人功，总计九州用二十七万庸。庸亦功也。州境既有阔狭，用功必有多少，例言三万人者，大都通率为然。惟言用三万人者，不知用功日数多少，治水四年乃毕，用功盖多矣，不知用几日也。"

按孔氏以周法证夏事，谓一州用三万人。《尚书大传》则曰："古者八家而为邻，三邻而为朋，三朋而为里，五里而为邑，十邑而为都，十都而为师，州十有二师焉。"注曰："州凡四十三万二千家。"据此，则当时每家出一人，助禹治水，即一州有四十三万二千人。九州之水，所用徒役，都三百八十八万八千人。虽未必同时并作，而经年累月，更番迭起，故能成此巨功也。

禹之治水，不徒治大水也，并田间之畎浍而亦治之。

《益稷》："禹曰：予决九川，距四海，浚畎浍，距川。"

伪《孔传》："一畎之间，广尺，深尺，曰畎；方百里之间，广二寻，深二仞，曰浍。浚深之至川，亦入海。"

孔子之称禹，不颂其治江河，而独颂其尽力沟洫。

《论语·泰伯》："子曰：禹吾无间然矣！……卑宫室而尽力乎沟洫。"

盖畎浍沟洫之利，实较江河巨流为大。

《日知录》（顾炎武）：“夫子之称禹也，曰尽力乎沟洫。而禹自言，亦曰浚畎浍距川。古圣人有天下之大事，而不遗乎其小如此。古之通津巨渎，今日多为细流，而中原之田，夏旱秋潦，年年告病矣。”陈斌曰：“三代沟洫之利，其小者，民自为之也。其大者，官所为也。沟洫所起之土，即以为道路。所通之水，即以备旱潦。故沟洫者，万世之利也。试观甽田之法，一尺之甽，二尺之遂，即耕而即成者也。今苏、湖之田，九月种麦，必为田轮，两轮中间，深广二尺。其平阔之乡，万轮鳞接，整齐均一，弥月悉成。古之遂径，岂有异乎？设计其五年而为沟浍，则合八家之力，而先治一横沟。田首之步之为百八十丈者。家出三人，就地筑土，二日而毕矣。明年，以八十家之力治洫，广深三沟，其长十之，料工计日，三日而半，七日而毕矣。又明年，以八百家之力为浍，广深三洫，其长百沟，料工计日，一旬而半，三旬而毕矣。即以三旬之功，分责三岁，其就必矣。及功之俱成，民甽田以为利。一岁之中，家修其遂，众治其沟洫。官督民而浚其浍。有小水旱，可以无饥，十分之饥，可救其五。故曰万世之利也。”

使仅有九川距海，而无畎浍距川，则农田水利，仍无由兴，而治川之功，为虚费矣。然此义若再为西人言之，则必更惊禹之神奇，谓禹遍天下之沟洫而一一治之。不知禹之浚九川及浚畎浍，皆身为之倡，而人民相率效之。

《淮南子·要略》：“禹之时，天下大水，禹身执虆臿，以为民先。”

虽其勤苦异于常人，

> 《庄子·天下篇》："墨子称道曰：昔者禹之湮洪水，决江河，而通四夷九州也，名山三百，支川三千，小者无数。禹亲自操橐耜，而九杂天下之川，腓无胈，胫无毛，沐甚雨，栉疾风。"

而以大多数之人民之功，悉归于禹，则未知事实之真相耳。

治水之功，除水患，一也；利农业，二也；便交通，三也。观《禹贡》所载各州贡道：

> 〔冀州〕夹右碣石，入于河。
> 〔徐州〕浮于淮、泗，达于河。
> 〔豫州〕浮于洛，达于河。
> 〔兖州〕浮于济、漯，达于河。
> 〔扬州〕沿于江、海，达于淮、泗。
> 〔梁州〕浮于潜，逾于沔，入于渭，乱于河。
> 〔青州〕浮于汶，达于济。
> 〔荆州〕浮于江、沱、潜、汉，逾于洛，至于南河。
> 〔雍州〕浮于积石，至于龙门西河，会于渭汭。

是各州之路，无不达于河，亦无不达于冀州帝都者。以政治言，则帝都与侯国消息灵通，居中驭外，故能构成一大帝国；以经济言，则九州物产，转输交易，生计自裕。故人民咸遂其生，而有"于变时雍"之美。犹之近世国家，开通铁道，而政治经济，咸呈极大之变化。《禹贡》所称治水之功效：

　　九州攸同，四隩既宅。九山刊旅，九川涤源，九泽
既陂，四海会同，六府孔修。庶土交正，厎慎财赋，咸
则三壤，成赋中邦。锡土姓，祗台德先，不距朕行。

洵非虚语也！

第十一章　唐虞之政教

　　白唐、虞至周皆封建时代，帝王与诸侯分地而治。帝王直辖之地不过方千里。其势殆等于今日一省之督军、省长。然以其为天下共主，故其政教必足以为各国之模范，而后可以统治诸侯。吾辈治古代历史者，当知其时帝王政教，具有二义：（一）施之于其直辖之地，兼以为各国之模范者；（二）统治各国之法。以此二义，故凡事皆取自近及远之术。

> 《书·尧典》："克明俊德，以亲九族。九族既睦，平章百姓，百姓昭明，协和万邦。……柔远能迩。惇德允元，而难任人，蛮夷率服。"《皋陶谟》："慎厥身，修思永。惇叙九族，庶明励翼，迩可远在兹。"

其所设施，大都指畿甸而言，不能胥诸侯万国，一一如其措注。后世儒者，盛称其时之政教，则误认为道一风同。今人就各方面研究，见其多有出入，又痛诋古书为不可信，要皆未喻此义也。

　　唐、虞之时，以天然地理画分九州：冀州，济、河惟兖州，海、岱惟青州，海、岱及淮惟徐州，淮、海惟扬州，荆及衡阳惟荆州，荆、河惟豫州，华阳、黑水惟梁州，黑水、西河惟雍州。中间尝分为十二州。说者谓舜以冀州之北广大，分置并州；以青州越海，分置营州；又分燕以北为幽州。至禹即位，复为九州。

然其文无征，不能定其界域。惟知其时确尝分为十二区域耳。

> 《尧典》："肇十有二州，封十有二山。""咨十有
> 二牧。"

又即九州分为五服。

> 《皋陶谟》："弼成五服，至于五千。"
> 《史记·夏本纪》谓：令天子之国以外五百里甸服，
> 甸服外五百里侯服，侯服外五百里绥服，绥服外五百里
> 要服，要服外五百里荒服。

以地形证之，四方相距，未必能平均如其里数。惟可知其治地约
分此五种界限，甸服直接于天子，侯、绥为诸侯治地，要、荒服
皆蛮夷，其文化相悬甚远耳。

当时诸侯号为万邦，亦非确数。其阶级盖分五等。

> 《尧典》："辑五瑞。"马融曰："五瑞：公、侯、伯、
> 子、男所执以为瑞信也。"

其长曰牧，曰岳，曰伯。

> 《尧典》："觐四岳群牧。""咨十有二牧。"
> 《左传》宣公三年："贡金九牧。"
> 《尚书大传·虞夏传》："惟元祀，巡守四岳八
> 伯。""八伯咸进稽首。"

其国中制度不可考。以书观之，岳、牧之在中央政府颇有大权。如尧、舜举人命官，皆咨询岳、牧。而中央政府亦可黜陟之：

> 《尚书大传·唐传》："《书》曰：三岁考绩，三考黜陟幽明。其训曰：三岁而小考者，正职而行事也。九岁而大考者，黜无职而赏有功也。其赏有功也，诸侯赐弓矢者，得专征；赐铁钺者，得专杀；赐圭瓒者，得为鬯以祭。不得专征者，以兵属于得专征之国；不得专杀者，以狱属于得专杀之国；不得专赐圭瓒者，资鬯于天子之国，然后祭。"
>
> 《虞夏传》："古者，诸侯之于天子也，三年一贡士。天子命与诸侯辅助为政，所以通贤共治，示不独专，重民之至。大国举三人，次国举二人，小国举一人。一适谓之攸好德，再适谓之贤贤，三适谓之有功。有功者，天子赐以车服弓矢，再赐以秬鬯，三赐以虎贲百人，号曰'命诸侯'。命诸侯得专征者，邻国有臣弑其君、孽伐其宗者，虽勿请于天子而征之，可也。征而归其地于天子。有不贡士，谓之不率正者，天子绌之。一不适谓之过，再不适谓之敖，三不适谓之诬。诬者天子绌之，一绌，少绌以爵；再绌，少绌以地；三绌，而爵地毕。"（按《大传》之言，未必即为唐、虞之定制，然足证当时诸侯可以黜陟。）

中央政府与各州诸侯之关系，以巡狩述职为最重之事。

> 《尧典》："五载一巡狩，群后四朝。"《尚书大传·唐传》："五年，亲自巡狩。巡，犹循也；狩，犹

守也。循行守视之辞，亦不可国至人见为烦扰。故至
四岳，知四方之政而已。"《虞传》："九共以诸侯来朝，
各述其土地所生美恶。人民好恶，为之贡赋政教。"

观《尚书》之文，当时帝者巡狩之要义有三：（一）致祭。如岁
二月至于岱宗，柴，望秩于山川是；（二）壹法。如协时月，正
日，同律度量衡是；（三）修礼。如修五礼、五玉，三帛，二生一
死贽，如五器，卒乃复是。三者之中，以第二义为最切于民生日
用，并可以推见当时诸侯之国，往往各用其相传之正朔，各用其
律度量衡，不必与中央政府之定制相同。故虞帝定制，越五年一
往考察，务使之齐同均一。此即统一中国之大纲也。《尚书大传》
述古巡狩之事项较《虞书》为详，疑其以后世之法傅之，未必即
为唐、虞之制。然其意亦可参考也。

> 《尚书大传·唐传》："见诸侯，问百年，命大师陈
> 诗以观民风俗，命市纳贾以观民好恶。山川神祇有不举
> 者为不敬，不敬者削以地。宗庙有不顺者为不孝，不孝
> 者黜以爵。变礼易乐为不从，不从者君流。改衣服制
> 度为畔，畔者君讨。有功者赏之。《尚书》曰：'明试以
> 功，车服以庸。'"

古无印绶符节之制，其执以为信者，曰瑞，曰圭。有颁敛留
复之法，犹后世之摘印、接印也。

> 《尧典》："辑五瑞。""班瑞于群后。"马融曰："尧
> 将禅舜，使群牧敛之，使舜亲往班之。"
> 《尚书大传·唐传》："古者，圭必有冒。言下之必

有冒，不敢专达也。天子执冒以朝诸侯，见则复之。故冒圭者，天子所与诸侯为瑞也。瑞也者，属也。无过行者，得复其圭，以归其国。有过行者，留其圭。能改过者，复其圭。三年，圭不复，少黜以爵；六年，圭不复，少黜以地；九年，圭不复，而地毕。所谓诸侯之朝于天子也，义则见属，不义则不见属。"

禹会涂山，诸侯执玉，即沿唐、虞之制。

《左传》哀公七年："禹会诸侯于涂山，执玉帛者万国。"

非徒以之行礼，且以之行赏罚焉。中央有黜陟之权，而后藩镇有戒慎之意。若徒事宽大，任诸侯之跋扈，而莫可如何，岂所以为政哉！

唐、虞之时，中央政府之财政与各国之财政，亦截然划分。冀州甸服，有赋无贡，而人民之粟米直接输纳于帝廷之官府。此外八州四服，则民赋各输于其国，而国君各市其地之物以为贡。

《禹贡》："五百里甸服，百里赋纳总，二百里纳铚，三百里纳秸服，四百里粟，五百里米。"孙星衍曰："《诗·甫田》疏引郑志云：凡所贡筐之物，皆以税物市之，随时物价，以当邦赋。《周礼》：太宰以九贡致邦国之用。疏云：诸侯国内，得民税，大国贡半，次国三之一，小国四之一。所贡者，市取当国所出美物，则《禹贡》所云'厥筐厥贡'之类是也。据此，知余州虽有厥贡之文，不入谷，准其赋之额，买土物以贡。冀州

不言厥贡，以帝都所需，令有司市买，不烦诸侯贡筐，
故入谷不贡也。"

其时矿产发达，货币之用渐兴。

《禹贡》："扬州贡金三品。""荆州贡金三品。""梁
州贡璆、铁、银、镂。"
《山海经》："禹曰天下名山，经五千三百五十，六
万四千五十六里……出铜之山，四百六十七，出铁之
山，三千六百九十。"
《史记·平准书》："虞夏之币，金为三品。"

以禹以九牧贡金铸鼎之事推之，疑当时各国所用货币，其鼓铸及
发行之权，皆属于中央，故曰"六府孔修，厎慎财赋"也。

吾观于唐、虞帝者之抚侯国，可谓疏节阔目矣。然黜陟大
权，操之自上，不使有外重内轻之虞。分画财赋，各有权限，俨
然有国家地方之别。是古代固以法治，非徒以人治也。法立令
行，内外井井，而中央政府之政务，自亦简易而无须多人。伪
古文《周官》篇称"唐、虞稽古，建官惟百"，虽未必可信，然
《尧典》、《皋陶谟》称其时之官吏，不过曰百工、百揆、百僚，
是官吏之大数不过百也。更稽其职掌，则有：

历官，羲和及四子司历象。司空，禹作司空，宅百揆。稷
官，弃居稷官，播百谷。司徒，契为司徒，敷五谷。理官，皋陶
作士，司五刑。（《说苑·修文篇》："皋陶为大理。"）工官，垂为
共工。虞，益作虞，司上下草木鸟兽。礼官，伯夷作秩宗，典三
礼。教官，夔典乐，教胄子。纳言，龙作纳言，出纳帝命。

荦荦数大端，中央政府之政务已赅括无余。其异于后世者，

独无外交官及海陆军耳。

唐、虞帝国之官，司教育者有二职，盖一司普通教育，一司专门教育也。普通教育专重伦理。

> 《左传》文公十八年：“举八元、使布五教于四方，父义、母慈、兄友、弟恭、子孝，内平外成。”
>
> 《孟子·滕文公》：“人之有道也，饱食、暖衣、逸居而无教，则近于禽兽。圣人有忧之，使契为司徒，教以人伦，父子有亲，君臣有义，夫妇有别，长幼有序，朋友有信。”

其施教之法不可考。专门教育则有学校，其学校曰庠，亦曰米廪。

> 《礼记·王制》：“有虞氏养国老于上庠，养庶老于下庠。”“虞庠在国之四郊。”《明堂位》：“米廪，有虞氏之庠也。”

以《王制》之言推之，有虞氏国都内外，当有学校六所。夔之所司，未知属何学校，或夔专司上庠，而下庠及四郊之庠，则属于司徒欤？

有虞之学校有二事：一曰养老，

> 《礼记·王制》：“有虞氏皇而祭，深衣而养老。”“凡养老，有虞氏以燕礼。”

据说《礼》者之言，则学校所养之老，凡四种：

皇侃曰："人君养老有四种，一是养三老五更；二
是子孙为国难而死，王养死者父祖；三是养致仕之老；
四是引户校年，养庶人之老。"

有虞所谓国老，殆即前三者，而庶老则第四种也。以燕礼养老，
未知专指国老，抑兼养庶老，其礼亦不可考。说者以《周礼》释
之，大致当亦不远。

《王制》疏："有虞氏以燕礼者，虞氏云：燕礼，脱
屦升堂。崔氏云：燕者，肴烝于俎，行一献之礼，坐而
饮酒，以至于醉。以虞氏帝道弘大，故养老以燕礼。"

吾意虞学名庠，庠者，养也。其养之之法，必不止于帝者来庠之
时，一举燕礼而已。凡在庠之老者，必有常年之膳食，如近世各
国之有养老金者然。而老者在庠无所事事，则又等于素餐，故必
各就所长及其多年之经验，聚少年学子而教之。于是耆老之所
居，转成最高之学府。而帝者以其为宿学之所萃，亦时时临莅，
以聆其名言至论，取以为修身治国之准绳。少年学子见一国之元
首，亦隆礼在庠之师儒，则服教说学之心因之益挚。此古代以学
校养老之用意也。

一曰教乐，其所教为诗歌声律。

枳敔

《尧典》："诗言志，歌永言，声依永，律和声。"

即近世所谓声音学、言语学、文学、音乐诸科也。此诸科者，
似不切于实用。然观当时之风气，则诗乐实与宗教、政治有大
关系。

《尧典》曰："八音克谐，无相夺伦，神人以和。"《皋陶谟》曰："戛击鸣球，抟拊琴瑟以咏。祖考来格，虞宾在位，群后德让，下管鼗鼓，合止柷敔，笙镛以间，鸟兽跄跄，箫韶九成，凤皇来仪。"（是宗教之关系也）"帝庸作歌曰：敕天之命，惟时惟几。乃歌曰：股肱喜哉！元首起哉！百工熙哉！皋陶拜手稽首飏言曰：念哉！率作兴事，慎乃宪，钦哉！屡省乃成，钦哉！乃赓载歌曰：元首明哉！股肱良哉！庶事康哉！又歌曰：元首丛脞哉！股肱惰哉！万事堕哉！"（是政治之关系也）

《尚书大传·虞夏传》："乐正定乐名，元祀代泰山，贡两伯之乐焉。阳伯之乐，舞《株离》，其歌声比余谣，名曰《皙阳》。仪伯之乐，舞鼙哉，其歌声比大谣，名曰《南阳》。中祀大交霍山，贡两伯之乐焉。夏伯之乐，舞谩彧，其歌声比中谣，名曰《初虑》。羲伯之乐，舞将阳，其歌声比大谣，名曰《朱于》。秋祀柳谷华山，贡两伯之乐焉。秋伯之乐，舞蔡俶，其歌声比小谣，名曰《苓落》。和伯之乐，舞玄鹤，其歌声比中谣，名曰《归来》。幽都弘山祀，贡两伯之乐焉。冬伯之乐，舞齐落，歌曰《缦缦》，垂为冬伯，舞丹凤，一曰《齐落》，歌曰《齐落》，一曰《缦缦》。"

是天子巡狩之时，八伯皆须贡乐，亦与政治、宗教有关系也。诵诗可以知政，作乐可以降神，则文化教育，亦即其时之实用教育也。观舜以音乐察治忽。

《皋陶谟》："予欲闻六律五声八音，在治忽。"

盖古人以声音之道与政通，故恒注重于声乐。而学生以此为教科，则一以淑学者之性情，一以裕学者之知识，储材化俗之意兼而有之焉。

唐、虞之官吏，殆多由大臣举用。

> 《左传》文公十八年："舜臣尧，举八恺，使主后土……举八元，使布五教于四方。"

其用人虽多出于贵族，然必以其言论及事功参稽而用之。

> 《尧典》："询事考言。""敷奏以言，明试以功。"
> 《皋陶谟》："工以纳言，时而飏之。格则承之庸之。"

且惩戒之法甚严，失职不免鞭挞，甚且著之刑书。

> 《尧典》："鞭作官刑。"《皋陶谟》："挞以记之，书用识哉。"

其考绩必以三年者，取其官久而事习，然后可以定其优劣也。

> 《尧典》："三载考绩。"（后世官吏有任期，实本此制）

官法虽严，而君臣之分际，初不若后世之悬隔。相与对语，率以"尔"、"汝"之称。如：

《皋陶谟》:"帝曰:来!禹,汝亦昌言。""皋陶曰:"俞!师汝昌言。""禹曰:安汝止。"

且设四邻,以为人主之监督。

《尚书大传·虞夏传》:"古者,天子必有四邻,前曰疑,后曰丞,左曰辅,右曰弼。天子中立而听朝,则四圣维之。是以虑无失计,举无过事。故《书》曰:'钦四邻',此之谓也。""天子有问,无以对,责之疑;可志而不志,责之丞;可正而不正,责之辅;可扬而不扬,责之弼。其爵视卿,其禄视次国之君。"

故君主无由专制,而政事无不公开也。

唐、虞地方之制不可考,以《大传》及《史记》相参,则其时有邑、里、都、师等区画。

《尚书大传·召诰》:"古者处师,八家而为邻,三邻而为朋,三朋而为里,五里而为邑,十邑而为都,十都而为师,州十有二师焉。家不盈三口者不朋,由命士以上不朋。"

《史记·五帝本纪》:"一年而所居成聚,二年成邑,三年成都。"

其民殆多聚族而居。

《书序》:"帝厘下土,方设居方,别生分类,作汩作,九共九篇。"

无姓者则赐之以姓。

> 《禹贡》："锡土姓。"

人民之职业甚多。

> 《淮南子·齐俗训》："尧之治天下，导万民也，水处者渔，山处者木，谷处者牧，陆处者农。地宜其事，事宜其械，械宜其用，用宜其人。泽皋织网，陵阪耕田，得以所有易所无，以所工易所拙。"
>
> 《史记·五帝本纪》："舜耕历山，渔雷泽，陶河滨，作什器于寿丘，就时于负夏。"（《禹贡》详载各州贡品，知其时畜牧、田渔、漆桑、纺织、商矿诸业皆备）
>
> 《考工记》："有虞氏上陶。"

大要以农业为本，有畎田之制。

> 《汉书·食货志》："后稷始畎田，以二耜为耦，广尺深尺曰畎，长终晦。一晦三畎，一夫三百畎。而播种于畎中。"

其民大率春夏皆处于野，秋冬则邑居。

> 《尧典》："春厥民析，夏厥民因，秋厥民夷，冬厥民燠。"

按《汉书·食货志》述古制："春令民毕出在野，冬则毕入于邑。

其《诗》曰：'四之日举趾，同我妇子，馌彼南亩，田畯至喜。'又曰：'十月蟋蟀，入我床下，嗟我妇子，聿为改岁，入此室处。'所以顺阴阳，备寇贼，习礼文也。"可与《尧典》相证。

后世传其时垦田甚多，而人口甚少，虽多出于臆测，然以地域及史事观之，计亦约略相等。

> 《后汉书·郡国志》注引皇甫谧《帝王世纪》："禹平洪水时，民口千三百五十五万三千九百二十三人。九州之地，凡二千四百三十万八千二十四顷。定垦者九百三十万六千二十四顷，不垦者千五百万二千顷。"

按皇甫谧不知据何书而能言唐、虞时田土人口之数凿凿如此，似不可信。然九州之地，垦辟不足一千万顷，似亦非过言。以《尚书大传》一州四十三万二千家计之，九州三百八十八万八千家，平均一家五口，亦不过一千九百四十四万人。况九州之都邑，未必一一皆如其数。则其时之人口，自不过一千数百万。观舜所居二年成邑，三年成都，则舜未居其地之前，皆空旷之地，无都邑也。土旷人稀，而生计进步，此尤其时号称郅治之大原。吾辈读史，不可徒研究其政教，而不就当时土地人民之数，一究其因果也。

唐、虞政教之梗概，及其社会之状况，具如上述。其尤重要者，则敬天爱民之义为后世立国根本。虽有专制之君、暴虐之主、刚愎自用之大臣，间亦违反此信条，而自恣其意，然大多数之人诵习典谟，认为立国惟一要义，反复引申，以制暴君污吏之毒焰。于是柄政者，贤固益以自勉，不肖亦有所惩。即异族入主中国，亦不能不本斯义，以临吾民。故制度可变，方法可变，而此立国之根本不可变。如：

《尧典》："钦若昊天。""敬授民时。""钦哉，惟时亮天功。"《皋陶谟》："在知人，在安民。""安民则惠，黎民怀之。""天工人其代之。""天叙有典，勅我五典五惇哉。""天秩有礼，自我五礼有庸哉。""天命有德，五服五章哉！天讨有罪，五刑五用哉！""天聪明，自我民聪明。天明畏，自我民明威。""惟动丕应徯志，以昭受上帝，天其申命用休。"

等等诸语，以天与民合为一事，欲知天意，但顺民心。凡人君之立政施教，不过就天道自然之秩序，阐发而推行之，直无所用其一人之主张。此尤治史者所当深考者也。

第十二章　夏之文化

夏后氏十四世，十七君，传祚四百数十年。

> 《史记·三代世表》："从禹至桀十七世。"《通鉴外纪》注："夏十七君，十四世，通羿、浞四百三十二年。"

以进化之律论之，夏之社会，必以大进于唐、虞之时，然夏之历史多不可考，孔子尝屡言之。

> 《礼记，礼运》："孔子曰：我欲观夏道，是故之杞而不足征也，吾得夏时焉。"《论语》："子曰：夏礼吾能言之，杞不足征也。"

太史公著《史记》，于当时所传夏代之书，亦多疑词。

> 《史记·夏本纪》："太史公曰：孔子正夏时，学者多传《夏小正》云。"《大宛列传》："太史公曰：言九州山川，《尚书》近之矣，至《禹本纪》、《山海经》所有怪物，余不敢言之也。"

今所传《虞》、《夏书》，自《禹贡》以上，皆述唐、虞时事。其专述夏事者，惟三篇：

　　《甘誓》、《五子之歌》、《胤征》。

后仅存《甘誓》一篇，其文献之不足征，更甚于孔子、史公之时。故欲云夏之文化，无非凿空附会而已。虽然，孔子能言夏礼，墨子多用夏政。

　　《淮南子·要略》："墨子背周道而用夏政。"

箕子尝陈《鸿范》，魏绛实见《夏训》。

　　《左传》襄公四年："魏绛曰：《夏训》有之曰：有
　　穷后羿。"

《孝经》本于夏法（章炳麟有《孝经本夏法说》）。《汉志》亦载《夏龟》。

　　《汉书·艺文志》："《夏龟》，二十六卷。"

《七月》、《公刘》之诗，多述夏代社会礼俗，可与《夏小正》参证。《小戴记》、《王制》、《内则》、《祭义》、《明堂位》诸篇，凡言三代典制者，往往举夏后氏之制为首。是夏之文献虽荒落，然亦未尝不可征考其万一也。

　　夏之社会，农业之社会也。观《夏小正》及《豳风》，皆以农时为主，而附载其他事业。知其时所最重者，惟农事矣。当时田制有公私之分。

> 《夏小正》："正月初服于公田。"《传》："古有公田焉者，言先服公田而后服其田也。"

公私之田，一家种若干亩不可考，或谓一夫授田五十亩。

> 《孟子·滕文公》："夏后氏五十而贡。"赵岐注："民耕五十亩，贡上五亩。"
>
> 《日知录》（顾炎武）："古来田赋之制，实始于禹。水土既平，咸则三壤，后之王者，不过因其成迹而已。故《诗》曰：'信彼南山，维禹甸之。畇畇原隰，曾孙田之。我疆我理，南东其亩。'然则周之疆理，犹禹之遗法也。《孟子》乃曰：'夏后氏五十而贡，殷人七十而助，周人百亩而彻。'夫井田之制，一井之地，画为九区，故苏洵谓万夫之地。盖三十二里有半，而其间为川为路者一，为浍为道者九，为洫为涂者百，为沟为畛者千，为遂为径者万。使夏必五十，殷必七十，周必百，则是一王之兴，必将改畛涂，变沟洫，移道路以就之。为此烦扰而无益于民之事也，岂其然乎？盖三代取民之异在乎贡、助、彻，而不在乎五十、七十、百亩，特丈尺之不同，而田未尝易也。故曰'其实皆什一'也。……夏时土旷人稀，故其亩特大，殷周土易人多，故其亩渐小。以夏之一亩为二亩。其名殊而实一矣。"

其名地，方十里为成，

　　《左传》哀公元年："夏少康有田一成，有众一旅。"
杜《注》："方十里为成。"

方八里为甸。

　　《诗·信南山》："维禹甸之。"郑《笺》："六十四
　　井为甸，甸方八里，居一成之中。成方十里，出兵车
　　一乘。"

其典农者曰田畯，

　　《诗·豳风》："田畯至喜。"《传》："田畯，田大
　　夫也。"

其居民多茅屋、土壁、荜户，

　　《诗·豳风》："昼尔于茅，宵尔索绹，亟其乘
　　屋。""穹窒熏鼠，塞向墐户。"毛《传》："向，北出牖
　　也。墐，涂也。庶人荜户。"

缘屋种桑，男治田而女治蚕，

　　《诗·豳风》："女执懿筐，遵彼微行，爰求柔桑。"
　　毛《传》："微行，墙下径也。五亩之宅，树之以桑。"

农隙则田夫射猎以肄武。

《诗·豳风》："一之日于貉，取彼狐狸，为公子裘。二之日其同，载缵武功，言私其豵，献豜于公。

事皆先公而后私，其民风之淳朴，颇足多焉。

夏之教育，有序，有校。

《明堂位》："序，夏后氏之序也。"《孟子》："夏曰校。"

乡校一曰公堂。

《诗·豳风》："跻彼公堂。"毛《传》："公堂，学校也。"

国学则曰学。

《夏小正》："二月丁亥，万用入学。"《传》："入学也者，大学也。"

入学以春仲吉日，行礼则舞干戚。

《夏小正传》："丁亥者，吉日也。万也者，干戚舞也。"

国之老者，亦养于学。

《礼记·王制》："夏后氏以飨礼。""养国老于东序，养庶老于西序。""夏后氏收而祭，燕衣而养老。"

乡人则于十月跻公堂，行饮酒之礼。

> 《诗·豳风》："十月涤场，朋酒斯飨。曰杀羔羊，
> 跻彼公堂，称彼兕觥，万寿无疆。"

而国学特重教射焉，

> 《孟子》："序者，射也。"

孔子称夏禹卑宫室，而启有钧台。

> 《左传》昭公四年："夏启有钧台之享。"

世又传启有璇台，桀有倾宫、瑶台。

> 《竹书纪年》："帝启元年，大飨诸侯于钧台。诸侯
> 从帝归于冀都，大享诸侯于璇台。""夏桀作倾宫、瑶
> 台，殚百姓之财。"

其宫室之崇卑，殆亦随时不同。《考工记》载夏世室之制，

> 《考工记》："夏后氏世室，堂修二七，广四修一，
> 五室，三四步，四三尺，九阶，四旁两夹窗，白盛，门
> 堂三之二，室三之一。"

假定其时六尺为步，其尺之长略等于周尺，则其世室之修，不过今尺六丈有奇，广亦不过八丈有奇，而其中之室深不过二丈，宽亦不过二丈有奇，其制度之褊隘可想。《记》不言其屋高若干，以其深广度之，亦必不能过高。此孔子所以谓其"卑宫室"欤？

夏之器用颇简陋，观《公刘》之诗可见。

> 《诗·公刘》："乃裹餱粮，于橐于囊，弓矢斯张，干戈戚扬。""何以舟之，维玉及瑶，鞞琫容刀。""跄跄济济，俾筵俾几。""执豕于牢，酌之用匏。""涉渭为乱，取厉取锻。"

《礼记》述其礼器，有山罍、鸡彝、龙勺、龙簨簴。

> 《明堂位》："山罍，夏后氏之尊也。""夏后氏以鸡彝。""夏后氏以龙勺。""夏后氏之龙簨簴。"

则宗庙器具，亦有雕刻为鸡、龙等形者。惟其时色尚黑，

> 《檀弓》："夏后氏尚黑，大事敛用昏，戎事乘骊，牲用玄。"

虽有雕刻，度必墨色而无华采。此亦风尚质朴之征也。《考工记》称"夏后氏尚匠"。盖专重治水土、兴沟洫之事，而宫室器用则弗求其美备欤？

夏代官制散见群书，其大数盖亦百人。

《明堂位》："夏后氏官百。"郑注《昏义》曰："天子立六官、三公、九卿、二十七大夫、八十一元士，盖谓夏氏也。……夏后氏官百二十。"

执政之官，初为六卿，

《甘誓》："乃召六卿。"郑注《大传·夏书》云："六卿者，后稷、司徒、秩宗、司马、作士、共工也。"

后改为五官。

《礼书通故》："洪范八政：一曰食，二曰货，即虞后稷所掌；三曰祀，即虞秩宗所掌；四曰司空，五曰司徒，与虞官名同；六曰司寇，即虞之士；七曰宾，郑《注》云：若周大行人，是为司寇之属；八曰师，其司马也。夏自不窋失官后，后稷废，兵刑分。其制以秩宗、司徒、司空、司寇、司马为五官。"

其司空、司徒、司马，又号三公。

《尚书大传·夏传》："天子三公：一曰司徒公，二曰司马公，三曰司空公。"

《月令正义》曰："《书传》三公领三卿，此夏制也。"此外有道人。

《左传》襄公四年："《夏书》曰：道人以木铎徇于路，官师相规，工执艺事以谏。"

有羲和，

> 《史记·夏本纪》："中康时，羲、和湎淫，废时乱
> 日，胤往征之，作《胤征》。"

有太史，

> 《淮南子·氾论训》："夏之将亡，太史令终古先奔
> 于商。"

及车正，

> 《通典》："夏后氏俾车正奚仲建旗旐，尊卑上下，
> 各有等级。"

乐正，

> 《左传》昭公二十八年："乐正后夔生伯封……有穷
> 后羿灭之，夔是以不祀。"

虞人，啬人等官。

> 《夏小正》："十一月，啬人不从。""十二月，虞人
> 入梁。"

其诸侯之长曰九牧，侯国之官有牧正、庖正。

《左传》哀公元年："少康为仍牧正，又为虞庖正。"

皆可推见夏之制度焉。

　　洪水以前虽有史官，而其著作之文罕传于后，今所传之虞夏书皆夏史官所纪载也。《皋陶谟》一篇或谓伯夷所作。

　　孙星衍曰："史公云：禹、伯夷、皋陶相与语帝前，经文无伯夷者。《大戴礼·诰志篇》孔子引虞史伯夷曰：明，孟也。幽，幼也。似解'幽明庶绩咸熙'。是伯夷为虞史官。史迁以'皋陶方祗厥叙'，及'夔曰戛击鸣球'，至'庶尹允谐'，为史臣叙事之文，则即伯夷所述语也。"（按《尧典》至舜死，《皋陶谟》在《尧典》后，当皆夏时所撰。是伯夷为虞史，亦即夏史也。）

故论吾国史家义法，当始于夏。夏之史官，世掌图法。

　　《吕氏春秋·先识览》："夏太史令终古出其图法，执而泣之。"

不知其图若何。世传伊尹见汤，言九品图画。

　　《史记·殷本纪》："伊尹……从汤，言素王及九主之事。"《集解》："刘向《别录》曰：九主者，有法君、专君、授君、劳君、等君、寄君、破君、国君、三岁社君，凡九品，图画其形。"

关龙逢引《皇图》。

《尚书帝命验》："夏桀无道，杀关龙逢，绝灭《皇图》，坏乱历纪。"郑玄曰："天之图形，龙逢引以谏桀也。"

疑当时史策，往往绘画古代帝皇之事，以昭监戒。史官所掌之外，学士大夫亦多习之。正不独九鼎之图画物象也。

《左传》宣公三年："昔夏之方有德也，远方图物，贡金九牧，铸鼎象物，百物而为之备，使民知神奸。故民入川泽山林，不逢不若，魑魅罔两，莫能逢之。"

金石文字，传世最久者，莫如夏鼎。而其鼎没于泗水，秦始皇使千人求之不得，后世亦无发见之者，可异也。

《周季编略》："周显王三十三年，九鼎没于泗水。"
《史记·始皇本纪》："二十八年，过彭城，斋戒祷祠，欲出周鼎泗水。使千人没水求之，弗得。"

后世所传《岣嵝碑》，
韩愈诗："岣嵝山尖神禹碑，字青石赤形模奇。"
珊戈钩带及禹篆，

《钟鼎彝器款识》（薛尚功）："有夏珊戈及钩带。"
《淳化阁帖》有夏禹篆书十二字，释者谓止"出、令、聂、子、星、记、齐、其、尚"九字。

皆伪作，不可信。《山西通志》载夏货甚多，盖亦《通志》所称尧泉、舜币之类耳。

第十三章　忠孝之兴

唐、虞以降，国家统一，政治组织，渐臻完备。于是立国行政，始有确定之方针。其方针大抵因时势之需要而定，救弊补偏，必有所尚。时移势异，偏弊不同，则所尚亦因之而异。其时无所谓政纲政策，故但名之曰道、曰尚。虞、夏、商、周所尚之道，详于《礼记·表记》：

> 子曰：夏道尊命，事鬼敬神而远之，近人而忠焉。先禄而后威，先赏而后罚，亲而不尊。其民之敝，蠢而愚，乔而野，朴而不文。殷人尊神，率民以事神，先鬼而后礼，先罚而后赏，尊而不亲。其民之敝，荡而不静，胜而无耻。周人尊礼尚施，事鬼敬神而远之，近人而忠焉。其赏罚用爵列，亲而不尊。其民之敝，利而巧，文而不惭，贼而蔽。
>
> 夏道未渎辞，不求备，不大望于民，民未厌其亲。殷人未渎礼，而求备于民。周人强民，未渎神，而赏爵刑罚穷矣。
>
> 虞夏之道，寡怨于民。殷周之道，不胜其敝。
>
> 虞夏之质，殷周之文，至矣。虞夏之文，不胜其质。殷周之质，不胜其文。
>
> 后世虽有作者，虞帝弗可及也已矣。君天下，生无

私，死不厚其子。子民如父母，有懵怛之爱，有忠利之教。亲而尊，安而敬，威而爱，富而有礼，惠而能散。其君子尊仁畏义，耻费轻实，忠而不犯。义而顺，文而静，宽而有辨。

据此，是一代有一代所尚之道，其道各有所敝。而夏道近于虞，故虞、夏往往连言。后世遂只称夏、商、周三教而不称虞。

《说苑·修文篇》："夏后氏教以忠，而君子忠矣；小人之失野，救野莫如敬，故殷人教以敬，而君子敬矣；小人之失鬼，救鬼莫如文，故周人教以文，而君子文矣；小人之失薄，救薄莫如忠。"

《白虎通义》："王者设三教者何？承衰救弊，欲民反正道也。三正之有失，故立三教以相指受。夏人之王教以忠，其失野，救野之失莫如敬。殷人之王教以敬，其失鬼，救鬼之失莫如文。周人之王教以文，其失薄，救薄之失莫如忠。三教改易自夏后氏始。三教所以先忠何？行之本也。"

董仲舒《对策》曰："王者有改制之名，亡变道之实。然夏上忠，殷上敬，周上文者，所继之救，当用此也。……夏因于虞，而独不言所损益者，其道如一而所上同也。"

夏、商、周三代绵亘二千年，其政教风俗之变迁多矣。近世混而言之，不复加以区别，不知周、汉之人论三代史事，研究其性质，则立国行政之方针，固各有其截然不同者在。而其利弊得失，亦直言之而不为讳，足知昔人之论史，初非一意崇奉古人，不敢一议其失也。商、周之事以俟后论，兹先言虞、夏所尚之道。

夏道尚忠，本于虞。以孔子所言味之，如"忠利之教"，"忠而不犯"，"近人而忠"，则言君主及官吏之忠于民者二，而言官吏忠于君主者一。

> 孔《疏》："忠利之教者，言有忠恕利益之教也。以忠恕养于民，是忠焉也。"此二者皆指君主官吏尽忠于民而言。"忠利之教"当以《左传》桓公六年"上思利民，忠也"，及《孟子》"教人以善谓之忠"二义解之。孔《疏》："忠而不犯者，尽心于君，是其忠也。无违政教，是不犯也。"此则为官吏对君上之忠。

足见夏时所尚之忠，非专指臣民尽心事上，更非专指见危授命。第谓居职任事者，当尽心竭力求利于人而已。人人求利于人而不自恤其私，则牺牲主义、劳动主义、互助主义悉赅括于其中，而国家社会之幸福，自由此而烝烝日进矣。

夏书不尽传，故夏道之证不多。周时专倡夏道者，墨子也。观墨子所称道，即可以推知夏道。

> 《庄子·天下篇》："墨子称道曰：'昔者禹之湮洪水，决江河，通四夷九州也，名山三百，支川三千，小者无数，禹亲自操橐耜而九杂天下之川，腓无胈，胫无毛，沐甚雨，栉疾风，置万国。禹大圣也，而形劳天下也如此。'使后世之墨者多以裘褐为衣，以跂蹻为服，日夜不休，以自苦为极，曰：'不能如此，非禹之道也，不足为墨。'"

大抵尚同、兼爱、节用、节葬之义，多由夏道而引申之。凡所谓圣王之法，疑皆夏时之法。

《墨子·节用篇上》："昔者圣王为法，曰：丈夫年二十，毋敢不处家；女子年十五，毋敢不事人。"《节用篇中》："古者圣王制为节用之法。曰：凡天下群工，轮、车、鞼、匏、陶、冶、梓匠，使各从事其所能。曰：凡足以奉给民用则止，诸加费不加于民利者，圣王弗为。""古者圣王制为饮食之法，曰：足以充虚继气，强股肱，耳目聪明，则止。不极五味之调，芬香之和，不致远国珍怪异物。""古者圣王制为衣服之法，曰：冬服绀緅之衣，轻且暖；夏服絺绤之衣，轻且清，则止。诸加费不加于民利者，圣王弗为。""古者圣王制为节葬之法。曰：衣三领，足以朽肉；棺三寸，足以朽骸，掘穴深不通于泉流，不发泄，则止。"《节葬篇下》："故圣王制为葬埋之法，曰：桐棺三寸，足以朽体；衣衾三领，足以覆恶；以及其葬也，下毋及泉，上毋通臭，垄若参耕之亩，则止矣。"

其忠于民以实利为止，不以浮侈为利。外以塞消耗之源，内以节嗜欲之过。于是薄于为己者，乃相率勇于为人，勤勤恳恳，至死不倦。

《节葬篇下》："昔者尧北教乎八狄，道死，葬蛩山之阴。舜西教乎七戎，道死，葬南巳之市。禹东教乎九夷，道死，葬会稽之山。"

此牺牲之真精神，亦即尚忠之确证也。夫人主不恋权位，不恤子孙，并一己之生命，亦愿尽献于国民而无所惜，垂死犹欲教化远方异种之人，其教忠之法何如乎？后儒不知忠之古谊，以臣民效命于元首为忠，于是盗贼豺虎，但据高位，即可贼民病国，而无所忌惮；而为其下者，亦相率为欺诈叛乱之行，佟陈忠义而忠义之效泯焉不可一睹。岂非学者不明古史，不通古谊之过哉！

夏道尚忠，复尚孝。章炳麟《孝经本夏法说》详言之：

《孝经·开宗明义章》曰：先王有至德要道。《释文》引郑氏说云：禹，三王先者。斯义最宏远，无证明者。山阳丁晏稍理其说，犹未昭晰。予以郑氏综撮全经，知其皆述禹道，故以先王属禹，非凭臆言之也。禹书不存，当以《墨子》为说。墨子兼爱，孟轲以为无父。然非其本。《艺文志》序墨家者流云：以孝视天下，是以尚同。《孝经·三才章》曰：先之以博爱，而民莫遗其亲。博爱，即兼爱。《天子章》曰：爱亲者不敢恶于人。疏引魏真克说，以为博爱。此即兼爱明矣。其征一也。《感应章》曰：故虽天子，必有尊也，言有父也；必有先也，言有兄也。《援神契》释以尊事三老，兄事五更。《白虎通德论》曰：不臣三老五更者，欲率天下为人子弟。《艺文志》序墨家曰：养三老五更，是以兼爱。此又墨家所述禹道，与《孝经》同。其征二也。《艺文志》序墨家曰：墨家者流，盖出于清庙之守。宗祀严父，是以右鬼。《孝经·圣治章》曰：孝莫大于严父，严父莫大于配天。是道相合。又《祭法》曰：有虞氏祖颛顼而宗尧，夏后氏祖颛顼而宗禹。此则明堂宗祀，虞以上祀异姓有德者，其以父配天，实自夏始。宗禹者启也，若禹即宗鲧矣。然则严父大孝，创制者禹。其征三也。及夫墨家之蔽，不别亲疏，《节葬》所说与《丧亲章》义绝相反，要之同源异流，其本于禹道一也。其在《墨子》外者，《左氏传》曰：禹合诸侯于涂山，执玉帛者万国。《异义》引《公羊》说：殷三千诸侯，周千八百诸侯。是殷、周无万国，独夏有此。《孝经·孝治章》曰：故得万国之欢心，以事其先王。自非夏法，何有万国之数？其征一也。《周礼》五刑各五百，为二千五百章。《曲礼》曰：刑不上大夫。《正义》引张逸曰：谓所犯之罪，不在夏三千，周二千五百之科。《书·吕刑》序曰：吕命穆王训夏赎刑，其书言五刑之属三千。是则条律之数，夏、周有殊。《孝经·五刑章》曰：五刑之属三千，而罪莫大于不孝。非夏法则不得此数。其征二也。故以《墨子》明大义，以《书》、《礼》、《春秋》辨其典章，则《孝经》皆取夏法，先王为禹，灼然明矣。

考"孝"字始见于《虞书》。

《尧典》："克谐以孝，烝烝乂，不格奸。"

而契之教孝，则在禹平洪水以后。虞、夏同道，故谓先王为禹，非凿空之谈也。章氏仅明《孝经》为夏法，而未言孝之关系。愚按古人知有母而不知有父，故姓多从母。自禹锡姓，而父子之伦以正。娶妻不娶同姓，而夫妇之伦以正。自秦以降，虽多以氏为姓，而男系相承，奕世不改。种族之繁，即由于最初之别姓。非若东西各国近亲为婚，漫无区别。此夏道之有关吾国历代之文明者一也。近世研究社会学者，谓社会之进化，当由宗法而进于军国。吾国数千年皆在宗法社会中，故进步迟滞。不知吾国进化，实由古昔圣哲提倡孝道。孝之为义，初不限于经营家族。如：

> 《孝经》曰："立身行道，扬名于后世，以显父母，孝之终也。"
>
> 《祭义》曰："居处不庄，非孝也。事君不忠，非孝也。莅官不敬，非孝也。朋友不信，非孝也。战陈无勇，非孝也。"

皆非仅以顺从亲意为孝。举凡增进人格，改良世风，研求政治，保卫国土之义，无不赅于孝道。即以禹之殚心治水，干父之蛊为例，知禹惟孝其父，乃能尽力于社会国家之事。其劳身焦思不避艰险，日与洪水猛兽奋斗，务出斯民于窟穴者，纯孝之精诚所致也。军国之义已非今世所尚，即以此为言，亦非夏道所病。观《甘誓》："用命赏于祖，不用命戮于社。"知战陈之勇，正为孝子所嘉。后世务为狭义之孝者，不可以咎古人。而礼俗相沿，人重伦纪，以家庭之肫笃，而产生巨人长德，效用于社会国家者，不可胜纪。此夏道之有关于吾国历代之文明者二也。世目吾国为祖先教，其风实始于夏。"严父配天"，已见章说，宗庙之制，章未之及。

> 《考工记》："夏后氏世室。"注："世室者，宗庙也。"《明堂位》："鲁公之庙，文世室也。武公之庙，武世室也。"

按之二记，则周、鲁宗庙多沿夏世之法。所谓菲饮食而致孝乎鬼神者，即指其注重庙祭而言也。祭享之礼，其事似近于迷信，然尊祖敬宗实为报本追远之正务，视其他宗教徒求之冥漠不可知之上帝，或妄诞不经之教主者，盖有别矣。后世之于祭祀，因革损益，代有不同，而相承至今，无贵贱贫富，咸隆此祀祖之谊，虽侨民散处列邦，语言衣服胥已变异，而语及祖宗之国，父母之邦，庙祧坟墓之重，则渊然动其情感，而抟结维系，惟恐或先。此夏道之有关于吾国历代之文明者三也。

第十四章 洪范与五行

夏代有治国之大法九条，其文盖甚简约。流传至于商室，商之太师箕子独得其说。

> 《史记·宋微子世家》"太师少师"注：孔安国曰："太师，箕子也。"

周武王克殷，访问箕子。箕子乃举所传者告之，是曰"洪范九畴"，亦曰"洪范九等"。

> 《书·洪范》："维十有三祀，王访于箕子。王乃言曰：'呜呼！箕子，惟天阴骘下民，相协厥居，我不知其彝伦攸叙。'箕子乃言曰：'我闻在昔鲧陻洪水，汩陈其五行，帝乃震怒，不畀洪范九畴，彝伦攸斁，鲧则殛死。禹乃嗣兴，天乃锡禹洪范九畴，彝伦攸叙。初一曰五行，次二曰敬用五事，次三曰农用八政，次四曰协用五纪，次五曰建用皇极，次六曰乂用三德，次七曰明用稽疑，次八曰念用庶征，次九曰向用五福，威用六极。'"
>
> 《史记·宋世家》："武王既克殷，访问箕子。武王曰：'於乎！维天阴定下民，相和其居，我不知其常伦所序。'箕子对曰：'在昔鲧陻洪水，汩陈其五行，帝

> 乃震怒，不从洪范九等，常伦所斁，鲧则殛死。禹乃嗣
> 兴，天乃锡禹洪范九等，常伦所叙。初一曰五行，二曰
> 五事，三曰八政，四曰五纪，五曰皇极，六曰三德，七
> 曰稽疑，八曰庶征，九曰向用五福，畏用六极。"

虽曰天之所锡，初未言天若何锡之，所谓彝伦，即常伦，犹言常
事之次叙，亦未尝有何神秘之意义也。汉人始谓《洪范》出于
《雒书》。

> 《汉书·五行志》："《易》曰：'河出图，雒出书，
> 圣人则之。'刘歆以为虙羲氏继天而王，受《河图》，
> 则而画之，八卦是也。禹治洪水，赐《雒书》，法而陈
> 之，《洪范》是也。"齐召南曰："《易大传》曰：'河出
> 图，洛出书，圣人则之。'是言图书二者，皆出于伏羲
> 之世，故则之以画八卦。即《尚书》本文，只言'天乃
> 锡禹洪范九畴'，不云锡禹以《洛书》，亦不云禹因《洛
> 书》陈《洪范》也。以《洛书》为《洪范》，始于刘歆
> 父子，后儒遂信之。"

《雒书》本文凡六十五字。

> 《汉书·五行志》："初一曰五行，次二曰羞用五事，
> 次三曰农用八政，次四曰叶用五纪，次五曰建用皇极，
> 次六曰艾用三德，次七曰明用稽疑，次八曰念用庶征，
> 次九曰向用五福，畏用六极。凡此六十五字，皆《雒
> 书》本文……"

又谓为神龟所负。

> 《尚书大传》郑注："初，禹治水得神龟，负文于
> 洛。于以尽得天人阴阳之用。"

其说颇荒诞。又凡汉人说洪范者，以五行附会人事，曰《洪范五
行传》(《尚书大传》有《洪范五行传》)。

> 《汉书·五行志》："刘向治《穀梁春秋》，数其祸
> 福，传以《洪范》……向子歆言《五行传》，又颇不同。"

尤支离穿凿，世因以此病《洪范》。实则箕子所述夏法，第以次
数说，初未以五行贯串其他八畴。即箕子所陈九畴之解释，

> 《史记集解》：孔安国曰："五行以下，箕子所陈。"

惟五事，庶征相应。

> 《史记·宋世家》："五事：一曰貌，二曰言，三曰
> 视，四曰听，五曰思。貌曰恭，言曰从，视曰明，听曰
> 聪，思曰睿。恭作肃，从作治，明作智，聪作谋，睿
> 作圣。""庶征：曰雨，曰旸，曰燠，曰寒，曰风，曰
> 时。五者来备，各以其序，庶草繁庑。一极备，凶。一
> 极亡，凶。曰休征：曰肃，时雨若；曰治，时旸若；曰
> 知，时燠若；曰谋，时寒若；曰圣，时风若。曰咎征。
> 曰狂，常雨若；曰僭，常旸若；曰舒，常燠若；曰急，
> 常寒若；曰雾，常风若。"

亦未指此五者与五行相应也。故《洪范》之中，有五行一畴，非九畴皆摄于五行。以五行为《洪范》中之一畴，而夏之大法彰；以九畴皆摄于五行，而夏之大法晦。此读经治史者所宜详考也。

汉代五行之说最盛，近人病其支离穿凿，则欲举古之所谓五行而并斥之。援据《荀子》，谓五行之说起于儒家。

> 《子思孟轲五行说》（章炳麟）："荀子《非十二子》讥子思、孟轲曰：'案往旧造说，谓之五行。'杨惊曰：'五行，五常，仁、义、礼、智、信也。'五常之义旧矣，虽子思倡之，亦无损。荀卿何讥焉？寻子思作《中庸》，其发端曰：'天命之谓性。'注曰：'木神则仁，金神则义，火神则礼，水神则智，土神则信。'《孝经》说略同此，是子思之遗说也。古者洪范九畴，举五行，附人事，义未彰著。子思始善附会，旁有燕、齐怪迂之士，侈搪其说，以为神奇。耀世诬人，自子思始。宜哉，荀卿以为讥也。"

不知五行之见于经者，自《夏书》始。《墨子·明鬼篇》尝引之。

> 《书·甘誓》："有扈氏威侮五行，怠弃三正。"
> 《墨子·明鬼篇下》："然则姑尝上观乎《夏书·禹誓》曰：大战于甘，王乃命左右六人，下听誓于中军，曰有扈氏威侮五行，怠弃三正，天用剿绝其命。"

此岂儒家所伪造乎？按五行实起于黄帝。

> 《管子·五行篇》："昔黄帝作五声，以政五钟。五

声既调，然后作立五行，以正天时，五官以正人位。人
与天调，然后天地之美生。"

《史记·历书》："黄帝考定星历，建立五行。"

或谓起于伏羲，

《白虎通义》："伏羲因夫妇，正五行，始定人道。"

其来甚久。至于夏代，因五行而起战争，则夏之特重五行可知。
夏之大法首五行，箕子释之甚简。

《洪范》："五行：一曰水，二曰火，三曰木，四曰
金，五曰土。水曰润下，火曰炎上，木曰曲直，金曰从
革，土爰稼穑。润下作咸，炎上作苦，曲直作酸，从革
作辛，稼穑作甘。"

伏生释之，其义始显。

《尚书大传》："水火者，百姓之所饮食也；金木者，
百姓之所兴作也；土者，万物之所资生也，是为人用。"

明乎五行之切于人用，自知夏之大法首五行之故。征之《夏书》，
五行之物，皆利用厚生所必须。

《左传》文公七年："《夏书》曰：'戒之用休，董
之用威，劝之以《九歌》，勿使坏。'九功之德皆可歌
也，谓之《九歌》。六府、三事，谓之九功。水、火、

金、木、土、谷，谓之六府；正德、利用、厚生，谓之三事。"

夏禹治水，益烈山，九牧贡金，徐州贡土，扬州贡木；以及稷教稼，而各州皆治田。即当时六府之行政。六府之政行而天下大治。故《书》曰"六府孔修"。有扈氏不修此六府，其民生国计之困乏可知。故曰"威侮五行，怠弃三正"，而为天子者不可以不讨。此夏代之法，亦即万世之法也。《洪范》五事，与休征、咎征相应，其理颇深赜，解者不得其怡，则以五行妖妄附会之。

《洪范五行传》："一曰貌。貌之不恭，是谓不肃。厥咎狂，厥罚常雨。厥极恶，时则有服妖，时则有龟孽，时则有鸡祸，时则有下体生于上之病，时则有青眚青祥，维金沴木。次二事曰言。言之不从，是谓不艾。厥咎僭，厥罚常阳。厥极忧，时则有诗妖，时则有介虫之孽，时则有犬祸，时则有口舌之病，时则有白眚不祥，维木沴金。次三事曰视。视之不明，是谓不悊。厥咎茶，厥罚常奥。厥极疾，时则有草妖，时则有保虫之孽，时则有羊祸，时则有目病，时则有赤眚赤祥，维水沴火。次四事曰听。听之不聪，是谓不谋。厥咎急，厥罚常寒。厥极贫，时则有鼓妖，时则有鱼孽，时则有豕祸，时则有耳病，时则有黑眚黑祥，维火沴水。次五事曰思。思心之不容，是谓不圣。厥咎霉，厥罚常风。厥极凶短折，时则有脂夜之妖，时则有华孽，时则有牛祸，时则有心腹之病，时则有黄眚黄祥。维木、金、水、火沴土。"《郑注》："凡貌、言、视、听、思、心，一事失，则逆人之心。人心逆，则怨。木、金、

水、火、土、气为之伤，伤则冲胜来乘殄之。于是神怒
人怨，将为祸乱。故五行先见变异，以谴告人也。及妖
孽、祸疴、眚祥，皆其气类暴作，非常为时怪者也。各
以物象为之占也。"

实则五行之得当与否，视一国之人之貌、言、视、听、思、心以
为进退。虽不必以某事与某征相配，而其理实通于古今。如今人
以水旱之灾为人事不尽之征，苟一国之人治水造林各尽心力，则
年谷可以常丰。反之，则水旱频年，灾害并作者，其理与《洪
范》所言何异？《洪范》但言尽人事则得休征，悖其道则得咎
征，未尝专指帝王。使误认为一人之貌不恭，天即为之恒雨；一
人之言不从，天即为之恒旸，则此帝王洵如小说中呼风唤雨之道
士。如以国民全体解之，则《洪范》之言正可以惊觉国民，使各
竭其耳、目、心、思以预防雨、旸、寒、燠之偏。充《洪范》之
义，虽曰今之世界休明，科学发达，咸由人类五事运用得宜亦无
不可。盖利用天然力与防卫天然力之变化，皆人类精神之作用。
其为休咎无一能外于五事。世人日从事于此，而不知《洪范》备
言其理，何哉？（按：五事之于休征、咎征，即近人所谓因果律。
人事为因，而天行为果。其言初不奇异，如《老子》谓"大军之
后，必有凶年"，亦以人事不尽为因，推言天行不顺之果也。）

《洪范》最尊皇极，盖当时政体如此，不足为病。《墨子》主
张万民上同乎天子而不敢下比，天子之所是必是之，天子之所非
必非之。即《洪范》所谓"皇极之敷言，是彝是训，于帝其训"
之谊。然《洪范》一面尊主权，一面又重民意。如：

凡厥庶民，极之敷言。是训是行，以近天子之光。

汝则有大疑，谋及乃心，谋及卿士，谋及庶人，谋

及卜筮。

等语，皆可见夏、商之时，人民得尽言于天子之前。天子有疑，且谋及于庶人。初非徒尊皇极而夺民权也。以今日投票权例之，当时国事分为五权：天子一人一权，卿士若干人一权，庶民若干人一权，龟一权，筮一权。五权之中，三可二否，皆可行事。庶民之权，等于天子。如：

汝则从，龟从，筮从，卿士逆，庶民逆，吉。

是卿士、庶民皆反对，而天子借龟、筮之赞成，可以专断。又如：

庶民从，龟从，筮从，汝则逆，卿士逆，吉。

则天子、卿士皆反对，而庶民借龟、筮之赞成，亦可以使天子、卿士放弃其主张，而从庶民之说也。《洪范》之尊重庶民若此，可以其行君主之制，遂谓为专制乎？《洪范》庶征一畴，末段曰："庶民维星，星有好风，星有好雨，日月之行，则有冬有夏。月之从星，则以风雨。"亦谓卿士当从民之所好。好风则以风，好雨则以雨，或各从所好，则同时分为两党。如国民有好保守者，则卿士之保守党从之；国民有好进取者，则卿士之进取党从之。两党相切相劘，而政治遂得其中。此尤民主国家之法也。

第十五章　汤之革命及伊尹之任

君主世及之制，至夏而定。臣民革命之例，亦自夏而开。

《易》："汤武革命。"

然汤之革命，实为贵族革暴君之命，而非平民革贵族之命，此治史者所不可不辨。夏祚四百年，尝复国者再，五观之乱，则其宗室。

《中国历史教科书》（刘师培）："太康荒纵自娱，居于斟鄩。昆弟五人，须于洛汭，忘大禹之命，以作乱，拟伐斟灌。故夏人作《五子之歌》，以致太康失邦。即古籍所谓五观之乱也。"

羿浞之篡，亦为贵臣。

《左传》"有穷后羿"注："羿，有穷君之号。"
《中国历史教科书》："后羿者，其先祖世为先王射官，帝喾封之于鉏。及有夏方衰，羿乃自鉏迁穷石，因夏民以代夏政。"
《左传》襄公四年："寒浞，伯明氏之谗子弟也。伯明后寒弃之，夷羿收之，信而使之，以为己相。"

至于汤之伐桀，尤为贵族代嬗之政。汤之先祖与禹同为舜臣，相土及冥，世有勋业，积十四世之经营，

> 《史记·殷本纪》："殷契兴于唐、虞、大禹之际，功业著于百姓。"《史记索隐》："相土佐夏，功著于商。《诗·商颂》曰'相土烈烈，海外有截'是也。"
>
> 《礼记·祭法》："冥勤其官而水死，殷人祖契而郊冥。"
>
> 《国语·周语》："玄王勤商，十四世而兴。"

有数十国之归向，

> 《尚书大传·殷传》："桀无道，囚汤。后释之。诸侯八译来朝者六国。汉南诸侯闻之，归之四十国。"

然后可以革夏政而抚夏民。故知吾国平民，自古无革命思想，非贵族为之倡始，势不能有大改革也。

古书述汤伐桀之事者甚多，而《书经》仅存汤誓众之词，其事之首尾不具。即以其文论之，似汤伐桀迥非民意，义师之举，纯由威逼利诱而来。

> 《汤誓》："格尔众庶，悉听朕言。非台小子敢行称乱。有夏多罪，天命殛之。今尔有众，汝曰：'我后不恤我众，舍我穑事而割正夏。'予惟闻汝众言，夏氏有罪。予畏上帝，不敢不正。今汝其曰：'夏罪其如台？'

夏王率遏众力，率割夏邑，有众率怠弗协，曰：'时日
曷丧，予及汝偕亡！'夏德若兹，今朕必往。尔尚辅予
一人，致天之罚，予其大赍汝。尔无不信，朕不食言。
尔不从誓言，予则孥戮汝，罔有攸赦。"

虽师之用命与否，夏代例有誓词。

《甘誓》："用命，赏于祖。不用命，戮于社。"

然既歆以大赍，又复恐以孥戮，此岂人人皆欲伐桀之词气耶？
《逸周书》、《孟子》所言则大异是：

《逸周书·殷祝》："汤将放桀于中野，士民闻汤在
野，皆委货扶老携幼奔，国中虚。……桀与其属五百人
南徙千里，止于不齐。民往奔汤于中野。……桀与其属
五百人徙于鲁，鲁士民复奔汤。"

《孟子·滕文公》："汤始征，自葛载。十一征而
无敌于天下。东面而征，西夷怨，南面而征，北狄怨。
曰：'奚为后我？'民之望之，若大旱之望雨也。归市
者不止，芸者不变，诛其君，吊其民，如时雨降，民大
悦。《书》曰：'徯我后，后来其无罚！'"

两者相较，恐美汤者或非其实也。
唐、虞以来，礼教最重秩叙。

《书·皋陶谟》："天秩有礼，自我五礼有庸哉！"
郑玄曰："五礼：天子也，诸侯也，卿大夫也，士也，

庶民也。"

庶民之去天子，阶级甚远，故虽有暴君昏主，人民亦敢怒而不敢言。非贵族强藩，躬冒不韪，无人能号召天下。然即世有勋伐如汤者，亦必自白其非称乱。此古人所谓名教之效，亦即今人所谓阶级之害也。夫革命与称乱近似而实大不同，无论贵族平民，均当分别其鹄的。恶专制而倡革命，可也；恶阶级而奖乱，不可也。汤之所以非称乱者，以其非以己之私利私害图夺桀位，而力求有功于民也。

> 《逸周书·殷祝》："汤放桀而复薄，三千诸侯大会。汤取天子之玺，置之天子之坐，左退而再拜从诸侯之位。汤曰：'此天子位，有道者可以处之。天下非一家所有也，有道者之有也。故天下者，唯有道者理之，唯有道者纪之，唯有道者宜久处之。'汤以此三让，三千诸侯莫敢即位，然后汤即天子之位。"
>
> 《史记·殷本纪》："既绌夏命，还亳，作《汤诰》：维三月，王自至于东郊。告诸侯群后：'毋不有功于民，勤力乃事。予乃大罚殛汝，毋予怨。'"

观其有国之后，为民请命，其为壹意救民，益可知矣。

> 《墨子·兼爱下》："汤曰：'唯予小子履，敢用玄牡'告于上天后曰：今天大旱，即当朕身履，未知得罪于上下，有善不敢蔽，有罪不敢赦，简在帝心。万方有罪，即当朕身；朕身有罪，无及万方。'即此言汤贵为天子，富有天下，然且不惮以身为牺牲，以祠说于上帝

鬼神。"

汤之为人民而革命，以伊尹为主动之人。伊尹之为汤用，古书说者不同。或谓伊自干汤。

> 《墨子·尚贤中》："伊挚有莘氏女之私臣，亲为庖人。汤得之，举以为己相，与接天下之政，治天下之民。"
>
> 《庄子·庚桑楚》："汤以胞人笼伊尹。"
>
> 《史记·殷本纪》："伊尹名阿衡。阿衡欲干汤而无由，乃为有莘氏媵臣，负鼎俎以滋味说汤，致于王道。"

或谓汤先聘尹。

> 《孟子·万章》："伊尹耕于有莘之野，而乐尧舜之道焉。……汤使人以币聘之，嚣嚣然曰：'我何以汤之聘币为哉！'……汤三使往聘之，既而幡然改……"
>
> 《史记·殷本纪》："或曰：伊尹处士，汤使人聘迎之，五反，然后肯往从汤。……"

而《吕览》则折衷二说。

> 《吕氏春秋·本味篇》："伊尹生空桑，长而贤。汤闻伊尹，使人请之有侁氏。有侁氏不可。伊尹亦欲归汤。汤于是请取妇为婚。有侁氏喜，以伊尹为媵，送女……汤得伊尹，祓之于庙，爝以爟火，衅以牺豭。明日，设朝而见之，说汤以至味。"

要之，伊尹之佐汤革命，实为由平民崛起之伟人，故后世慕之，传说其进身之由，各以己意增益之耳。

《汉书·艺文志》道家有《伊尹》五十一篇。当亦出于伪托，非尹之自著。尹之学说，惟略见于《史记》：

> 《史记·殷本纪》："汤曰：'予有言，人视水见形，视民知治不？'伊尹曰：'明哉！言能听，道乃进。君国子民，为善者皆在王官。勉哉，勉哉！'……从汤，言素王及九主之事。"

而《孟子》推言伊尹之志事独详。

> 《孟子·万章》："伊尹耕于有莘之野，而乐尧舜之道焉。非其义也，非其道也，禄之以天下，弗顾也；系马千驷，弗视也。非其义也，非其道也，一介不以与人，一介不以取诸人。……天之生斯民也，使先知觉后知，使先觉觉后觉也。予，天民之先觉者也。予将以斯道觉斯民也。非予觉之，而谁也？思天下之民，匹夫匹妇有不被尧舜之泽者，若己推而内之沟中。其自任以天下之重如此。""何事非君？何使非民？治亦进，乱亦进。"

盖尹之志愿，专在改进当时之社会。不但不为一己之权利，不为成汤之权利，并亦不必推翻夏之政府。苟夏之政府能用其言，行其志，亦可以出于和平之改革。

《孟子·告子》："五就汤，五就桀者，伊尹也。"

《史记·殷本纪》："伊尹去汤适夏。既丑有夏，复归于亳。"

夏既不能用之，始不得已而佐汤伐夏。然其对天下负责之心，则不以夏室既亡而自懈，此诚平民革命者之模范。彼徒知破坏，不务建设，或惟争权力，不负责任者，正不能妄比于伊尹矣。

伊尹之建设，当见于《咸有一德》、《伊训》诸书。今其文已亡，不可考见。惟《逸周书》载伊尹献令，略可见其规画。

《逸周书·伊尹朝献》："汤问伊尹曰：'诸侯来献，或无马牛之所生，而献远方之物，事实相反，不利。今吾欲因其地势所有献之，必易得而不贵。其为四方献令。'伊尹受命，于是为四方令，曰：'臣请正东，符娄仇州伊虑沤深九夷十蛮越沤鬋发文身，请令以鱼皮之鞞、鲗鲗之酱、鲛瞂、利剑为献；正南，瓯邓桂国损子产里百濮九菌，请令以珠玑、玳瑁、象齿、文犀，翠羽、菌鹤、短狗为献；正西，昆仑狗国鬼亲枳已闟耳贯胸雕题离身漆齿，请令以丹、青、白旄、纰罽、江历、龙角、神龟为献；正北，空同大夏莎车姑他旦略豹胡代翟匈奴楼烦月氏孅犁其龙东胡，请令以橐驼、白玉、野马、騊駼、駃騠、良弓为献。'汤曰：'善。'"

其后，放太甲而代之行政，复归政于太甲，尤为人所难能。

《史记·殷本纪》："汤崩，太子太丁未立而卒。于是乃立太丁之弟外丙，是为帝外丙。帝外丙即位三年，崩。立外丙之弟中壬，是为帝中壬，帝中壬即位四年，崩。伊尹乃立太丁之子太甲。……帝太甲元年，伊尹作《伊训》，作《肆命》，作《徂后》。帝太甲既立三年，不明，暴虐，不遵汤法，乱德，于是伊尹放之于桐宫。三年，伊尹摄行政当国，以朝诸侯。帝太甲居桐宫三年，悔过自责，反善。于是伊尹乃迎帝太甲而授之政。帝太甲修德，诸侯咸归殷，百姓以宁。伊尹嘉之，乃作《太甲训》三篇，褒帝太甲，称太宗。"

世或以《竹书》为疑。

> 《竹书纪年》："太甲元年，伊尹放太甲于桐，乃自立。七年，王潜出自桐，杀伊尹。"

然太甲思庸，咎单作训，其书虽亡，而《序》犹可见。

> 《书序》："太甲既立，不明，伊尹放诸桐。三年，复归于亳，思庸。伊尹作《太甲》三篇。""沃丁既葬伊尹于亳。咎单遂训伊尹事，作《沃丁》。"

则伊尹事太甲，至沃丁时始卒，太甲何尝杀之？即刘知幾亦以为事无佐证，不信其说。

> 《史通·疑古篇》："《汲冢书》云：'太甲杀伊尹。'""伊尹见戮，并于正书，犹无其证。"

故论伊尹放太甲事，当以《孟子》之论为归。

《孟子·尽心》："公孙丑曰：'伊尹曰：予不狎于
不顺，放太甲于桐，民大悦。太甲贤，又反之。民大
悦。贤者之为人臣也，其君不贤，则固可放与？'孟子
曰：'有伊尹之志，则可；无伊尹之志；则篡也。'"

惟尹有一介不取之志，故能行此非常之事。伊尹者洵吾国自有历
史以来最奇之一人物也。

第十六章　殷商之文化

殷商传世年数，说者不同。

> 《史记·三代世表》："从汤至纣二十九世。"《史记·殷本纪》"集解"："谯周曰：'殷凡三十一世，六百余年。'《汲冢纪年》曰：'汤灭夏，以至于受。二十九王，用岁四百九十六年。'"

要其自夏至周，实经五六百年。政教风尚，均大有改革。其传于今之文字，较夏为多。《书》之存者七篇：

> 《汤誓》、《盘庚》三篇、《高宗肜日》、《西伯戡黎》、《微子》。

其佚而犹知其所为作者，凡三十余篇。

> 《书序》："自契至于成汤，八迁，汤始居亳，从先王居。作《帝告釐沃》。汤征诸侯，葛伯不祀，汤始征之。作《汤征》。伊尹去亳适夏，既丑有夏，复归于亳。入自北门，乃遇女鸠女房。作《女鸠女房》。""汤既胜夏，欲迁其社，不可，作《夏社》、《疑至》、《臣

扈》。”“汤归自夏，至于大坰，仲虺作《诰》。”“汤既
黜夏命，复归于亳，作《汤诰》。”“伊尹作《咸有一
德》。”“夏师败绩，汤遂伐三朡，俘厥宝玉，义伯、仲
伯作《典宝》。”“咎单作《明居》。成汤既殁，太甲元
年，伊尹作《伊训》、《肆命》、《徂后》。”“伊尹作《太
甲》三篇。”“咎单训伊尹事，作《茨丁》。伊陟相大戊，
亳有祥桑、谷共生于朝，伊陟赞于巫咸，作《咸义》四
篇。大戊赞于伊陟，作伊陟《原命》。仲丁迁于嚣，作
《仲丁》。河亶甲居相，作《河亶甲》。祖乙圯耿，作
《祖乙》。”“高宗梦得说，使百工营求诸野，得之傅岩，
作《说命》三篇。”“祖己作《高宗之训》。”

《诗》之名颂十二篇，今之存者五篇。

《诗谱》（郑玄）：“宋戴公时当宣王，大夫正考父
者，校商之名颂十二篇于周太师。以《那》为首，归以
祀其先王。孔子录诗之时，则得五篇而已。”《诗小序》
载：《那》，祀成汤也。《烈祖》，祀中宗也。《玄鸟》，
祀高宗也。《长发》，大禘也。《殷武》，祀高宗也。

其钟鼎之文传世至夥。

《积古斋钟鼎彝器款识》（阮元）载商钟三，鼎
二十三，尊十七，彝二十七、卣十三、壶六，爵
三十三、觚四、觯十四、角七、敦六、甗二、鬲四，盉
二、匜二、盘二、戈三、句兵二。阮录以文字有甲子等
字者为商器，故著录最夥。《愙斋集古录》（吴大澂）第

七册则以甲乙等字为祭器之数，多不标商器，然亦以商
器文简为言。如亚形母癸敦未标商器，其跋语则谓"商
器文简，多象形文字"。若以吴录所载敦鼎诸器分标商
字，其数当更多于阮录也。

而近世发见之龟甲古文，学者咸称为殷商文字。

《殷商贞卜文字考》（罗振玉）："光绪己亥，闻河
南之汤阴发现古龟甲兽骨，其上皆有刻辞。翌年传至江
南，予一见诧为奇宝。又从估人之来自中州者，博观龟
甲兽骨数千枚，选其尤殊者七百。并询知发见之地。乃
在安阳县西五里之小屯，而非汤阴。其地为武乙之墟，
又于刻辞中得殷帝王名谥十余，乃恍然悟此卜辞者，实
为殷室王朝之遗物。其文字虽简略，然可正史家之违
失，考小学之源流，求古代之卜法。"

故考殷之文化，较愈于夏之无征焉。

商之异于夏者，教尚敬（见前），尚质，

《礼含文嘉》："质以天德，文以地德，殷援天而王，
周据地而王。"

《说苑·修文篇》："商者，常也。常者质，质
主天。"

色尚白，

《礼记·檀弓》："殷人尚白，大事敛用日中，戎事

乘翰，牲用白。"

以十二月为正月，

　　《尚书大传》："殷以季冬月为正。"

岁曰祀，

　　《尔雅》："夏曰岁，商曰祀，周曰年，唐虞曰载。"

其授田人七十亩，其工尚梓，

　　《考工记》："殷人尚梓。"

其庙制为重屋，

　　《考工记》："殷人重屋，堂修七寻，堂崇二尺，四
　　阿重屋。

其封爵以三等。

　　《白虎通》："殷爵三等，谓公、侯、伯也。"

而其尤异者，有三事：一曰迁国，二曰田猎，三曰祭祀。夏都安
邑，未尝迁居。而商则自契至汤八迁：

　　《史记·殷本纪》："自契至汤八迁。"

《通鉴外纪注》（刘恕）："契居商，昭明居砥石，相土居商丘，汤居亳，四迁事见《经》、《传》，而不见余四迁。"《补注》（胡克家）："契始封商，昭明再迁砥石，三迁商，相土四迁商丘，帝芒时五迁殷，帝孔甲时六迁商丘，汤七迁南亳，八迁西亳。"

汤所居之亳有三：

《中国历史教科书》："汤既胜夏，立景亳于河南，建为帝都。建东亳于商丘，西亳于商州，皆曰商邑。"

其后诸王复不常厥居。

《史记·殷本纪》："帝仲丁迁于隞。河亶甲居相。祖乙迁于邢。……帝盘庚之时，殷已都河北，盘庚渡河南，复居成汤之故居，乃五迁，无定处。……帝武乙立，殷复去亳，徙河北。"

《书古微》（魏源）："盘庚自邢迁亳，殷武丁又耸其德至于神明，以入于河，自河徂亳。武丁既没，其孙武乙又去亳而迁于河北之朝歌。"

《殷商贞卜文字考》："《史记·殷本纪》张守节《正义》言：《竹书纪年》自盘庚徙殷至纣之灭，二百七十五年，更不迁都。然考盘庚以后，尚迁都者再。《史记·殷本纪》：'武乙立，殷复去亳徙河北。'今本《竹书纪年》：'武乙三年，自殷迁于河北。十五年，自河北迁于沬。'此盘庚以后再迁之明证也。但《史记》及《竹书》均言武乙徙河北，而未明指其地。今者龟甲

兽骨，实出于安阳县城西五里之小屯，当洹水之阳。证
以古籍，知其地为殷墟，武乙所徙，盖在此也。"

其迁居之原因多不可考。惟盘庚之迁殷，略述其故。

《盘庚上》："先王有服，恪谨天命。兹犹不常宁。
不常厥居，于今五邦。"
《盘庚中》："先王不怀厥攸作，视民利用迁。"
《盘庚下》："古我先王将多于前功，适于山。"

视利而迁，且适于山。山之利，殆即田猎之利。仲丁迁隞，其地
多兽。武乙好猎，至为雷震。

《史记·殷本纪》："武乙猎于河、渭之间，暴雷，
武乙震死。"

殷之多迁都，实含古代游牧行国之性质。其谓诸帝因水患而徙
者，未足为据也。

《书序》郑注："祖乙又去相居耿，而国为水所毁，
于是修德以御之，不复徙。祖乙居耿，后奢侈逾礼，土
地迫近山，水尝圮焉。至阳甲立，盘庚为之臣，乃谋徙
居汤旧都，治于亳之殷地。商家自徙此而改号曰殷。"

殷之王室迁徙无常，其侯国亦遂效之。如周《诗》所载太王
迁岐，文王作丰，武王都镐，皆殷事也。吾读诸诗，想见其时旷
土甚多，丰草长林，初无居人，待新迁国者经营开辟。

《诗·大雅·绵》："周原膴膴，菫荼如饴。""乃疆
乃理，乃宣乃亩。""柞棫拔矣，行道兑矣。"《皇矣》：
"作之屏之，其菑其翳。修之平之，其灌其栵。启之辟
之，其柽其椐。攘之剔之，其檿其柘。""柞棫斯拔，松
柏斯兑。"

则殷王室之迁徙，亦可由此而推知矣。

殷人之尚田猎，见于新出土之龟甲卜辞。

《殷商贞卜文字考》："卜辞中所贞之事，祀与田猎
几居其半。""戊午，王卜贞田盂，往来无⧸⧸⧸。""戊子，
王卜贞田豪，往来无⧸⧸⧸。""壬申，卜贞王田奚，往来无
⧸⧸⧸。""壬辰，王卜贞田玫，往来无⧸⧸⧸。""丁卯，卜贞王
田大，往来无⧸⧸⧸。""癸未，卜王曰贞，有马在行，其左
射获。""己未，卜以贞逐豕获。""逐鹿获。""贞其射鹿
获。"（卜辞甚多，此仅摘录数条）

其后世如纣之为沙丘苑台，广聚鸟兽，殆亦本其国之习俗而加
甚耳。

《史记·殷本纪》："益收狗马奇物，充仞宫室。益
广沙丘苑台，多取野兽蜚鸟置其中。"

周公称文王不敢盘于游田，又戒成王毋淫于观、于逸、于游、于
田，即由以殷为鉴，而动此反感也（均见《书·无逸》）。然
《诗》之《灵台》，尚夸鸟兽。

《诗·灵台》:"王在灵囿,麀鹿攸伏。麀鹿濯濯,白鸟翯翯。"

而《逸周书》载武王猎兽,其数之多,至可骇异。

《逸周书·世俘篇》:"武王狩,禽虎二十有二、猫二、麋五千二百三十五、犀十有二、氂七百二十有一、熊百五十有一、罴百一十有八、豕三百五十有二、貉十有八、麈十有六、麝五十、麋三十、鹿三千五百有八。"

是皆夏、商之际所未有也。

殷之尚猎,盖缘尚武之风。自汤以来,极重武力。

《史记·殷本纪》:"汤曰:'吾甚武。'号曰武王。"
《诗·商颂·长发》:"武王载旆,有虔秉钺。如火烈烈,则莫我敢曷。"

故囿制始于汤。

《淮南子·泰族训》:"汤之初作囿也,以奉宗庙鲜犠之具,简士卒,习射御,以戒不虞。及至其衰也,驰骋猎射,以夺民时,罢民之力。"

其后武丁复张殷武,

《商颂·殷武》:"挞彼殷武。"

伐鬼方，

> 《易·既济》："高宗伐鬼方，三年克之。"

服章多用翟羽。

> 《通鉴外纪》："武丁时编发来朝者六国，自是服章多用翟羽。"

至于武乙，且仰而射天。

> 《史记·殷本纪》："武乙为革囊盛血，仰而射之，命曰射天。"

其世尚强御可想矣。

> 《诗·大雅·荡》："文王曰咨，咨女殷商，曾是强御。""强御多怼。"

殷人之尊神先鬼，孔子已言之。观汤之征葛，以葛之不祀为罪。

> 《书序》："葛伯不祀，汤始征之，作《汤征》。"《孟子·滕文公》："汤居亳，与葛为邻。葛伯放而不祀。汤使人问之曰：'何为不祀？'曰：'无以供牺牲也。'汤使遗之牛羊。葛伯食之，又不以祀。汤又使人问之曰：'何为不祀？'曰：'无以共粢盛也。'汤使亳众往

为之耕，老弱馈食。葛伯率其民，要其有酒食黍稻者夺
之，不授者杀之。有童子以黍肉饷，杀而夺之。……为
其杀是童子而征之。"

殆由葛伯主张无鬼，不以祭祀祖先为然。而汤则以祖先教号召天
下。故因宗教不同而动兵戈。其后之以岁为祀，亦以明其注重祀
事，更甚于夏也。《商颂》五篇，皆祭祀之诗。读《那》及《烈
祖》诸篇，可推见其时祭祀之仪式。

> 《诗·那》："猗与那与，置我鞉鼓。奏鼓简简，衎
> 我烈祖。汤孙奏假，绥我思成。鞉鼓渊渊，嘒嘒管声。
> 既和且平，依我磬声。於赫汤孙，穆穆厥声。庸鼓有
> 斁，万舞有奕。我有嘉客，亦不夷怿。自古在昔，先民
> 有作。温恭朝夕，执事有恪。顾予烝尝，汤孙之将。"
> 《诗·烈祖》："嗟嗟烈祖，有秩斯祜。申锡无疆，
> 及尔斯所。既载清酤，赉我思成。亦有和羹，既戒既
> 平。鬷假无言，时靡有争。绥我眉寿，黄耇无疆。约
> 軧错衡，八鸾鸧鸧。以假以享，我受命溥将。自天降
> 康，丰年穰穰。来假来享，降福无疆。顾予烝尝，汤孙
> 之将。

《商书》亦多言祭祀鬼神之事。

> 《盘庚上》："兹予大享于先王，尔祖其从与享之。"
> 《盘庚中》："我先后绥乃祖乃父。乃祖乃父，乃断
> 弃汝，不救乃死。""乃祖乃父丕乃告我高后，曰：'作
> 丕刑于朕孙！'迪高后丕乃崇降不祥。"

《高宗肜日》："典祀无丰于昵。"

《微子》："今殷民乃攘窃神祇之牺牷牲，用以容，将食无灾。"

周之伐殷，且以弗祀为纣之罪状。

《书·牧誓》："昏弃厥肆祀弗答。"

盖殷以崇祀而兴，以不祀而亡，此尤殷商一朝之特点也。尚鬼，故信巫。而巫氏世相殷室。

《书·君奭》："在大戊时……巫咸乂王家。在祖乙时，则有若巫贤。"

《史记·殷本纪》："伊陟赞言于巫咸。巫咸治王家有成，作《咸艾》。""祖乙立，殷复兴，巫贤任职。"

《史记·封禅书》："伊陟赞巫咸，巫咸之兴自此始。"

重祀，故精治祭器，而钟鼎尊彝之制大兴。

《册册父乙鼎跋》（阮元）："周器铭往往有'王呼史册'、'命某某'等语，商人尚质，但书册字而已。子为父作，则称父，以十干为名字。商人无贵贱皆同，不必定为君也。"（据此，知商之钟鼎独多者，以其君臣上下多为祭器以祀先也。）

祭必择日，故卜日之龟甲，犹流传于今世。此皆事理之相因者也。

　　殷之风气，既如上述。殊无以见其享国久长之故，吾尝反复
诸书，深思其时之情势，而得数义焉。一则殷多贤君，故其国迭
衰迭兴也。《史记·殷本纪》之称殷之兴衰凡十见：

　　　　雍己立，殷道衰。大戊立，殷复兴。河亶甲时，殷
　　复衰。祖乙立，殷复兴。帝阳甲之时，殷衰。盘庚之
　　时，殷道复兴。小辛立，殷复衰。武丁立，殷道复兴。
　　帝甲淫乱，殷复衰。帝乙立，殷益衰。

与《夏本纪》之一称夏后氏德衰者不同，周公以《无逸》勉成
王，盛称殷之三宗。

　　　　《书·无逸》："昔在殷王中宗，严恭寅畏天命自度，
　　治民祗惧，不敢荒宁。""其在高宗时，旧劳于外，爰暨
　　小人，作其即位……不敢荒宁，嘉靖殷邦。至于小大，
　　无时或怨。""其在祖甲，不义惟王，旧为小人。作其即
　　位，爰知小人之依，能保惠于庶民。……"

而《孟子》则谓其时贤圣之君六七作。

　　　　《孟子·公孙丑》："自成汤至于武丁，贤圣之君
　　六七作。"

足知殷之贤君多于夏代矣。且商虽自汤以来，世尚武功，而其政
术则任贤而执中，

　　　　《诗·长发》："汤降不迟，圣敬日跻。……不竞不

綠，不刚不柔，敷政优优，百禄是遒。"

《孟子·离娄》："汤执中，立贤无方。"

非专偏于武力。至箕子陈述皇极。犹以刚柔互克为言。《史记》所谓殷道，其在是欤？

一则殷之兴学，盛于夏代也。据《礼记·王制》，殷有左右二学，

《王制》："殷人养国老于右学，养庶老于左学。"

又有瞽宗，

《明堂位》："瞽宗，殷学也。"

及庠序。

《学记》："党有庠，术有序。"庾氏云："党有庠，谓夏殷礼。"

《孟子·滕文公》："殷曰序。"

至其末造，周有辟雍，疑必殷有其制而周仿之。

《诗·灵台》："于论鼓钟，于乐辟雍。"《王制》："天子曰辟雍，诸侯曰泮宫。"是周之为辟雍，实仿天子之制也。

虽其教法不可详考，以《说命》之遗文证之。知殷人之讲求教育及学术，远有端绪。

《文王世子》引《说命》曰："念终始典于学。"《学记》引《说命》曰："惟敩学半。""敬孙务时敏，厥修乃来。"

风气所被，私家之学也兴。

《尚书大传》："散宜生、闳夭、南宫适三子者，学于太公。太公见三子，知为贤人，遂酌酒切脯，除为师学之礼，约为朋友。"（按此虽殷季之事，然私人从师受学，必不始于此。）

商之多士，咸知典册。

《书·多士》："惟尔知，惟殷先人有册有典。"

粒食之民，昭然明视。

《大戴礼·少间篇》："成汤服禹功，以修舜绪，为副于天，粒食之民，昭然明视，民明教，通于四海……殷德小破，二十有二世，乃有武丁即位，开先祖之府，取其明法，以为君臣上下之节，殷民更眩，近者悦，远者至，粒食之民，昭然明视。"

故其文化盛于夏代，而国家亦多历年所焉。

一则殷之民德纯厚，至帝乙以后始败坏也。殷之民风，略见于《盘庚》三篇，如：

　　民不适有居，率吁众戚，出矢言。相时憸民。犹胥
顾于箴言。

盖殷民质直，有不适其意者，则直言之。而顾恤箴规，初不敢放
佚为非也。说经者谓殷民奢淫成俗，然亦仅据《盘庚》所谓"乱
政同位，具乃贝玉"及"无总于货宝，生生自庸"数语而言，未
见其何等奢淫也。其后周公述殷代风俗，则自汤至帝乙时，官民
无不勤劳敬慎。

　　《书·酒诰》："在昔殷先哲王，迪畏天显小民，经
德秉哲，自成汤咸至于帝乙，成王畏相，惟御事，厥棐
有恭，不敢自暇自逸，矧曰其敢崇饮。越在外服，侯甸
男卫邦伯。越在内服，百僚庶尹，惟亚惟服宗工；越百
姓里居，罔敢湎于酒，不惟不敢，亦不暇。惟助成王德
显，越尹人祇辟。"

与《商颂》之言相合。

　　《诗·殷武》："稼穑匪解……不敢怠遑。"

至纣时，酗酒乱德，民俗大坏。

　　《书·微子》："殷罔不小大，好草窃奸宄。""小民
方兴，相为敌仇。"

殷始由之而亡。周既定鼎，殷民犹思恢复。周公惮之，屡加诰

诚，惟愿其安居田里。

> 《书·多士》："尔乃尚有尔土，尔乃尚宁干止。""今尔惟时宅尔邑，继尔居。"
> 《书·多方》："今尔尚宅尔宅，畋尔田。"

又时时迁徙其居，分散其族。

> 《书序》："成周既成，迁殷顽民。"
> 《左传》定公四年："周分鲁公以殷民六族，条氏、徐氏、萧氏、索氏、长勺氏、尾勺氏，使师其宗氏，辑其分族，将其丑类，以法则周公。用即命于周。是使之职事于鲁。分康叔以……殷民七族，陶氏、施氏、繁氏、锜氏、樊氏、饥氏、终葵氏……启以商政，疆以周索。"

盖殷民悍直之气与其团结之力，固易代而不衰也。

第十七章 传疑之制度

夏、殷之礼，文献无征。而古书所言古代制度，多有莫知何属者。汉、晋诸儒解释其制，往往托之于夏、殷，谓其与周代制度不合也。今以诸说合为一篇，标曰"传疑之制度"。

（一）九州之界域。

《尔雅》："九州：两河间曰冀州，河南曰豫州，河西曰雍州，汉南曰荆州，江南曰扬州，济河间曰兖州，济东曰徐州，燕曰幽州，齐曰营州。"郭璞注："此盖殷制。"郝懿行曰："郭云'此盖殷制'者，《释文》引李、郭同。《诗·周南·召南谱正义》引孙炎曰：'此盖殷制。《禹贡》有梁、青无幽、营，《周礼》有幽、并无徐、营。'是孙炎以《尔雅》之文与《禹贡》、《周礼》异，故疑为殷制。"又曰："《逸周书·大匡篇》云：'三州之侯咸率。'《程典篇》云：'文王合六州之侯奉勤于商。'《商颂》云：'奄有九有。'《毛传》：'九有，九州也。'又云：'帝命式于九围。'《毛传》：'九围，九州也。'殷有九州，皆其证。"

（二）封建之制。

《礼记·王制》："天子之田方千里，公侯田方百里，伯七十里，子男五十里；不能五十里者，不合于天子，附于诸侯，曰附庸。"郑玄注："此殷所因夏爵三等之制也。"

（三）八州封国之数。

《王制》："凡四海之内九州，州方千里。州建百里之国三十。七十里之国六十，五十里之国百有二十，凡二百一十国。名山大泽不以封，其余以为附庸间田。八州，州二百一十国。"郑注："此殷制也。"孔颖达疏："'此殷制也'者，以夏时万国，则地余三千里，周又中国方七千里，今大界三千，非夏非周，故云殷制也。"

（四）王畿封国之数。

《王制》："天子之县内，方百里之国九，七十里之国二十有一，五十里之国六十有三，凡九十三国。名山大泽不以肦，其余以禄士，以为闲田。"郑玄注："县内，夏时天子所居州界名也。殷曰'畿'。《诗·殷颂》曰：'邦畿千里。'周亦曰'畿内'。"

（五）九州封国之总数。

《王制》："凡九州，千七百七十三国。天子之元士，诸侯之附庸，不与。"郑注："《春秋传》云：禹会诸侯于涂山，执玉帛者万国。言执玉帛，则是惟谓中国耳。

中国而言万国，则是诸侯之地，有方百里，有方七十里，有方五十里者，禹承尧、舜而然矣。要服之内，地方七千里，乃能容之。夏末既衰，夷狄内侵，诸侯相并，土地减，国数少。殷汤承之，更制中国方三千里之界，亦分为九州，而建此千七百七十三国焉。"

（六）方伯连帅之制。

《王制》："千里之外设方伯。五国以为属，属有长。十国以为连，连有帅。三十国以为卒，卒有正。二百一十国以为州，州有伯。八州，八伯、五十六正、百六十八帅、三百十六长，八伯各有其属。属于天子之老二人，分天下以为左右，曰二伯。"郑注："属、连、卒、州，犹聚也。伯、帅、正，亦长也。凡长皆因贤侯为之。殷之州长曰'伯'，虞夏及周皆曰'牧'。"

（七）王室之官制。

《礼记·曲礼》："天子建天官，先六太，曰太宰、太宗、太史、太祝、太士、太卜，典司六典。""天子之五官，曰司徒、司马、司空、司士、司寇，典司五众。""天子之六府，曰司土、司木、司水、司草、司器、司货，典司六职。""天子之六工，曰土工、金工、石工、木工、兽工、草工，典制六材。"郑玄注皆谓此"殷时制也"。

（八）冢宰制国用之法。

《王制》："冢宰制国用，必于岁之杪，五谷皆入，然后制国用。用地小大，视年之丰耗，以三十年之通，制国用，量入以为出。祭用数之仂……丧用三年之仂。丧祭，用不足曰暴，有余曰浩。祭丰年不奢，凶年不俭。国无九年之蓄曰不足，无六年之蓄曰急，无三年之蓄曰国非其国也。三年耕，必有一年之食；九年耕，必有三年之食。以三十年之通，虽有凶旱水溢，民无菜色。然后天子食，日举以乐。"皮锡瑞《王制笺》案："注疏不解冢宰，当是即以《周官》之冢宰解之。证以《白虎通》，则此经冢宰，必非《周官》冢宰。又引陈立《白虎通疏证》，定此冢宰为殷之太宰。"

（九）质成之法。

《王制》："天子斋戒受谏，司会以岁之成，质于天子。冢宰斋戒受质。大乐正、大司寇、市、三官以其成质于天子。大司徒、大司马、大司空斋戒受质，百官各以其成质于三官。大司徒、大司马、大司空以百官之成质于天子，百官斋戒受质。然后休老劳农，成岁事，制国用。"黄以周《礼书通故》："以《尚书·立政》、《伏书·夏传》、《戴记·曲礼》诸文参之，此盖殷制也。夏重司空，以司空公领司空，而上兼百揆。其司马公领司马，而又兼司寇。司徒公领司徒，而又兼秩宗。五官之职，以三公统摄之，是谓三宅。成汤因之。故《书·立政》曰：'三有宅，克即宅。'此所谓大司徒、大司马、大司空者，即司徒公、司马公、司空公也。殷重司徒，故以大司徒、大司马、大司空为次。大乐正为殷之宗伯，大司徒领司徒，亦兼宗伯。故大乐正之质，从大司徒。大司马领司马，亦兼司寇，故大司寇之质，从大司马。大司空领司空，亦兼市，故市之质，从大司空。《曲礼》记殷五官之制，曰司徒、司马、司空、司士、司寇。司士，《左传》作司事，盖即周之宗伯，此又谓之大乐正。于大司徒三官之外，又曰大乐正、大司寇者，明五官之制也。市本小官，故不言大，特欲配下大司空举之耳。大乐正、大司寇、市之质，必从于大司徒、大司马、大司空者，明殷之五官亦如夏制，以三公统摄之也。司会为冢宰之属，冢宰即太宰。《曲礼》记殷官制，天官太宰，不与五官分职。故此司会之质，别受于冢宰，不从于大司徒三官。至周乃以太宰与五官同分职者，殷、周制之别也。"

（十）司空制地之法。

《王制》："司空执度度地，居民山川沮泽，时四时，量地远近，兴事任力……凡居民材，必因天地寒暖燥湿，广谷大川异制，民生其间者异俗，刚柔轻重迟速异齐，五味异和，器械异制，衣服异宜。修其教不易其俗，齐其政不易其宜……凡居民，量地以制邑，度地以居民。地邑民居，必参相得也。无旷土，无游民，食节事时，民咸安其居，乐事劝功，尊君亲上，然后兴学。"皮锡瑞《王制笺》："案司空，依今文说当为三公之司空，不当为六卿之司空。《韩诗外传》曰：'三公者何？

曰司空、司马、司徒也。'司马主天，司空主土，司徒主人。《汉书·百官公卿表》同。《白虎通·封公侯》篇曰：'司马主兵，司徒主人，司空主地。'引《别名记》同。《御览》引《书大传》曰：'沟渎壅遏，水为民害，则责之司空。'《论衡》引《书大传》曰：'城郭不缮，沟池不修，水泉不降，水为民害，则责于地公。'盖司空一曰地公，正掌度地量地之事。此夏、殷官制与周官六卿不同者也。"

（十一）司徒及乐正教民之法。

《王制》："司徒修六礼以节民性，明七教以兴民德，齐八政以防淫，一道德以同俗，养耆老以致孝，恤孤独以逮不足。上贤以崇德，简不肖以绌恶。命乡简不帅教者以告。耆老皆朝于庠。元日，习射上功，习乡上齿，大司徒帅国之俊士与执事焉。不变，命国之右乡简不帅教者移之左，命国之左乡简不帅教者移之右，如初礼。不变，移之郊，如初礼。不变，移之遂，如初礼。不变，屏之远方，终身不齿。命乡论秀士，升之司徒，曰选士。司徒论选士之秀者而升之学，曰俊士。升于司徒者不征于乡，升于学者不征于司徒，曰造士。乐正崇四术，立四教，顺先王诗、书、礼、乐以造士。春秋教以礼、乐，冬夏教以诗、书。王太子、王子，群后之太子，卿大夫、元士之适子，国之俊、选，皆造焉。凡入学以齿。将出学，小胥、大胥、小乐正，简不帅教者以告于大乐正。大乐正以告于王。王命三公、九卿、大夫、元士皆入学。不变，王亲视学。不变，王三曰不举，屏之远方。西方曰棘，东方曰寄，终身不齿。大乐正论造士之秀者以告于王，而升诸司马，曰进士。"（《正义》："熊氏以为此中年举者，为殷礼。"）"天子命之教，然后为学。小学在公宫南之左，大学在郊。天子曰辟雍，诸侯曰頖宫。"郑玄曰："此小学大学，殷之制。"

（十二）司马官人之法。

《王制》："司马辩论官材，论进士之贤者以告于王而定其论。论定，然后官之。任官，然后爵之。位定，然后禄之。……有发，则命大司徒教士以车甲。凡执技论力，通四方，裸股肱，决射御。凡执技以事上者，祝、史、射、御、医、卜及百工。凡执技以事上者，不贰事，不移官。"皮锡瑞《王制笺》："案今文家说，司马主天，谓之天官，其位最尊。故进退人才皆由司马。《周官》司马专主武事，与此不同也。"

（十三）司寇正刑明辟之法。

《王制》："司寇正刑明辟，以听狱讼，必三刺。有旨无简不听。附从轻，赦从重。凡制五刑，必即天论，邮罚丽于事。凡听五刑之讼，必原父子之亲，立君臣之义，以权之。意论轻重之序，慎测浅深之量，以别之。悉其聪明，致其忠爱，以尽之。疑狱，泛与众共之，众疑，赦之。必察小大之比以成之。成狱辞，史以狱辞告于正，正听之。正以狱成告于大司寇，大司寇听之棘木之下。大司寇以狱之成告于王，王命三公参听之。三公以狱之成告于王，王三又然后制刑。凡作刑罚，轻无赦。……析言破律，乱名改作，执左道以乱政，杀。作淫声异服、奇技奇器以疑众，杀。行伪而坚，言伪而辩，学非而博，顺非而泽以疑众，杀。假于鬼神、时日、卜筮以疑众，杀。此四诛者，不以听。凡执禁以齐众，不赦过。"

（十四）田里关市之法。

《王制》："古者，公田籍而不税，市廛而不税，关讥而不征，林麓川泽以时入而不禁。夫圭田无征。""圭璧金璋不粥于市，命服命车不粥于市，宗庙之器不粥于市，牺牲不粥于市，戎器不粥于市，用器不中度不粥于市，兵车不中度不粥于市……锦文珠玉成器不粥于市，衣服饮食不粥于市，五谷不时，果实未熟不粥于市，木不中伐不粥于市，禽兽鱼鳖不中杀不粥于市。关执禁以讥，禁异服，识异言。"郑玄曰："古者，谓殷时。"孔颖达曰："此王制多是殷法。"

上十四则，见于《尔雅》者一，《小戴记·曲礼》者一，《王制》者十二。其谓为殷制者，皆以其与周制不合，故用反证之法，以为殷制。夫《商颂》之"九围"、"九有"，既未言其异于夏、周，《殷祝》称诸侯三千，何以九州仅容千八百国？其余诸制亦多可疑。卢植谓《王制》为汉文帝博士诸生所作。郑玄谓《王制》之作在周赧王之后，其时距殷甚远，固不待言。俞樾、皮锡瑞谓《王制》为孔氏之遗书，七十子后学者所记，当亦未必尽弃周制而远法殷商。刘师培纂《中国历史教科书》直以《王制》所云悉属殷制，使学者据以为说，不复究其由来，则袭谬沿讹，其误非浅矣。愚意《王制》之言自属周、秦间学者理想中之制度，第此等理想亦必有其由来。今文家所谓变周之文从殷之质者，故非无见。兹列数证以明其虽非完全殷制，亦可借以推测殷代制度之梗概焉。

（一）诸侯国数。封建诸侯，自不能如布子于棋局，一一恰合其数。然殷末诸侯之数，似亦有一千七八百国。《史记·殷本纪》："周武王之东伐至盟津，诸侯叛殷会周者八百。"《逸周书·世俘篇》："武王遂征四方，凡憝国九十有九，凡服国六百五十有二。"以此计之，已有一千五百余国，其他岂无中立而不亡者？则谓殷之诸侯由三千而渐少至千八百国，亦理所宜有也。

（二）当时官制。《史记·殷本纪》："纣以西伯昌、九侯、鄂侯为三公。"是殷之尊官为三公也。《书·牧誓》周官司徒、司马、司空下，即称"亚旅"、"师氏"，以司徒、司马、司空为三公，与诸大夫有别也。当时周室之制必与殷制相近，故解《王制》者谓司徒、司马、司空为殷之三公，非傅会也。

（三）殷之重刑。商人先罚而后赏，故刑罚最严。《书·多方》曰："乃惟成汤，克以尔多方，简代夏作民主。慎厥丽乃劝，厥民刑用劝，以至于帝乙，罔不明德慎罚，亦克用劝。要囚，殄戮多罪，亦克用劝。开释无辜，亦克用劝。"以此言衡《王制》，则司寇之正罚明辟，似亦本于殷。且《墨子》称"汤有官刑"，《荀子》言"刑名从商"。刑名之严，殆自商始。《王制》以"析言破律，乱名改作"为大罪，其以此欤？

（四）关市田赋之制。《孟子》："殷人七十而助。"助者，借也。与"公田借而不税"之说合。又称"文王治岐，耕者九一，关市讥而不征，泽梁无禁”，亦殷末之事。《逸周书·大匡篇》：
“无粥熟，无室市。”所谓粥熟，即饮食之成熟者，所谓室市，即
室中各物皆取于市也。此殷之市禁行之于周者，特不如《王制》
之详耳。

　　大抵人类之思想不外吸集、蜕化两途。列国交通，则吸集于
外者富；一国独立，则蜕化于前者多。三代制度虽有变迁，而后
之承前大都出于蜕化。即降至秦、汉学者，分别质文，要亦不过
集合过去之思想为之整理而引申，必不能谓从前绝无此等影响，
而后之人突然建立一说，乃亦条理秩然，幻成一乌托邦之制度。
故谓《王制》完全系述殷制未免为郑、孔所愚，而举其说一概抹
杀，谓其绝无若干成分由殷之制度绅绎而生者，亦未免失之武
断也。

第十八章　周室之勃兴

夏、商以降，史料渐丰，周之文化，烂焉可观。《周书》四十篇，今存者二十篇：

> 《泰誓》三篇（今存而不全）、《牧誓》（今存）、《武成》、《鸿范》（今存）、《分器》、《旅獒》、《旅巢命》、《金滕》（今存）、《大诰》（今存）、《微子之命》、《归禾》、《嘉禾》、《康诰》（今存）、《酒诰》（今存）、《梓材》（今存）、《召诰》（今存）、《洛诰》（今存）、《多士》（今存）、《无逸》（今存）、《君奭》（今存）、《成王征》、《将蒲姑》、《多方》（今存）、《周官》、《立政》（今存）、《贿肃慎之命》、《亳姑》、《君陈》、《顾命》（今存）、《毕命》、《丰刑》、《君牙》、《冏命》、《蔡仲之命》、《费誓》（今存）、《吕刑》（今存）、《文侯之命》（今存）、《秦誓》（今存）。

其逸者，复存五十九篇：

> 《汉书·艺文志》："《周书》七十一篇。"《逸周书集训校释序》（朱右曾）："《周书》称逸，昉《说文》，系之《汲冢》，自《隋书·经籍志》。《隋志》之失，先儒辨之，不逸而逸，无以别于逸《尚书》，故宜复《汉

志》之旧题也，其书存者五十九篇，并序，为六十篇。较《汉志》篇数亡其十有一焉。""师古云：'其存者四十五篇。'师古之后，又亡其三。然晋、唐之世，书有二本。刘知几《史通》云：'《周书》七十一章，上自文、武。下终灵、景。'不言有所阙佚，与师古说殊。《唐书·艺文志》：《汲冢周书》十卷，孔晁注，《周书》八卷。二本并列，尤明征也。其合四十二篇之注于七十一篇之本，而亡其十一篇者，未知何代，要在唐以后矣。"

其诗之存者，三百篇。

> 《史记·孔子世家》："古者诗三千余篇……去其重，取其可施于礼义者……三百五篇。"

而他书之相传为文王、周公所作，以及史家所记，诸子所述者尤夥，较之夏、商之文献无征，不可同日而语也。

周室之兴基于农业，此可以《诗》之《生民》、《七月》、《公刘》、《思文》诸诗见之，无俟深论。公刘居豳之时，仅有庐馆宫室及公堂。

> 《诗·笃公刘》："于时庐旅。""于豳斯馆。"
> 《诗·七月》："上入执宫功。""入此室处。""跻彼公堂。"

至太王迁岐，始大营城郭宫室。

《诗·绵》："古公亶父，陶复陶穴。未有家室。……
乃召司空，乃召司徒，俾立室家。""捄之陾陾，度之薨
薨。筑之登登，削屡冯冯。百堵皆兴，鼛鼓弗胜。乃立
皋门，皋门有伉。乃立应门，应门将将。乃立冢土，戎
丑攸行。"

故周之开基，断自太王。太王以前之世系，且不可深考，其事迹
更茫昧矣。

《国语》："自后稷之始基靖民，十五王而文始
平之。"

《史记志疑》（梁玉绳）："契十三传为汤，稷十三
传为王季，则汤与王季为兄弟矣。而禹、契、稷三圣，
共事尧、舜，禹十七传至桀，汤三十七传至纣，二代凡
千余年。而稷至武王才十六传，历尽夏、商之世。武王
竟以十四世祖伐十四世孙，其谁信之？"

太王之迁岐，《诗》不言其何故，但述其走马而来。

《诗·绵》："古公亶父，来朝走马。率西水浒，至
于岐下。爰及姜女，聿来胥宇。"

疑殷商时多行国，故择地而迁，行所无事。而诸书言古公避狄，
其言至有理想。

《通鉴外纪》："薰育狄人来攻，古公事之以皮币、
犬马、珠玉、菽粟、财货，不得免焉，狄人又欲土地。

古公曰：'与之。'耆老曰：'君不为社稷乎？'古公曰：
'社稷所以为民也，不可以所谓亡民也。'耆老曰：'君
不为宗庙乎？'公曰：'宗庙吾私也，不可以私害民。
夫有民立君，将以利之。与人之兄居而杀其弟，与人之
父居而杀其子，以其所养，害所养，吾不忍也。民之
在我与在彼，为吾臣与狄人臣，奚以异哉？二三子何
患乎无君？'杖策而去，率其私属，出豳，渡漆沮，逾
梁山，邑于岐山之阳，始改国曰周。豳人曰：'仁人之
君，不可失也。'举国扶老携弱从之者二千乘，一止而
成三千户之邑。旁国闻其仁，亦多归之。古公乃贬戎狄
之俗，营筑城郭室屋而邑别居之。作五官，有司，民皆
歌乐颂其德。"

以之较今之持国家主义，杀人流血无所不至者，相去远矣。

殷商之世，教育发达，其人才多聚于周，而周遂勃兴（此如
西汉之季王莽兴学，而其人才为东汉之用之例。盖殷商、新汉，
皆帝王家族之分别，而一国之人不限于一时代也）。观《周书》、
《史记》之言，周实多得商之人才。

《君奭》："惟文王尚克修和我有夏，亦惟有若虢叔，
有若闳夭，有若散宜生，有若泰颠，有若南宫括。""武
王惟兹四人，尚迪有禄。"

《史记·周本纪》："文王礼下贤者，日中不暇食以
待士，士以此多归之。伯夷、叔齐、太颠、闳夭、散宜
生、鬻子、辛甲大夫之徒，皆往归之。"

下至陶冶柯匠之徒，亦为所用。

《逸周书·文酌篇》："十二来：一弓，二矢、归射，三轮，四舆、归御，五鲍，六鱼、归蓄，七陶，八冶、归灶，九柯，十匠、归林，十一竹，十二箅、归时。"

故周之士夫、野人，咸有才德。

《诗·棫朴》："奉璋峨峨，髦士攸宜。"《诗·兔罝》："肃肃兔罝，椓之丁丁。赳赳武夫，公侯干城。"

诗人但美归于文王后妃之化，尚未推见其远源也。且殷、周之际，不独男子多受教育，即女子亦多受教育者。如周之三母：

《列女传》："周室三母者，太姜、太任、太姒。太姜者，王季之母，有台氏之女。太王娶以为妃，贞训率导，靡有过失。太王谋事迁徙，必与太姜。君子谓太姜广于德教。太任者，文王之母，挚任氏中女也。王季娶为妃。太任之性，端一诚庄，惟德之行。及其有娠，目不视恶色，耳不听淫声，口不出敖言，能以胎教。溲于豕牢而生文王。王生而明圣，太任教之，以一而识百。太姒者，武王之母，禹后有莘姒氏之女。仁而明道，文王嘉之，亲迎于渭，造舟为梁。及入太姒，思媚太姜、太任，旦夕勤劳，以进妇道。太姒号曰文母。文王治外，文母治内，教诲十子，自少及长，未尝见邪辟之事。及其长，文王继而教之，卒成武王、周公之德。"

《史记·周本纪》："太姜生少子季历，季历娶太任，皆贤妇人。"

当皆受殷之侯国之教育，非受教于周者也。周之妇女，被后妃之化，亦能赋诗守礼。其时女子教育之盛可知。

《诗·汝坟》："遵彼汝坟，伐其条枚。未见君子，惄如调饥。遵彼汝坟，伐其条肄。既见君子，不我遐弃。鲂鱼赪尾，王室如毁。虽则如毁，父母孔迩。"（《小序》："汝坟，道化行也。文王之化，行乎汝坟之国，妇人能闵其君子，犹勉之以正也。"）

《诗·行露》："厌浥行露，岂不夙夜？谓行多露。谁谓雀无角？何以穿我屋？谁谓女无家？何以速我狱？虽速我狱，室家不足。谁谓鼠无牙？何以穿我墉？谁谓女无家？何以速我讼？虽速我讼，亦不女从。"（《小序》："行露，召伯听讼也。衰乱之俗微，贞信之教兴，强暴之男，不能侵陵贞女也。"）

《列女传》："《周南》之妻者，周南大夫之妻也。大夫受命平治水土，过时不来，妻恐其懈于王事，乃作诗曰：'鲂鱼赪尾，王室如毁，父母孔迩。'盖不得已也。""《召南》申女者，申人之女也。既许嫁于酆，夫家礼不备而欲迎之。女与其人言，以为夫妇者，人伦之始也，不可以不正。夫家轻礼达欲，不可以行，遂不肯往。夫家讼之于理，致之于狱。女终以一物不具，一礼不备，守节持义，必死不往，而作诗曰：'虽速我狱，室家不足。'言夫家之礼不备作也。"（按二《南》之诗，多言妇人女子之事。然不知其为女子自作，抑男子为女子而作？此二诗，则《毛诗》《鲁诗》皆以为女子自作，故引以证其时妇女能文。）

男女贵贱皆有才德，故其国俗丕变，虞、芮质成，相形而有惭色。

> 《诗·绵》："虞、芮质厥成，文王蹶厥生。"《毛传》："虞、芮之君，相与争田，久而不平。乃相谓曰：'西伯仁人也，盍往质焉？'乃相与朝周。入其境，则耕者让畔，行者让路；入其邑，男女异路，班白不提挈，入其朝，士让为大夫，大夫让为卿。二国之君感而相谓曰：'我等小人不可履君子之庭。'乃相让以其所争田而退。天下闻之而归者四十余国。"

此周室代商最大之原因。故知虽君主时代，亦非徒恃一二圣君贤相，即能崛起而日昌也。

虽然周之兴固有民德之盛，而文王、周公继世有才德，亦其主因之一。文王之德见于《书》者如：

> 《书·康诰》："文王克明德慎罚，不敢侮鳏寡，庸庸、祗祗、威威、显民。"《书·无逸》："文王卑服，即康功田功。徽柔懿恭，怀保小民，惠鲜鳏寡。自朝至于日中昃，不遑暇食，用咸和万民。文王不敢盘于游田，以庶邦惟正之供。"

见于《诗》者如：

> 《诗·文王》："穆穆文王，于缉熙敬止。"
>
> 《诗·大明》："维此文王，小心翼翼。昭事上帝，聿怀多福。厥德不回，以受方国。"

皆可见其人立身处事，处处敬慎之状。周公之性质，殆最似文王，其戒成王、康叔、召公及殷之士民，无在不含有戒慎恐惧之意。合观《诗》、《书》诸文，其原因盖有三端：

一则唐、虞以来相传之道德，皆以敬慎为主。如《皋陶谟》称"慎厥身修，兢兢业业"，《商颂》称"温恭朝夕，圣敬日跻"之类，皆从收敛抑制立论。似吾国国民性，自来以此为尚，与西人之崇尚自由发展者正相反对。文王、周公受累世之教育，秉国民之同性，故其言行若此。

一则历史事迹多可鉴戒，陈古刺今，时时危悚。如《召诰》曰："我不可不监于有夏，亦不可不监于有殷。我不敢知曰：有夏服天命，惟有历年。我不敢知曰：不其延，惟不敬厥德，乃早坠厥命。我不敢知曰：有殷受天命，惟有历年。我不敢知曰：不其延。惟不敬厥德，乃早坠厥命。"《诗·荡》曰"殷鉴不远，在夏后之世"之类，皆以前人之不德，为后人之鉴戒。故文王、周公之敬慎，即夏殷末造之君臣放恣纵肆之反感也。

一则自古以来寅畏天命，常以戒慎恐惧为事天引年之法。如《商颂》称"上帝是祗，帝命式于九围"，"天命降监，下民有严"之类，是商人之心理也。文王、周公承受此说，益以天命不常为惧。故昭事上帝必矢之以小心。后世儒家、道家、墨家畏天、法天、事天之说，皆本于此。周之《书》、《诗》言天、言上帝者，指不胜屈，其渊源甚远，并非后世儒者假称天命以恐吓帝王，盖自古相承之说。君相之贤者，时时以此自励自戒也。综观《诗》、《书》之文，虽似含有宗教之意，而以天为勉励道德之用，非以天为惑世愚民之用，亦与宗教有别。

文王、周公之学，以《易》之卦爻为最邃。

《史记·周本纪》："西伯盖即位五十年。其囚羑里，盖益《易》之八卦为六十四卦。"

《周易正义》："文王作卦辞，周公作爻辞。"

盖伏羲画卦之后，累世相传，有占卜之书。至文王时，乃演其辞，而名为《易》。

《系辞》："《易》之兴也，其当殷之末世，周之盛德耶？当文王与纣之事耶？"

《周礼》："太卜掌三《易》：一曰《连山》，二曰《归藏》，三曰《周易》。"

易，一名而含三义。

郑玄《易赞》："易，一名而含三义。易简，一也；变易，二也；不易，三也。"

有圣人之道四，不专为卜筮之用。

《系辞》："易，有圣人之道四焉，以言者尚其辞，以动者尚其变，以制器者尚其象，以卜筮者尚其占。"

故为吾国哲学书之首。夫以哲学家主持国政，是实吾国之特色也。

《中国哲学史》（谢无量）："希腊柏拉图著《新共和国》，谓当以哲学者宰制天下而出政教。盖仅出于想望，非谓必可见诸实事也。独吾国自羲、农以来以至

尧、舜，皆以一世之大哲，出任元首。故在中国历史
中，为治化最隆之世，后世靡得而几焉。"（按伏羲仅画
卦象，无文字。尧、舜仅修道德，亦无著作。以哲学家
宰制天下者，惟文王、周公耳。）

周公自称多材多艺。

《书·金縢》："予仁若考，能多材多艺。"

《尚书大传·康诰》称其"制礼作乐"。

《尚书大传》："周公居摄三年，制礼作乐……周公
将作礼乐，优游之三年不能作。君子耻其言而不见从，
耻其行而不见随。将大作，恐天下莫我知也。将小作，
恐不能扬父祖功业德泽。然后营洛，以观天下之心。于
是四方诸侯率其群党，各攻位于其庭。周公曰：'示
之以力役且犹至。况导之以礼乐乎？'然后敢作礼乐。
《书》曰：'作新大邑于东国雒，四方民大和会。'此之
谓也。"

其于《诗》，有《七月》、《鸱鸮》、《常棣》、《时迈》诸篇。

《诗·小序》："《七月》，陈王业也。周公遭变故，
陈后稷先公风化之所由致，王业之艰难也。""《鸱鸮》，
周公救乱也。成王未知周公之志，乃作诗以贻王，名之
曰《鸱鸮》焉。"

《国语·周语》："周文公之颂曰：'载戢干戈，载

櫜弓矢。""周文公之诗曰：'兄弟阋于墙，外御其侮。'"
据此，是《常棣》、《时迈》二诗，为周公之作，以《时
迈》为周文公之颂。度《周颂》诸篇多出于周公，特无
质言之者耳。

他若《春秋》凡例，

> 《春秋左传序》（杜预）："其发凡以言例，皆经国
> 之常制，周公之垂法，史书之旧章。"《正义》言："发
> 凡五十，皆是周公旧法。"

《尔雅·释诂》，

> 《西京杂记》（刘歆）："孔子教鲁哀公学《尔雅》。
> 《尔雅》之出远矣，旧传学者皆云周公所记也。"
> 《进广雅表》（张揖）："昔在周公，缵述唐、虞，
> 宗翼文、武，克定四海，勤相成王，六年制礼，以导天
> 下，著《尔雅》一篇。"
> 《释文》（陆德明）："《释诂》一篇，盖周公所作。"

其著作之多，前此所未有也。

三教改易，至周而尚文。盖文王、周公皆尚文德，故周之治
以文为主，其礼乐制度具详后篇。兹先述尚文之意。周之伐商，
既大用武力，

> 《史记·周本纪》："武王至于商郊……誓已，诸侯
> 兵会者车四千乘……纣闻武王来，亦发兵七十万人距

武王。"

　　《逸周书·克殷篇》："周车三百五十乘，陈于牧野。王既誓，以虎贲戎车驰商师，商师大崩。"

又伐诸国，征四方。

　　《逸周书·世俘篇》称吕他命伐越、戏方，侯来命伐靡集于陈，百弇命伐卫，陈本命伐磨，百韦命伐宣方，新荒命伐蜀，百韦命伐厉。又称武王遂征四方，凡憝国九十有九国，馘蘑亿有十万七千七百七十有九，俘人三亿万有二百三十，凡服国六百五十有二。

周非不尚武也，比天下大定，始以觌文匽武为大政方针。

　　《国语·周语》："祭公谋父谏曰：'不可。先生耀德不观兵。夫兵戢而时动，动则威，观则玩，玩则无震……先王之于民也，懋正其德而厚其性，阜其财求而利其器用，明利害之乡，以文修之，使务利而避害，怀德而畏威，故能保世以兹大。'""仓葛曰：'武不可觌，文不可匽，觌武无烈，匽文不昭。'"

其文教以礼乐为最重。《乐记》述其命意，略可推见当时之政术：

　　《乐记》："济河而西，马散之华山之阳而弗复乘；牛散之桃林之野而弗复服：车甲衅而藏之府库而弗复用。倒载干戈，包之以虎皮。将帅之士，使为诸侯，名之曰'建橐'。然后，天下知武王之不复用兵也。散军

> 而郊射，左射狸首，右射驺虞，而贯革之射息也；禅冕
> 搢笏，而虎贲之士说剑也。祀乎明堂而民知孝。朝觐，
> 然后诸侯知所以臣。耕藉，然后诸侯知所以敬。五者，
> 天下之大教也。食三老五更于太学，天子袒而割牲，执
> 酱而馈，执爵而酳，冕而总干，所以教诸侯之弟也。"

夫"倒载干戈"，"苞藏车甲"，似乎弭兵止戈矣，然"散军郊射"、"冕而总干"，仍以武事寓于文事之中。盖明示人以右文，而阴教人以习武，即所谓觌文而匿武也。周公教成王立政，以"诘尔戎兵"为言：

> 《立政》："其克诘尔戎兵，以陟禹之迹，方行天下，
> 至于海表，罔有不服。以觐文王之耿光，以扬武王之
> 大烈。"

而巡守告祭之《颂》，则称"戢干戈，櫜弓矢"。

> 《诗·时迈》："载戢干戈，载櫜弓矢。我求懿德，
> 肆于时夏。允王保之。"《小序·时迈》："巡守告祭柴
> 望也。"

其心盖深知武备国防之不可废。而开国之初，提倡尚武主义，则强藩列辟，日日称戈，其祸将不可止。不得已而为折衷之法，务以文化戢天下人之野心，其旨深矣！

第十九章　周之礼制

周之文化，以礼为渊海，集前古之大成，开后来之政教。其著于典籍者，虽经秦火，所存犹夥。《汉书·艺文志》具存其目：

> 《礼古经》五十六卷，《经》十七篇。《周官经》
> 六篇。

后世以十七篇之《经》为《仪礼》，六篇之《周官》为《周礼》。

> 《汉纪》（荀悦）："刘歆奏请《周官》六篇列之于
> 《经》，为《周礼》。"
>
> 《经典释文序录》（陆德明）："刘歆建立《周官经》，
> 以为《周礼》。"
>
> 《晋书·荀崧传》："崧上疏，请置郑《仪礼》博士
> 一人。"

其《古经》五十六卷，自十七篇外，谓之《逸礼》。

> 《礼记正义》（孔颖达）："郑云：《逸礼》者，《汉
> 书·艺文志》云，汉始于鲁淹中得古《礼》五十七篇，
> 其十七篇与今《仪礼》正同，其余四十篇，藏在秘府，

谓之《逸礼》，其《投壶礼》亦此类也。"

而《周官》复亡一篇。

> 《经典释文序录》："河间献王开献书之路，时有李
> 氏上《周官》五篇，失《事官》一篇，乃购千金不得，
> 取《考工记》以补之。"

治周史者得《周官》五篇、《礼经》十七篇及汉世大小戴所
传之《逸经古记》可以推见有周礼制，讨论其国家社会组织之
法，与掇拾夏、商典制，仅能仿象于万一者，迥乎不同矣。虽
然，此诸书者，自汉代流传至于今日，固为至可宝贵之史料，而
其书为何时何人之作，则异说殊多。或谓《礼经》、《周官》皆周
公所作。

> 《仪礼疏序》（贾公彦）："《周礼》、《仪礼》发源
> 是一，理有终始，分为二部。并是周公摄政太平之书。"
> 《序周礼废兴》："《周官》孝武之时始出，秘而不
> 传。既出于山岩屋壁，复入于秘府。五家之儒，莫得见
> 焉。至孝成皇帝，达才通人刘向子歆校理秘书，始得列
> 序，著于《录》、《略》。时众儒并出，共排以为非是，
> 惟歆独识，知周公致太平之迹，具在于斯。"

或谓《仪礼》为孔子所作。

> 《三礼通论》（皮锡瑞）："《周礼》、《仪礼》，说者
> 以为并出周公。案以《周礼》为周公作，固非，以《仪

礼》为周公作，亦未是也。《礼》十七篇，盖孔子所定。《杂记》云：'恤由之丧，哀公使孺悲之孔子学士丧礼，《士丧礼》于是乎书。'据此，则《士丧》出于孔子，其余篇亦出于孔子可知。"

或谓《周官》为末世渎乱不验之书，及六国阴谋之书。

《序周礼废兴》（贾公彦）："林孝存以为武帝知《周官》末世渎乱不验之书，故作《十论》、《七难》以排弃之。何休亦以为六国阴谋之书，唯有郑玄遍览群经，知《周礼》者，乃周公致太平之迹，故能答林硕之论难，使《周礼》义得条通。"

故近人以《仪礼》为儒家所创，谓之为种种怪现状，种种极琐细的仪文。而《周礼》之为伪书，更不措意。按礼非制于孔子，章炳麟驳皮氏书具言之。

《孔子制礼驳议》："《礼》五十六篇，皆周公旧制。《记》言'哀公使孺悲之孔子学士丧礼，《士丧礼》于是乎书'者，谓旧礼崩坏，自此复著竹帛。故言书，不言作。《丧服》礼兼上下，又非士丧之篇，文不相涉。《礼记·檀弓》曰：'鲁人有朝祥而暮歌者，子路笑之。'夫子曰：'三年之丧，亦以久矣夫！'言其久不行也。若自孔子始作者，当云三年之丧，创法自我，不可以责未闻者。何乃言久不行耶？《檀弓》又曰：'衰，与其不当物也，宁无衰。'然则自斩衰三升，下至缌麻十五升抽其半，其为精粗异度，繁碎亦甚矣。独有制礼自上，民胥效法，故织纴之家，素备其式。假自孔子制之者，纵令遍行鲁国，自适士以至府史，胤族犹当万数，仓卒制之，何由得布？若不自置邸店，亲课女红，布缕既不中程，则衰无以当物，唐为文具，将安设施？此则自卫反鲁，五年之中，专为缝人贾贩，犹惧不给，固无删述《六经》之暇矣。又若制礼昉于孔氏，冠、昏、朝聘以及祭享，其事犹多，哀公不以问孔子，独问士丧，孔子又本不作《士丧礼》，待哀公问然后发之，君则失偏，臣则失缺，其违于事情远矣。即若是者，《礼记·曾子问》篇，孔子自说从老聃受《礼》，宁知今之《礼经》非老聃制之耶？墨子《节葬》、《非儒》，以是专责儒者，此由丧礼废缺，独儒者犹依其法，故名实专归之。古者刑书本无短丧之罚，故得人人自便，弗可禁止，非直晚周也。汉世晁错、翟进为三公，遭丧犹不去官，若以周公时未有丧制，故晚周无三年服，汉世士礼既行，何以持服者寡乎？见晚周无持斋斩者，即云丧礼自孔子制，见汉世无持斋斩者，复可云丧礼自二戴制之邪？"

其仪文度数之中所寓之精义，则《戴记》《冠》《婚》《丧》《祭》诸义发挥最为透辟。其坊民淑世，非若希腊教偷、罗马斗兽之野蛮也。今世纵不能行其法，不当文致为儒家之过而诋毁之。观韩愈之论则知所折衷矣。

《读仪礼》（韩愈）："余尝苦《仪礼》难读，又其行于今者盖寡，沿袭不同，复之无由，考于今，诚无所用之。然文王、周公之法制粗在于是。孔子曰吾从周，谓其文章之盛也。古书之存者希矣，百氏杂家，尚有可取，况圣人之制度耶？"

《周礼》之制度多与他书不同，故攻击者尤众。然前人之攻击之者，亦多认为周制。

> 《周礼问》（毛奇龄）："《周礼》一书出自战国，断断非周公所作，予岂不晓？然周制全亡，所赖以略见大意，只此《周礼》、《仪礼》、《礼记》三经。以其所见者虽不无参臆，而其为周制则尚居十七。此在有心古学，方护卫不暇，而欲进绝之，则饩羊尽亡矣。"
>
> 《礼经通论》（皮锡瑞）："孔子谓殷因夏礼、周因殷礼，皆有损益。《乐记》云：三王异世，不相袭礼。是一代之制度，不必尽袭前代。改制度，易服色，殊徽号，礼有明征。非特后代之兴必变易前代也，即一代之制度，亦历久而必变。周享国最久，必无历八百年而制度全无变易者。三《礼》所载，皆周礼也。《礼经》十七篇为孔子所定，其余盖出孔子之后，学者各记所闻。而亦必当时实有此制度，非能凭空撰造。"

以其非有来历断不能冥思臆造，创为此等宏纲细目之书也。周、秦、西汉著书者多矣，孔、孟、管、墨、商君、荀卿以及董仲舒、刘歆辈，皆有意于创立法制。今其书之存者，或第言立法之意，或粗举治国之方，无一书能包举天下万事万物，一一为之区分条理，而又贯串联络秩然不紊如《周官》者。后世之《六典》、《会典》等，以有《周官》为之模范，故易于着手，然犹不能及其精微。学者试思为《周官》者，当具何等经验、思想、学力，而后能成此书乎？古今中外政治家、哲学家著书立说，大都徒托空言，不能见之于实行。然学者称举其说，犹许其代表一时代之文化。故《周官》之说即令未尝实行，仅属于一个人之理想，然此一个人之理想产生于此时代，已足令人惊诧，矧其官守法意，降至春秋、战国，犹多遗迹可寻乎！汪中作《周官征文》，以《逸周书》穆王作《职方》为证：

> 《述学·周官征文》："或曰：《周官》，周公所定。而言穆王作《职方》何也？曰：赋诗之义，有造篇，有述古，夫作亦犹是也。召穆公纠合宗族于成周，而作《常棣》之诗，则述古亦谓之作。详《职方》、《大司乐》二条，知《周官》之文各官皆分载其一，以为官法。故每职之下，皆系曰掌。而太宰建之，以为《六典》，则合为一书。穆王作之，特申其告诫，俾举其职尔。"

则此书实成、康、昭、穆以来王官世守之旧典，以之言西周之文化，固非托古改制之比也。

《仪礼》十七篇所言者为冠、婚、丧、祭、射、乡、朝、聘八目。《周官》则经纬万端。兹择其要者，以次列举于后。

第一节　国土之区画

国土之区画，分以下四种：

（一）九州。九州之区画，自古已然。而周之区画，兼研究其民物之事利，其调查统计盖较《禹贡》为详。

> 《周官·职方氏》："东南曰扬州，其山镇曰会稽，其泽薮曰具区，其川三江，其浸五湖，其利金、锡、竹、

箭，其民二男五女，其畜宜鸟兽，其谷宜稻。正南曰荆州，其山镇曰衡山，其泽薮曰云梦，其川江、汉，其浸颖、湛，其利丹、银、齿、革，其民一男二女，其畜宜鸟兽，其谷宜稻。河南曰豫州，其山镇曰华山，其泽薮曰圃田，其川荥、洛，其浸波、溠，其利林、漆、丝、枲，其民二男三女，其畜宜六扰，其谷宜五种。正东曰青州，其山镇曰沂山，其泽薮曰望诸，其川淮、泗，其浸沂、沭，其利蒲鱼，其民二男三女，其畜宜鸡狗，其谷宜稻麦。河东曰兖州，其山镇曰岱山，其泽薮曰大野，其川河、泲，其浸庐、维，其利蒲鱼，其民二男三女，其畜宜六扰，其谷宜四种。正西曰雍州，其山镇曰岳山，其泽薮曰弦蒲，其川泾、汭，其浸渭、洛，其利玉石，其民三男二女，其畜宜牛马，其谷宜黍稷。东北曰幽州，其山镇曰医无闾，其泽薮曰貕养，其川河、泲，其浸菑、时，其利鱼、盐，其民一男三女，其畜宜四扰，其各宜三种。河内曰冀州，其山镇曰霍山，其泽薮曰扬纡，其川漳，其浸汾、潞，其利松柏，其民五男三女，其畜宜牛羊，其谷宜黍稷。正北曰并州，其山镇曰恒山，其泽薮曰昭余祁，其川呼池、呕夷，其浸涞、易，其利布帛，其民二男二女，其畜宜五扰，其谷宜五种。"

《禹贡》专言贡物，犹专为王侯立法，《职方》注重民利，则周代重民之证也。

（二）畿服。畿服之制亦沿于古，惟商时犹仅五服，至周而斥大之，为九畿，亦曰九服。

《周官·大司马》："乃以九畿之籍，施邦国之政职，

方千里曰国畿，其外方五百里曰侯畿，又其外方五百里
曰甸畿，又其外方五百里曰男畿，又其外方五百里曰采
畿，又其外方五百里曰卫畿，又其外方五百里曰蛮畿，
又其外方五百里曰夷畿，又其外方五百里曰镇畿，又
其外方五百里曰蕃畿。"《职方氏》："乃辨九服之邦国，
方千里曰王畿，又其外方五百里曰侯服，又其外方五百里
曰甸服，又其外方五百里曰男服，又其外方五百里曰采
服，又其外方五百里曰卫服，又其外方五百里曰蛮服，
又其外方五百里曰夷服，又其外方五百里曰镇服，又其
外方五百里曰藩服。"

其地之广袤参考刘师培《古代要服建国考》，章炳麟《封建考》，
可得其概。

（三）封国。周之封国，为说经家聚讼之要点。然其国境，
大者不过后世之一府，小者乃等于州县，无足异也。

《周官·大司徒》："凡建邦国，以土圭土其地而制
其域。诸公之地，封疆方五百里，其食者半。诸侯之
地，封疆方四百里，其食者参之一。诸伯之地，封疆
方三百里，其食者参之一。诸子之地，封疆方二百里，
其食者四之一。诸男之地，封疆方百里，其食者四之
一。"《职方氏》："凡邦国，千里封公，以方五百里则
四公，方四百里则六侯，方三百里则七伯，方二百里
则二十五子，方百里则百男，以周知天下。凡邦国小
大相维。"

（四）王畿之区画。王畿方千里，四面各五百里，节次分之，其

名甚多。

> 《周官·载师》："以廛里任国中之地，以场圃任园
> 地，以宅田、士田、贾田任近郊之地，以官田、牛田、
> 赏田、牧田任远郊之地，以公邑之田任甸地，以家邑
> 之田任稍地，以小都之田任县地，以大都之田任疆地。"
> 郑《注》："五十里为近郊，百里为远郊。"贾《疏》：
> "自百里以至邦国，分为五等：二百里曰甸，三百里曰
> 稍，四百里曰县，五百里曰都，畿外邦国。"

郊有六乡，甸有六遂，其制详后。

《周官》一书，虽不过官制、官规之性质，然六官之开端，
皆以治地为言。

> 《周官·天官冢宰》："惟王建国，辨方正位，体国
> 经野，设官分职，以为民极。"（按《地官》、《春官》、《夏
> 官》、《秋官》皆同）贾《疏》："六官皆有此叙者，欲
> 见六官所主虽异，以为民极是同故也。"

故观《周官》，可知其时所最重者，实惟辨方正位，体国经野之
事。右列之区画，散见于诸官者，似徒为此繁复之名数，而无益
于政治。然观其对于版图、测量、土壤、民物一一经画研究，则
知周之治地，非徒注意于名数而已也。周之版图，大别有三：

（一）总图。其图盖具全国之形势，兼注明其民族物产者，
虽其文未言图中符号比例若何，然其有比例符号殆无可疑。如：

> 《周官·大司徒》："掌建邦之土地之图与其人民之

数，以佐王安抚邦国。以天下土地之图，周知九州之地
域广轮之数，辨其山林、川泽、丘陵、坟衍、原隰之名
物。"《土训》："掌道地图，以诏地事。道地慝，以辨
地物，而原其生，以诏地求。"《司险》："掌九州之图，
以周知其山林、川泽之阻，而达其道路。"《职方氏》：
"掌天下之图，以掌天下之地，辨其邦国、都鄙、四夷、
八蛮、七闽、九貉、五戎、六狄之人民，与其财用、九
谷、六畜之数要，周知其利害。"《司书》："掌邦中之
版，土地之图，以周知出入百物，以叙其财。"

其图有广轮之数，且有九谷、六畜之数，则不但有比例，兼
似附有物产统计表矣。周之官吏据此等图表，以经画天下，其非
空言可知。

（二）分图。其图殆如今之一县一乡之图，可据以决狱讼，
且可以定各地之形体，视总图尤有实用。如：

《周官·小宰》："以官府之八成经邦治……三曰听
闾里以版图。"《小司徒》："凡民讼，以地比正之。地
讼，以图正之。"《遂人》："掌邦之野，以土地之图经
田野，造县鄙形体之法。"

县鄙形体，据图以造，则其规画非徒理想，而必按照各地毗连之
形势审慎出之，又可知矣。

（三）专图。其图各以一事一地为之，不涉他地他事。如：

《周官·冢人》："掌公墓之地，辨其兆域，而为之
图。"《墓大夫》："掌凡邦墓之地域，为之图。"

> 《卝人》："掌金玉锡石之地……若以时取之，则物
> 其地图而授之。"

据此，知周代官府地图之多，地治之精密，实基于此。然徒观地图，无以知地之方位气象，则测量尤绘图之先之所重矣。周之诸官掌测量者，如：

> 《周官·大司徒》："以土圭之法测土深，正日景，以求地中。日南，则景短，多暑。日北，则景长，多寒。日东，则景夕，多风。日西，则景朝，多阴。"《土方氏》："掌土圭之法以致日景，以土地相宅而建邦国都鄙，以辨土宜土化之法，而授任地者。"

其法可与《考工记》参观，

> 《考工记》："匠人建国，水地以县，置槷以县，视以景。为规识日出之景与日入之景，昼参诸日中之景，夜考之极星，以正朝夕。"

朝夕测日，夜则测星，既辨方位，兼审土宜。其建邦国都鄙之慎重若此，于地事似已尽心为之矣。然司徒犹有土会、土宜、土均之法，正不止土圭一法也。

> 《周官·大司徒》："以土会之法，辨五地之物生。一曰山林，其动物宜毛物，其植物宜皂物，其民毛而方。二曰川泽，其动物宜鳞物，其植物宜膏物，其民黑而津。三曰丘陵，其动物宜羽物，其植物宜核物，其民

专而长。四曰坟衍，其动物宜介物，其植物宜荚物，其民晳而瘠。五曰原隰，其动物宜裸物，其植物宜丛物，其民丰肉而庳。""以土宜之法辨十有二土之名物，以相民宅，而知其利害，以阜人民，以蕃鸟兽，以毓草木，以任土事。辨十有二壤之物而知其种，以教稼穑树艺。""以土均之法辨五物九等，制天下之地征，以作民职，以令地贡，以敛财赋，以均齐天下之政。"

分析土壤，剖辨物种，而民生国政于是乎定。盖人民犹建筑物，土地则其基址，基址未能辨别，建筑物无从著手。周之施政，注重地治，其条理精密若此，此固前古所无，抑亦汉、唐迄今所未能逮也。世人谓吾国研究地学，始于裴秀、贾耽等人，然观晋、唐诸史之言，其于《周官》之制殆不过万分之一。故吾国文明，在周实已达最高之度，嗣又渐降而渐进，至今，则古制澌灭殆尽，而后群诧域外之文明。试即周代治地诸法思之，得谓其时无此事实，而一人撰造伪书，乃能穿穴诸官。使一一相应若此耶？

第二节　官吏之职掌

国家社会未达无治主义之时代，行政官吏在所必设。设之，则必有阶级等差，此天下万国所同也。吾国历代官制虽时有变迁，而其源大都出于《周官》，故周之设官分职，亦为治史者所必措意。周之官吏，分朝命及辟除二途。

《周官·大宗伯》："以九仪之命，正邦国之位。壹命受职，再命受服，三命受位，四命受器，五命赐则，六命赐官，七命赐国，八命作牧，九命作伯。"

大抵自一命为正吏，至六命赐官，为卿、中大夫、下大夫、上士、中士、下士六等。六命之上则诸侯之等级，其辟除或给徭役者，曰府、曰史、曰胥、曰徒。

《周官·小宰》："宰夫掌百官府之征令……五曰府，掌官契以治藏。六曰史，掌官书以赞治。七曰胥，掌官叙以治叙。八曰徒，掌官令以征令。"《天官》郑《注》："府，治藏；史，掌书者。凡府、史皆其官长所自辟除，胥、徒皆民给徭役者。胥有才知，为什长。"

官制之大纲分为六属。

《周官·小宰》："以官府之六属，举邦治。一曰天官，其属六十，掌邦治，大事则从其长，小事则专达。二曰地官，其属六十，掌邦教，大事则从其长，小事则专达。三曰春官，其属六十，掌邦礼，大事则从其长，小事则专达。四曰夏官，其属六十，掌邦政，大事则从其长，小事则专达。五曰秋官，其属六十，掌邦刑，大事则从其长，小事则专达。六曰冬官，其属六十，掌邦事，大事则从其长，小事则专达。""以官府之六职辨邦治。一曰治职，以平邦国，以均万民，以节财用。二曰教职，以安邦国，以宁万民，以怀宾客。三曰礼职，以和邦国，以谐万民，以事鬼神。四曰政职，以服邦国，以正万民，以聚百物。五曰刑职，以诘邦国，以纠万民，以除盗贼。六曰事职，以富邦国，以养万民，以生百物。"

其官数凡五六万人。

> 《通典》（杜佑）："周内官二千六百四十三人，外
> 诸侯国内六万一千三十二人。"
> 《周官·禄田考》（沈彤）："六官凡五万九千三百
> 余人。"

其治之咸以典法。

> 《周官·太宰》："太宰之职，掌建邦之六典，以佐
> 王治邦国。一曰治典，以经邦国，以治官府，以纪万
> 民。二曰教典，以安邦国，以教官府，以扰万民。三
> 曰礼典，以和邦国，以统百官，以谐万民。四曰政典，
> 以平邦国，以正百官，以均万民。五曰刑典，以诘邦
> 国，以刑百官，以纠万民。六曰事典，以富邦国，以任
> 百官，以生万民。""以八法治官府。一曰官属，以举邦
> 治。二曰官职，以辨邦治。三曰官联，以会官治。四
> 曰官常，以听官治。五曰官成，以经邦治。六曰官法，
> 以正邦治。七曰官刑，以纠邦治。八曰官计，以弊邦
> 治。""以八则治都鄙。一曰祭祀，以驭其神。二曰法
> 则，以驭其官。三曰废置，以驭其吏。四曰禄位，以驭
> 其士。五曰赋贡，以驭其用。六曰礼俗，以驭其民。七
> 曰刑赏，以驭其威。八曰田役，以驭其众。"

典法施于太宰，而掌之者复有诸官。

> 《周官·太宰》称正月之吉，乃施典于邦国，施则

于都鄙，施法于官府。《小宰》："掌邦之六典、八法、八则之贰。以逆邦国都鄙官府之治。"《司会》："掌邦之六典、八法、八则之贰，以逆邦国都鄙官府之治。"《小宰》："正岁帅治官之属，而观治象之法，徇以木铎曰：不用法者，国有常刑。"《司书》："掌邦之六典、八法、八则。"《太史》："掌邦之六典，以逆邦国之治。掌法，以逆官府之治。掌则，以逆都鄙之治。凡辨法者考焉，不信者刑之。"《内史》："执国法及国令之贰，以考政事，以逆会计。"《御史》："掌邦国都鄙及万民之治令，以赞冢宰，凡治者受法令焉。"《匡人》："掌达法则，匡邦国。"《大行人》："十有一岁修法则。"

据此，则《周官》所载特其大纲，而所谓典法者，必更有详密之条文，正者存于太宰，贰者散在诸官。其有不信，则考诸太史，非一二人所能以意为出入高下也。诸法之中，不可殚举，第就官联一法观之，即可知其立法之精密。

《周官·小宰》："以官府之六联，合邦治：一曰祭祀之联事。二曰宾客之联事，三曰丧荒之联事，四曰军旅之联事，五曰田役之联事，六曰敛弛之联事。凡小事皆有联。"

《周礼订义》（宋王与之）："王昭禹曰：古者军将皆命卿，而师、旅、卒、长之属，皆下大夫、士掌其事。大司徒、大军旅以旗致万民，治其徒庶之政命。……小司徒会万民之卒伍，而亦帅其众庶。乡师、大军旅正治其徒役，与其辇辇。大司马及战，巡陈视事而赏罚，若此类皆军旅之联事。……太宰掌九贡、九赋，而大府、司会、司书之类亦掌之，所谓敛也。乡大夫国中贵者之类皆舍征，而小司徒凡征役之施舍亦掌之，所谓弛也。凡此类皆敛弛之联事。……非祭祀、宾客、丧荒、军旅、田役、敛弛六者之大事，余皆小事也。若膳夫之官有庖人、亨人、内外饔之类，通职联事，司关掌国货之节，以联门市，皆小事也。"

于组织之中寓互助之意，既以泯其畛域，且使互相监视，不使一机关独断一事，而遂其营私舞弊之谋。此研究法治者所最宜留意者也。

周之官府最重会计。

《周官·小宰》："以官府之八成，经邦治：一曰听政役以比居，二曰听师田以简稽，三曰听闾里以版图，四曰听称责以傅别，五曰听禄位以礼命，六曰听取予以书契，七曰听买卖以质剂，八曰听出入以要会。以听官府之六计，弊群吏之治。一曰廉善，二曰廉能，三曰廉敬，四曰廉正，五曰廉法，六曰廉辨……月终，则以官府之叙，受群吏之要，赞冢宰，受岁会。岁终，则令群吏致事。"《宰夫》："岁终，则令群吏正岁会。月终，则令正月要。旬终，则令正日成，而以考其治。治不以时举者，以告而诛之。"《司会》："掌国之官府郊野县都之百物财用，凡在书契、版图者之贰，以逆群吏之治，而听其会计，以参互考日成，以月要考月成，以岁会考岁成，以周知四国之治，以诏王及冢宰废置。"《职内》："掌邦之赋入，辨其财用之物，而执其总，以贰官府都鄙之财入之数，以逆邦国之赋用。凡受财者，受其贰令而书之。及会，以逆职岁，与官府财用之出，而叙其财，以待邦之移用。"《职岁》："掌邦之赋出，以贰官府都鄙之财出赐之数，以待会计而考之。凡官府都鄙群吏之出财用，受式法于职岁，凡上之赐予，以叙与职币授之。及会，以式法赞逆会。"

日有成，月有要，岁有会，三岁又有大计。

《周官·司书》："三岁则大计群吏之治。"

其出入皆有式法，四国之治无不周知。故官吏皆知尚廉而畏法，非若今之武人、外吏横揽财权，中央莫敢谁何，一任其贪黩恣肆，而惟恃借债以填其欲壑也。

第三节　乡遂之自治

《周官》之精义，莫邃于乡遂之制。乡遂者，直隶于天子而行自治之制之区域也。王城为中央政府，王城之外郊甸之地，即自治之地方。此外则为公邑家邑，小都大都，又其外则诸侯之国。故周代政治为诸侯之模范者，惟乡遂二区。以乡遂例天下，则天下之大，咸可以乡遂之法施之。乡遂之组织，法同而名异。

《周官·大司徒》："五家为比，五比为闾，四闾为族，五族为党，五党为州，五州为乡。"《周官·遂人》："五家为邻，五邻为里，四里为酇，五酇为鄙，五鄙为县，五县为遂。"

其官多由民举，而受天子之命，其职等于王官，而为地方自治之
领袖。

> 《周官·司徒:》:"乡老，二乡则公一人。乡大
> 夫，每乡卿一人。州长，每州中大夫一人。党正，每党
> 下大夫一人。族师，每族上士一人。闾胥，每闾中士一
> 人。比长，五家下士一人。遂大夫，每遂中大夫一人。
> 县正，每县下大夫一人。鄙师，每鄙上士一人。酂长，
> 每酂中士一人。里宰，每里下士一人。邻长，五家则
> 一人。"

总计其数，六乡万五千比，则为比长者万五千人。六遂万五千
邻，则为邻长者万五千人。推而上之，闾、胥、里、宰各三千
人，族师、酂长各七百五十人，党正、鄙师各百五十人，州
长、县正各三十人，合乡、遂大夫十二人及乡老三人，凡
三万七千八百七十五人。以方四百里之地、十五万家之民，设
三万七千八百有奇之自治职，此民治之极轨也。

周代乡遂之官各有专职。然《周官》之文有详此略彼，而可
互相证者如:

> 《乡大夫》:"各掌其乡之政教禁令。正月之吉，受
> 教法于司徒，退而颁之于其乡吏，使各以教其所治，以
> 考其德行，察其道艺。"《遂大夫》:"各掌其遂之政令。"

遂大夫不言受法施教之事，似乡大夫掌教育，而遂大夫不掌教育
者，实则遂、乡相等，乡官之职所载者，遂官亦行之；遂官之职
所载者，乡官亦行之。特文有详略，以避重复，故似职务不同。

读《周礼》者当知其互文见义也。

乡、遂之官所掌之事，可分六项：

（一）曰校比。周有邦比之法，犹今所谓调查也。六乡六遂人畜、车辇、旗鼓、兵革以及田野、稼器，无一不需调查，故有邦比之法，登载多寡高下焉。

> 《周官·闾胥》："以岁时各数其闾之众寡，辨其施舍。"《里宰》："掌比其邑之众寡，与其六畜、兵器。"《族师》："以邦比之法，帅四闾之吏，以时属民，而校登其族之夫家众寡，辨其贵贱老幼废疾可任者，及其六畜、车辇。"《酂长》："以时校登其夫家，比其众寡，以治其丧纪祭祀之事。……若岁时简器，与有司数之。"《党正》："以岁时莅校比。"《鄙师》："以岁时数其众庶，察其媺恶而诛赏。"《乡大夫》："以岁时登其夫家之众寡，辨其可任者，以岁时入其书。"《遂大夫》："以岁时稽其夫家之众寡六畜田野，辨其可任者，与其可施舍者。"《州长》："三年大比，则大考州里，以赞乡大夫废兴。"《县正》："各掌其县之政令征比，以颁田里，以分职事。"

盖常时之比，闾胥、里宰掌之。四时之比，族师、酂长掌之，党正莅之，乡大夫、遂大夫登其数于书，而入于司徒。至三年大比，则州长、县长、县正掌之，而乡、遂大夫兴其贤能焉。

> 《乡大夫》："三年则大比，考其德行道艺，而兴贤者能者。"《遂大夫》："三岁大比，则帅其吏而兴甿。"

观此，则知乡遂之官，于其所治之地，无一事一物不调查清晰，登录详明。而凡百政治均由此而兴矣。

（二）曰法治。周代政治以法为本，自王公至庶民无不囿于礼法之中，故时时教民读法。全国之法，岁首悬于象魏，纵民观览十日。

> 《周官·太宰》："正月之吉，始和布治于邦国都鄙，乃县治象之法于象魏，使万民观治象，浃日而敛之。"

而乡、遂诸官，则时时教民读法。

> 《周官·闾胥》："凡春秋之祭祀、役征、丧纪之数，聚众庶，既比，则读法，书其敬敏任恤者。"《族师》："月吉，则属民而读邦法，书其孝弟睦姻有学者。春秋祭酺亦如之。"《党正》："四时之孟月吉日，则属民而读邦法，以纠戒之。春秋祭禜亦如之。"《州长》："正月之吉，各属其州之民而读法，以考其德行道艺而劝之，以纠其过恶而戒之。若以岁时祭祀州社，则属其民而读法，亦如之。"

大抵州长属民读法，党正以下率民读之；党正属民读法，族师以下率民读之。虽非各自为政，要其一岁中读法之时，殆不下十五六次。六遂之官不言读法，以乡官例之，当亦与乡无异。乡、遂之民，无人不熟读法令，自无干犯法纪之事。此岂空言法制，而一般人民尚不知现行之法为何物者所能比哉！

（三）曰教育。司徒为教官，所掌自治地外，即以教育为专职。其教育之目，凡十有二。

《周官·大司徒》:"施十有二教焉。一曰以祀礼教敬,则民不苟。二曰以阳礼教让,则民不争。三曰以阴礼教亲,则民不怨。四曰以乐礼教和,则民不乖。五曰以仪辨等,则民不越。六曰以俗教安,则民不偷。七曰以刑教中,则民不虣。八曰以誓教恤,则民不怠。九曰以度教节,则民知足。十曰以世事教能,则民不失职。十有一曰以贤制爵,则民慎德。十有二曰以庸制禄,则民兴功。"

盖无一事不含有教育之性质,不专恃学校教育也。然以乡官所有学校推之,其学校之数之多,亦非后书所及。乡官所属党州皆有序。

《州长》:"春秋以礼会民,而射于州序。"《党正》:"国索鬼神而祭祀,则以礼属民,而饮酒于序。"

六乡百五十党,则百五十序,三十州则三十序,总计学校已百八十,合六遂而计之,则三百六十矣。其乡之学,虽不见于《周官》,以《仪礼》"行乡饮酒之礼于庠"证之,则州党之外别有乡庠也。乡学之教,曰乡三物。

《大司徒》:"以乡三物教万民而宾兴之。一曰六德,知、仁、圣、义、忠、和。二曰六行,孝、友、睦、姻、任、恤。三曰六艺,礼、乐、射、御、书、数。"

遂大夫复兼教稼。

《遂大夫》："掌其遂之政令，以教稼穑。

则文化教育而兼职业教育矣。

（四）曰联合。周代人民虽无社会之名，而有联合之法。观《族师》、《比长》诸职之文，知其人民之互相扶助，决非独居孑立，各不相谋者之比。

《族师》："五家为比，十家为联；五人为伍，十伍为联；四闾为族，八族为联。使之相保相受，刑罚庆赏，相及相共，以受邦职，以役国事，以相葬埋。"《比长》："五家相受，相和亲，有罪奇邪，则相及。"《里宰》："以岁时合耦于锄，以治稼穑，趋其耕耨，行其秩叙，以待有司之政令。"《邻长》："掌相纠相受，凡邑中之政相赞。"

受职待令既须联合，奇邪相及则并行为容状，皆使一律而无所歧异，而人民徒知束身自爱者，亦必知劝戒他人以共勉其群德。此尤自治之精神所在，非如此不能去社会之害而扶植善类也。

（五）曰作民。周代人民，对于国家之义务均须负担，其期日掌于均人。

《周官·均人》："掌均地政，均地守，均地职，均人民牛马车辇之力政。凡均力政，以岁上下，丰年则公旬用三日焉，中年则公旬用二日焉，无年则公旬用一日焉。凶札则无力政，无财赋。"

其年龄定于乡大夫。

《乡大夫》："以岁时登其夫家之众寡，辨其可任者。国中自七尺以及六十，野自六尺以及六十有五，皆征之。其舍者，国中贵者、贤者、能者、服公事者、老者、疾者皆舍。以岁时入其书。"

而征集之事，则乡、遂诸官任之。凡有征集，名曰作民。

《周官·州长》："若国作民，而师田行役之事，则帅而致之，掌其戒令与其赏罚。"《党正》："凡作民而师田行役，则以其法治其政事。"《族师》："若作民而师田行役，则合其卒伍，简其兵器，以鼓铎、旗物帅而至，掌其治令、戒禁、刑罚。"《县正》："若将用野民师田行役移执事，则帅而至，治其政令。既役，则稽功会事而诛赏。"《鄙师》："凡作民则掌其戒令。"《酇长》："若作其民而用之，则以旗鼓兵革帅而至。"

师田行役，各归部伍，盖州、党、酇、鄙之长，最为亲民。平时服其教训，有事听其指挥，使之作而帅之，自无隐匿、逃亡、诈欺、违犯之弊。古代无养兵之款，无工程之费，一切皆取于民。人民各甘尽其义务，初无推诿怨叛者，以乡、遂之制至精且密也。故不行地方自治之制，不能征兵，不能加赋，不能举行地方一切工程，可以周制断之矣。周之人民不但各有义务，复有对于国家之权利。其时虽无所谓议院，然国有大事必咨询之。

《周官·小司寇》："掌外朝之政，以致万民而询焉。一曰询国危，二曰询国迁，三曰询立君。其位，王南乡，三公及州长、百姓北面，群臣西面，群吏东面，小司寇摈以叙进而问焉，以众辅志而弊谋。"

是人民对于国事胥有发言之权矣。州长职文仅称作民帅致，不及大询之事，而乡大夫之职有之。

> 《乡大夫》："有大询于众庶，则各帅其乡之众寡，而致于朝。"

乡民得备咨询，遂民宜亦同之。乡、遂之民，家出一人，即十五万人，势不可悉致于朝。其曰"帅其乡之众寡"，殆先征求其意见，而致其欲发言者于朝，故众寡之数不定也。

（六）曰征敛。周制，乡师掌六乡之赋贡，遂师掌六遂之赋贡，皆王朝之官也。然闾里之官亦自掌征敛之事。如：

> 《里宰》："待有司之政令，而征敛其财赋。"

是即遂官掌征敛之证。里宰职等闾胥，里宰既征敛财赋，闾胥当亦同此例也。《乡师》郑《注》，备言比、闾、族、党所共之器。

> 《周官·乡师》："正岁稽其乡器，比共吉凶二服，闾共祭器，族共丧器，党共射器，州共宾器，乡共吉凶礼乐之器。"郑《注》："吉服者，祭服也。凶服者，吊服也。比长主集为之，祭器者，簠、簋、鼎、俎之属，闾胥主集为之。丧祭者，夷槃、素俎、楬豆、輁轴之属，族师主集为之。此三者，民所以相共也。射器者，弓矢、福中之属，党正主集为之。宾器者，尊、俎、笙、瑟之属，州长主集为之。吉器，若闾祭器。凶器，

> 若族丧器。礼乐之器，若州、党宾射之器。乡大夫备集
> 此四者，为州、党、族、闾有故而不共也。"

据此，知州、闾、族、党凡有公共之事，则为师长者，征集其器用于所辖之民家，以近事为比，则其所谓器用，即后世之自治经费也。后世万事非钱不行，故未事而先筹经费。周代虽行钱币，而乡党公事，第征器而不征钱，故无所谓经费。学者能知此意，则知古代人民担负自治经费故亦甚重。而为之领袖者，皆须任征集措置之劳。后世惟地保、图董等为县官征租，而一切公益之事皆不之顾。浮慕西法者，则谓西人能自治，而中国则否。解经者又不通此意，岂非厚诬古人哉！

六者之外，尚有祭祀、丧祀、昏冠、饮酒诸事，乡官详言之，而遂官不言，以乡比遂，殆亦同也。又如：

> 《乡大夫》："岁终则令六乡之吏，皆会政致事。"
> 《州长》："岁终则会其州之政令。"《党正》："岁终则会
> 其党政，帅其吏而致事。"《族师》："岁终则会政致事。"

而六遂复不详言，惟《遂大夫》、《鄙师》及之。

> 《遂大夫》："令为邑者，岁终则会政致事。"《鄙
> 师》："岁终则会其鄙之政而致事。"

盖皆详略互见也。人民之事既多，乡、遂诸官所掌，自必繁琐而易于淆杂。一岁既终，使之层递稽核，以备考绩，则其人自不敢旷职而有所欺隐。今之提倡自治者，但知组织人民，监督官吏，而人民集合之团体，其侵污欺隐，亦无以异于官吏，而立法者初

不为之防制。使如周之会政致事，事事以清白昭示于众，亦何至使人民借口于自治之不如官治哉！

第四节　授田之制（附兵制）

周之田制凡三种。一画地为井而无公田者，一画地为井而以其中百亩为公田者，一不画井而但制沟洫者。

（一）画地为井而无公田者。

> 《周官·小司徒》："乃经土地而井牧其田野。九夫为井，四井为邑，四邑为丘，四丘为甸，四甸为县，四县为都，以任地事，而令贡赋。"《注》："郑司农云：井牧者，《春秋传》所谓'井衍沃，牧隰皋'者也。郑玄谓隰皋之地，九夫为牧，二牧而当一井。今造都鄙，授民田，有不易，有一易，有再易，通率二而当一，是之谓井牧。"

按两郑《注》均依《左传》襄公二十五年楚蒍掩书土田之法，以释《周礼》。蒍掩之法曰："度山林，鸠薮泽，辨京陵，表淳卤，数疆潦，规偃潴，町原防，牧隰皋，井衍沃。"《正义》引贾逵说曰："山林之地，九夫为度，九度而当一井；薮泽之地，九夫为鸠，八鸠而当一井；京陵之地，九夫为辨，九辨而当一井；淳卤之地，九夫为表，六表而当一井；疆潦之地，九夫为数，五数而当一井；偃潴之地，九夫为规，四规而当一井；原防之地，九夫为町，三町而当一井；隰皋之地，九夫为牧，二牧而当一井；沃衍之地，亩百为夫，九夫为井。"据此，知古之井田第施于沃衍之地，其余分为八等，各以井田为标准，非谓遍地皆井田也。

《周官》明云"井牧"，郑氏明云"通率二而当一"，是其标准依井牧而定。而凡山林薮泽之类，初不尽区为井也。又按：《周官》此文仅云"九夫为井"，未尝言其中一百亩为公田。

（二）画田为井而以其中百亩为公田者。公田之制，《周官》未言。惟《诗·大雅·大田》曰："雨我公田，遂及我私。"《孟子》据以为周有公田之证，又申言其制曰，方里而井，井九百亩，其中为公田，八家皆私百亩，同养公田。公事毕，然后敢治私事。

> 《考工记注》郑玄曰："周制畿内用夏之贡法，税夫，无公田。邦国用殷之助法，制公田，不税夫。"孙诒让曰："郑以《孟子》证邦国有公田，说未确。周之邦国亦税夫，不制公田，与畿内同。公田虽为助之正法，而据《夏小正》，则夏时或已有此制，盖其由来甚久。九服之中，疆索不同，容有沿袭旧制而未能尽改者。先王以俗教安，不必强更其区畛，故《周诗》有公田之文，此亦如《左传》定公四年所说康叔封卫，启以商政之类，非周邦国必制公田也。"

（三）不画井而但制沟洫者。

> 《周官·遂人》："凡治野，夫间有遂，遂上有径。十夫有沟，沟上有畛。百夫有洫，洫上有涂。千夫有浍，浍上有道。万夫有川，川上有路，以达于畿。"（按此制与《考工记》不同。《考工记》："匠人为沟洫，耜广五寸，二耜为耦，一耦之伐，广尺深尺谓之甽；田首倍之，广二尺、深二尺谓之遂；九夫为井，井间广

四尺、深四尺谓之沟；方十里为成，成间广八尺、深八尺谓之洫；方八里为同，同间广二寻、深二仞谓之浍。"郑注："此畿内采地之制。采地制井田，异于乡遂及公邑。"）

《中国历史教科书》（刘师培）曰："按《孟子》有'野九一而助，国中什一使自赋'之说。其后郑康成注《周礼》，以为周家之制，乡、遂用贡法，十夫有沟是也；都鄙用助法，九夫为井是也。自是两法。朱子亦以为《遂人》以十为数。《匠人》以九为数，决不可合。然尝考之，所谓野九一者，乃授田之制；国中什一者，乃取民之制。盖助有公田，故其数必拘于九，八居四旁之私，一居其中为公，是为九夫，多与少者不可行。若贡则无公田，《孟子》之什一，特言其取之之数，遂人之十夫，特姑举成数言之耳。若九夫自有九夫之贡法，十一夫自有十一夫之贡法，初不必拘以十数，而后贡法可行也。盖自遂达于沟，自沟达于洫，自洫达于浍，自浍达于川，此二法之所以同也。行助法之地，必须以平地之田，分画作九夫。中为公田，而八私环之，列如井字，整如棋局。所谓沟、洫者，直欲限田之多寡，而为之疆界。行贡法之地，则无间高原下隰，截长补短，每夫授之百亩。所谓沟、洫者，不过随地之高下，而为之蓄泄，此二法之所以异也。是以《匠人》言遂必曰二尺，言沟必曰四尺，言洫、言浍必曰八尺、曰二寻。盖以平原广野之地，画九夫之地为井，各自其九以至于同。其间所谓沟、遂、洫、浍者，隘则不足以蓄水，而广则又至于妨田，必有一定之尺寸。若《遂人》止言夫间有遂，十夫有沟，百夫有洫，千夫有浍，盖是山谷薮

> 泽之间，随地为田，横斜广狭，皆可垦辟。故沟、洫、
> 川、浍，亦不言尺寸。大意谓路之下即为水沟，水沟之
> 下为田耳。非若《匠人》之田必拘以九夫，而沟、洫之
> 必拘以若干尺也。"

论周制者，必先知周代之田有此三种区别，而后知周制有因袭前
代者，有因地制宜者，并非举全国方万里之地，限以一种法制，
务令整齐画一，不得稍有异同也。迂儒论古，第知有所谓井田，
并不细心读书，漫以为周代普天之下皆为井田。好为新奇之说
者，又据古书一二异点，傅以臆见，直谓古者初未尝有井田，此
皆一偏之论也。《周官》本文不但田制有二种，即授田亦有二法。

> （一）《大司徒》："凡造都鄙，制其地域而封沟之，
> 以其室数制之。不易之地家百亩，一易之地家二百亩，
> 再易之地家三百亩。"
>
> （二）《遂人》："辨其野之土，上地、中地、下地
> 以颁田里。上地，夫一廛，田百亩，莱五十亩，余夫亦
> 如之。中地，夫一廛，田百亩，莱百亩，余夫亦如之。
> 下地，夫一廛，田百亩，莱二百亩，余夫亦如之。"孙
> 诒让曰："《大司徒》上、中、下三等田制，与《遂人》
> 六遂田制略同。此所谓易，即彼所谓莱。但彼上地犹有
> 莱五十亩，非全不易者，与此小异耳。"

按其制，则自一家受田百亩至三百亩，凡四等。无论何国，上地
极少，必限以八家皆受百亩，则必天下之田皆为上地而后可，否
则必有三家而居一井者矣。

周之授田，计口而食，以人之多少，就地之上下。

　　《周官·小司徒》："乃均土地，以稽其人民，而周知其数。上地，家七人，可任也者，家三人；中地家六人，可任也者，二家五人；下地家五人，可任也者，家二人。"郑《注》："一家男女七人以上，则授之以上地，所养者众也；男女五人以下，则授之以下地，所养者寡也。"孙诒让曰："三等授地，自是较略之制，其细别差率随宜损益，不能豫定。《管子·乘马数篇》云：'上地之壤，守之若干，间壤守之若干，下壤守之若干，相壤定籍，而民不移。'亦以三等相壤。《吕氏春秋·上农篇》云：'上田，夫食九人；下田，夫食五人。可以益，不可以损。一人治之，十人食之，六畜皆在其中矣。'此大任地之道也。据《吕览》说，是十人与九人数虽有益，而田不逾上等，足明三等授田制，约而无不赅矣。"

民年三十有室者，授一夫之地。二十以上、三十以下有室者为余夫，授二十五亩之地。皆至六十而归田于官。

　　《周礼正义载师疏》（孙诒让）："受田之年，《经》无明文。贾据郑《内则》注义谓三十受田。陈奂云：古者二十受余夫之田，三十受一夫之田，六十归田于公。大凡三十取室生子，子年三十，父年必六十，是父归田，子必受田矣。按陈说足证郑义。盖夫家之名，起于一夫一妇，则受田者无论正夫、余夫，年二十、三十必已取室，而后谓之夫。男子年二十，或已授室，则受余夫之田：至三十，而丁众成家，别自为户，则为正夫，受田百亩。若二十以上，或未授室，则从父兄而耕，不得为余夫。其已授室受田之余夫，虽年过三十，或尚从父兄，不自为户，则仍为余夫。古正夫、余夫受田之法，盖约略如是。"《遂人》疏引王鸣盛云："余夫授田，上地田二十五亩，莱十二亩半；中地田二十五亩，莱田二十五亩；下地田二十五亩，莱五十亩。"

工商之家亦授田而杀于农夫。

《汉书·食货志》："士工商家受田，五口乃当农夫一人。"（按此文未质言周制，惟《周官·载师》有贾田。江永引《汉志》以证之，并谓在民间为工者，亦予以田，如贾人之例。）

其地税，则以远近为差，而大致不过什一。

《周官·载师》："凡任地，国宅无征。园廛二十而一，近郊十一，远郊二十而三，甸稍县都皆无过十二。惟其漆林之征，二十而五。"俞樾曰："周税漆林独重，故《经》文用'唯其'二字，见此不在常科之内。若至国宅，自甸稍县都通率之，适合十一之数，何也？园廛二十，近郊十，远郊二十，稍县都十，其数六十。园廛税一，近郊税一，远郊税三，甸稍县都税二，其数七。是为六十而税七，稍浮于十一。然去国宅一分无税，则适是十而税一矣。"孙诒让曰："《周官·司稼》以年之上下出敛法，是以年之上下为赋法轻重之差也。而《载师》任地，则四郊甸稍县都有十一至十二三等之法，是又以地之远近为轻重之差矣。周之彻法，盖当兼此二

者。彻之云者，通乎地之远近、年之上下，以为敛取
之法。"

其民之游惰者则有罚。

《周官·载师》："凡宅不毛者有里布，凡田不耕者
出屋粟，凡民无职事者出夫家之征。"孙诒让曰："宅不
毛，田不耕者，盖兼惰民受田宅而芜废不治，及富贵家
之广占田宅以为游燕者言之。凡惰民之不事事者，则令
出征赋以示罚。"

按周代畿内之地依郑玄之说积百同九百万夫之地，山陵、林麓、
川泽、沟渎、城郭、宫室、涂巷三分去一。余六百万夫，又以田
不易、一易上、中、下地相通，定受田者三百万家，则天子兆民
分受此三百万夫之地，自无不足之虑。六乡六遂仅十五万夫，尤
不难于均给。故即《周官》论之，无论乡、遂、都、鄙田之井与
不井者，皆为王官之所有，而均布于其民，其法实无不通，惟土
地有限，人口日增，不能永久不变。后之人不能因其意而消息
之，或徒徇私意而隳其制，或深慕前规而泥其迹，则皆后人之
失，非当时立法者之过也（周代授田之法，可参考庄存与《周官
记载师任地谱》）。

周代授田之法，一以均贫富，一以通兵制，所谓寓兵于农
也。乡遂十五万家，家出一人，各以七万五千家为六军。

《周官·大司马》："凡制军，万有二千五百人为军。
王六军，大国三军，次国二军，小国一军。"《小司徒》：
"会万民之卒伍……五人为伍，五伍为两，四两为卒，

五卒为旅，五旅为师，五师为军。以起军旅，以作田
役，以比追胥，以令贡赋。"

其田与追胥，则壮丁皆出。

《小司徒》："凡起徒役，毋过家一人，以其余为羡，
唯田与追胥竭作。"贾《疏》："凡起徒役，毋过家一人
者，谓起民役徒作之，毋过家一人。以其余为羡者，一
家兄弟虽多，除一人为正卒，正卒之外，其余皆为羡
卒。田谓田猎，追为逐寇，胥为同捕盗贼，非唯正卒一
人，羡卒尽行，以其田与追胥之人多故也。"

盖民居以五为起数，夫田以十为起数，军旅亦以五为起数，三者
皆一贯，故无烦临时编制也。乡、遂之外，丘甸皆井牧之地，其
数不同，则别有编制。

《周官·小司徒》郑《注》引《司马法》曰："六尺
为步，步百为亩，亩百为夫，夫三为屋，屋三为井，井
十为通。通为匹马，三十家，士一人，徒二人，通十为
成。成百井，三百家，革车一乘，士十人，徒二十人，
十成为终。终千井，三千家，革车十乘，士百人，徒
二百人。十终为同。同方百里，万井，三万家，革车百
乘，士千人，徒二千人。"

假定《司马法》为周之制，则丘甸十家出一人，视乡、遂之家出
一人者迥殊，盖一以远近区其多寡也。

按周制以师旅卒伍为正，《周官》之外，证佐甚多。孔

广森曰："古者车战，故赋舆之法，以乘为主。而《周礼》万二千五百人为军，不言其军数。以《诗》考之，军盖五百乘，乘盖二十五人，天子六军。而《采芑》曰'其车三千'。鲁僖公时二军。而《闷宫》曰'公车千乘'。五百乘为军，是其明证。周法五人为伍，五伍为两，两之言辆也。二十五人而车一辆。百乘成师，则二千五百人。五百乘成军，则万二千五百人。然此唯六乡制军之数如是，其郊遂以外，井地制赋，所谓甸出长毂一乘者，与此不同。"孙诒让曰："《司马法》丘甸出车徒之法，虽与乡、遂不同，而出车则亦以二十五人为一乘，与乡、遂无异。六乡之士卒出于乡里，而兵车、大车、马牛出于官。六遂之士卒出于遂邑，车马牛亦出于官，所谓出兵而不出车也。若都鄙则车徒马牛及将重车者，并出于丘甸，所谓出车而兼出兵也。盖都鄙军籍虽不豫定，至有事征调及之，则亦必以都鄙之卒，配都鄙之车，其不能易伍两之制可知矣。"

《汉书·刑法志》称："殷、周立司马之官，设六军之众，因井田而制军赋，畿方千里，有税有赋，税以足食，赋以足兵。"盖就丘甸言之，未析言乡、遂之六军与丘甸殊法。此亦犹今之学者误认周之田制皆为井田，不知其有井有不井也。然兵制之起于田制，则乡、遂丘甸之性质固有相同之点，国养民而不养兵，民为兵而不病国，此尤古制至要之义也。

第五节　市肆门关之政

周人生计惟恃农田，贾人亦授贾田，则分业尚未甚严，农商可兼治也。然《周礼·地官》于市政亦设专官，货贿之出入门关者，各有治禁。则其商业虽不若后世之繁盛，殆必盛于唐、虞、夏、商，且其教条规制，多为后世所本，则言吾国之商政者，不可不首稽《周官》也。周之掌市肆门关者有：司市、质人、廛人、泉府、司门、司关、掌节诸官。其市官所自辟除者有：胥师、贾师、司虣、司稽、胥、肆长诸职。而立市则掌于内宰。

> 《周官·内宰》："凡建国，佐后立市，设其次，置其叙，正其肆，陈其货贿，出其度量淳制。"

其市在王宫之北。

> 《考工记》："匠人营国，面朝后市。"

盖古人讳言财利，故置之在宫朝之后，以其近于后宫，故使内宰掌之，而君后贵官且禁不得游观。

> 《周官·司市》："国君过市，则刑人赦；夫人过市，罚一幕；世子过市，罚一帟；命夫过市，罚一盖；命妇过市，罚一帷。"郑《注》："市者，人所交利而行刑之处，君子无故不游观焉。若游观则施惠以为说，国君则赦其刑人，夫人、世子、命夫、命妇则使之出罚，异尊卑也。"

皆所以示重农抑商也。

周制市分为三，中曰大市，东曰朝市，西曰夕市，各占一夫之地。

> 《周官·司市》："大市，日昃而市，百族为主。朝市，朝时而市，商贾为主。夕市，夕时而市，贩夫贩妇

为主。"《考工记·匠人》:"市朝一夫。"孙诒让曰:"三
市为地,南北百步,东西三百步,共一里。"

市官所居曰思次,曰介次。

> 《周官》郑《注》:"思次,若今市亭;介次,市亭
> 所属。"

交易之时,则悬旌于思次,市官莅而治之。

> 《周官·司市》:"凡市入则胥执鞭度,守门市之群
> 吏平肆,展成奠贾,上旌于思次以令市。市师莅焉而听
> 大治大讼,胥师、贾师莅于介次,而听小治小讼。"

其货之陈列有法。

> 《周官·司市》:"以次叙分地而经市,以陈肆辨物
> 而平市。"《肆长》:"各掌其肆之政令,陈其货贿,名
> 相近者相远也,实相近者相尔也,而平正之。"

贾值有恒。

> 《周官·贾师》:"各掌其次之货贿之治,辨其物而
> 均平之,展其成而奠其贾,然后令市。凡天患,禁贵债
> 者,使有恒贾。四时之珍异亦如之。"

利害有别。

《周官·司市》："凡治市之货贿六畜珍异，亡者使有，利者使阜，害者使亡，靡者使微。"

伪饰有禁。

《司市》："凡市伪饰之禁，在民者十有二，在商者十有二，在贾者十有二，在工者十有二。"《胥师》："各掌其次之政令，而平其货贿，宪刑禁焉。察其诈伪饰行慝愿者，而诛罚之。"

成贾以度量。

《司市》："以量度成贾而征儥。"《质人》："掌稽市之书契，同其度量，壹其淳制。巡而考之，犯禁者举而罚之。"《胥》："各掌其所治之政，执鞭度而巡其前。"

结信以质剂。

《司市》："以质剂结信而止讼。"《质人》："掌成市之货贿、人民、牛马、兵器、珍异，凡卖儥者质剂焉。大市以质，小市以剂……凡治质剂者，国中一旬，郊二旬，野三旬，都三月，邦国期。期内听，期外不听。"郑《注》："质剂者，为之券藏之也。大市，人民、马牛之属，用长券；小市，兵器、珍异之物，用短券。"

交易以泉布。

《司市》："以商贾阜货而行布。"郑《注》："布，谓泉也。"

其税敛，有絘布、总布、质布、罚布、廛布诸目。

《周官·廛人》："掌敛市之絘布、总布、质布、罚布、廛布，而入于泉府。"《肆长》："敛其总布。"江永曰："絘布者，市之屋税；总布者，货贿之正税；廛布者，市之地税也。"郑《注》："质布者，质人所罚，犯质剂者之泉也。罚布者，犯市令者之泉也。"

其握经济之枢者，有泉府。

《周官·泉府》："掌以市之征布，敛市之不售。货之滞于民用者，以其贾买之物楬而书之，以待不时而买者。买者各从其抵，都鄙从其主，国人郊人从其有司，然后予之。凡赊者，祭祀无过旬日，丧纪无过三月。凡民之贷者，与其有司辨而授之，以国服为之息。凡国事之财用取具焉。岁终，则会其出入，而纳其余。"金榜云："农民受田，计所收者纳税。贾人贷泉，计所得者出息。其息或以泉布，或以货物，轻重皆视田税为差，是谓以国服为之息。郑云：于国事受园廛之田而贷万泉者，则期出息五百。贾《疏》云：万泉出息五百，计当二十取一。若然，近郊十一者，万泉期出息一千。远郊二十而三者，万泉期出息一千五百，甸稍县都之民，万泉期出息二千。郑直云园廛者，略举以言之也。"

其货之出入门关者有节。

> 《周官·司市》:"凡通货贿,以玺节出入之。"《掌
> 节》:"门关用符节,货贿用玺节,道路用旌节,皆有
> 期以反节。"《司关》:"掌国货之节,以联门市。……
> 凡所达货贿者,则以节传出之。"郑《注》:"货节,谓
> 商本所发司市之玺节也。自外来者,则按其节而书其货
> 之多少,通之国门,国门通之司市。自内出者,司市
> 为之玺节,通之国门,国门通之关门。参相联,以检
> 猾商。"

市肆门关,刑罚綦重。

> 《司市》:"以刑罚禁虣而去盗。……市刑,小刑宪
> 罚,中刑徇罚,大刑扑罚。其附于刑者,归于士。"《司
> 虣》:"掌宪市之禁令,禁其斗嚣者、与其虣乱者、出
> 入相陵犯者、以属游饮食于市者。若不可禁,则搏而戮
> 之。"《司稽》:"掌巡市而察其犯禁者,与其不物者而
> 搏之。掌执市之盗贼以徇,且刑之。"《胥》:"掌其坐
> 作出入之禁令,袭其不正者,凡有罪者,挞戮而罚之。"
> 《司门》:"掌授管键以启闭国门,几出入不物者,正其
> 货贿。凡财物犯禁者举之。"《司关》:"司货贿之出入
> 者,掌其治禁与其征廛。凡货不出于关者,举其货,罚
> 其人。……国凶札,则无关门之征,犹几。"

综观周代治商之政,足知其时王朝及各国商货交通,四方珍
异,多萃于京师。而诈伪、饰行、漏税、犯禁者,亦往往而有。

设官之多，为法之严，皆由于此。故虽农商未必尽分，而商贾阜通货贿，亦列于太宰九职。当时之商业，故未可遽目为幼稚矣。又当时商贾之事，虽专掌于《地官》，而《秋官》复有关于商贾之法。

> 《周官·朝士》："凡民同货财者，令以国法行之，犯令者刑罚之。"郑众《注》："同货财者，谓合钱共贾者也。"

同货财之法，《经》未详言，疑当别有专条，盖商法之权舆也。周代关市之财赋，用途有二。一则供王之膳服；

> 《周官·太府》："凡颁财，以式法授之。关市之赋，以待王之膳服。"

一则养死政之老孤。

> 《周官·司门》："以其财养死政之老与其孤。"

而泉府之共国用者，尚不与焉。《司门》所言，专指死政者之老孤。案《遗人》之职则泛称老孤。

> 《周官·遗人》："掌邦之委积，以待施惠。……门关之委积，以养老孤。"

古者养老必于学校。门关之财既以养老，度即当时学校之经费。惟其详不可考耳。

周之泉布，《经》亦不详其制。自泉府外，司市与外府皆掌之。

> 《周官·司市》："国凶荒札丧，则市无征而作布。"
> 《外府》："掌邦布之入出，以共百物，而待邦之用，凡有法者。"郑《注》："布，泉也。其藏曰泉，行曰布。"

按《汉书·食货志》则周有九府圜法，

> 《汉书·食货志》："太公为周立九府圜法，黄金方寸而重一斤，钱圜函方，轻重以铢；布帛广二尺二寸为幅，长四丈为匹。故货宝于金，利于刀，流于泉，布于布，束于帛。"

今世犹多有周之钱布，布即钱之本名，非专指布匹也。《诗》称"氓之蚩蚩，抱布贸丝"，足证当时市易之通用布矣。

第六节　王朝之教育

周代教育分乡、遂与王朝为二途，犹今地方教育与国家教育之别也。王朝掌教育之官曰师氏、保氏，乐师则掌小学教育者也。

> 《周官·师氏》："凡国之贵游子弟学焉。"《保氏》："掌养国子以道。"《乐师》："掌国学之政。"

曰大司乐、大胥、小胥、诸子，则掌大学教育者也。

《周官·大司乐》："掌成均之法，以治建国之学政，而合国之子弟焉。"《大胥》："掌学士之版，以待致诸子。"《小胥》："掌学士之征令。"《诸子》："掌国子之倅，掌其戒令与其教治。"

师氏之教曰三德、三行。

《师氏》："以三德教国子。一曰至德以为道本，二曰敏德以为行本，三曰孝德以知逆恶。教三行，一曰孝行以亲父母，二曰友行以尊贤良，三曰顺行以事师长。"

保氏之教曰六艺、六仪。

《保氏》："教六艺，一曰五礼，二曰六乐，三曰五射，四曰五驭，五曰六书，六曰九数。教六仪，一曰祭祀之容，二曰宾客之容，三曰朝廷之容，四曰丧纪之容，五曰军旅之容，六曰车马之容。"

大司乐之教曰乐德、乐语、乐舞。

《大司乐》："以乐德教国子，中、和、祗、庸、孝、友，以乐语教国子，兴、道、讽、诵、言、语，以乐舞教国子，舞《云门》、《大卷》、《大咸》、《大磬》、《大夏》、《大濩》、《大武》。"

乐师之教曰小舞。

　　《乐师》："教国子小舞，凡舞有帗舞、有羽舞、有
　　皇舞、有旄舞、有干舞、有人舞。"

观其所教，与乡、遂之教三物相近，而加详焉。盖乡、遂多平民，国学皆贵族，其时之阶级固有区别，而德行、道艺、科目仍一贯也。

《周官》经无大学、小学之明文，盖古代别有学礼，详载学校教育之法。《周官》仅言官制，故其文不具。清代说经家博考诸书，证明周之小学、大学所在及学者之区别，均可补经文之阙。大抵周之小学，在王宫南大门之左。

　　《周礼正义》（孙诒让）："师氏教国子于小学，在
　　王宫南之左，而汉以来多以虎门为小学所在。如《蔡
　　邕集·明堂月令论》谓《周官》有门闱之学，师氏守
　　王门，保氏守王闱。《魏书·刘芳传》引蔡氏《劝学
　　篇》云：'周之师氏居虎门左，敷陈六艺，以教国子。'
　　与《月令论》说同。《诗·大雅·灵台》孔《疏》引袁
　　准《正论》云：'周置师保之官，居虎门之侧。'然则学
　　宫非一处也。《大戴礼记·保傅篇》卢《注》云：'小
　　学，谓虎门师保之学也。'《玉海·学校》引《三礼义
　　宗》云：'《内则》云，人君之子，十年出就外傅。谓
　　就外室而受教也。外室在虎门之左，师氏之旁而筑宫
　　焉。'《广韵·二十三魂》引《周礼》云'公卿大夫之
　　子，入王端门之左，教以六艺，谓之门子。'盖诸说并
　　因师氏朝位居虎门左，与《王制》'小学在公宫南之左'
　　方位隅同，遂谓小学即在于彼。金鹗云：'天子、诸侯
　　小学皆在宫南大门内之左。中门以内，路门之外，则有

宗庙，不得为学也。师氏掌小学之教，保氏副之。师氏
又以媺诏王，故居虎门之左，司王朝，以治朝在虎门外
也。或据此文遂谓天子小学在虎门之左，不知经文但言
师氏居虎门之左，未尝谓小学在虎门左也。'案金说是
也，王国小学自当如《王制》说，在王宫南之左，即皋
门内之左也。师保教小学，其宫虽不及大学之广，然王
太子、王子及诸侯、卿大夫之子咸在，其人数甚众，则
亦必不甚隘。路门之左，既有宗庙，必无更容小学之
地。蔡、卢诸说殆不可通。"

大学有五，在国之南郊。

　　《周礼正义》（孙诒让）："周大学之名，见此经者，
唯成均。见于《礼记》者，则又有辟雍、上庠、东序、
瞽宗。东序亦曰东胶，与成均为五学，皆大学也。其制
度及所在之地，诸家之说纷异殊甚。今通校诸经涉学之
制文，知周制国中为小学，在王宫之左。南郊为五学，
是为大学。至五学方位，北上庠，东东序，西瞽宗，古
无异说。唯成均、辟雍众说不同。郑锷云：周五学，中
曰辟雍，环之以水。水南为成均，水北为上庠，水东为
东序，水西为瞽宗。其义最确。"

　　《礼书通故》（黄以周）："陆佃、郑锷说天子立四
学，并其中学而五，直于一处并建。周人辟雍，则辟雍
最居中。其南为成均，其北为上庠，其东为东序，其西
为瞽宗。以周按辟雍之制，中曰大学，其外四学环之。
大学四达于四学。《诗》曰：镐京辟雍，自西自东，自
南自北，无思不服。志其制也。其外四学，兼用四代之

制。东学曰东胶，取夏学之制，谓之东序。西学曰西雍（《周颂》谓其在辟雍之西也），取殷学之制，谓之瞽宗。其北学，则取有虞上庠之制也。其南学，则周制谓之成均，无他名焉。"

其学者，则自天子，

　　《大戴记·保傅篇》："《学礼》曰：帝入东学，上亲而贵仁，则亲疏有序而恩相及矣。帝入南学，上齿而贵信，则长幼有差，而民不诬矣。帝入西学，上贤而贵德，则圣智在位，而功不匮矣。帝入北学，上贵而尊爵，则贵贱有等，而下不逾矣。帝入太学，承师问道，退习而端于太傅，太傅罚其不则，而违其不及，则德智长而理道得矣。"

太子，

　　《易传·太初篇》："太子旦入东学，昼入南学，暮入西学，夕入北学。"

公卿、大夫之子弟，

　　《周官·师氏》郑《注》："国子，公卿大夫之子弟。"《大司乐》注："国之子弟，公卿、大夫之子弟当学者，谓之国子。"《诸子》注："国子，为诸侯、卿大夫、士之子也。"孙诒让曰："《周礼》有国子，有门子，二者不同。国子者，即国之贵游子弟，此通乎適庶而言者也。《小宗伯》云：其正室谓之门子，则专指王族及公卿大夫之適子言之，此不兼庶子者也。古多世官，故入学者以適子为尤重。实则官族支庶子弟，亦无不入学者，故此经通言国子弟。"

乡、遂所兴之贤能，及侯国之贡士，皆与焉。

孙诒让曰："周制大学所教有三：一为国子，即王太子以下至元士之子，由小学而升者也。二为乡、遂大夫所兴贤者能者，司徒论其秀者入大学是也。三为侯国所贡士。此三者，皆大司乐教之。经唯云合国子弟者，举其贵者言之，文不具也。"

国子等入学之年，《周官》无明文，而诸书所言亦不同，大抵自八岁至二十岁。初入小学而后入大学，其年之迟早，则视资禀之敏鲁而定。

孙诒让曰："《师氏》之国子，为年十三以上者。《大司乐》之国子，为年二十以上者，长幼不同。国子入学之年，《礼》经无文，《内则》云：十年，出就外傅……朝夕学幼仪，请肄简谅。十有三年，学乐、诵诗、舞勺；成童舞象、学射御；二十而冠，始学礼，舞《大夏》。郑《注》云：成童，十五以上。《大戴礼记·保傅篇》则谓年八岁而出就外舍，束发而就大学。卢《注》云：束发，谓成童。《白虎通》曰：八岁入小学，十五岁入大学。是也，此太子之礼。《尚书大传》曰：公卿之太子，大夫、元士嫡子，年十三，始入小学，见小节而践小义。年二十，入大学，见大节而践大义。此世子入学之期也。又曰：十五年入小学，十八入大学者，谓诸子姓晚成者，至十五入小学，其早成者，十八入大学。《内则》曰：十年出就外傅，居宿于外，学书计者，谓公卿以下教子于家也。案依卢说，则《保傅》八岁入小学，十五入大学，为王太子之礼。《内则》书传说十三入小学，二十入大学，为诸侯、世子及卿大夫、士嫡子之礼。其或迟三年十五入小学，或早二年十八入大学，为世子以下晚成早成之别制。今考《保傅》上文，自据王太子言之，固当如卢说。然《白虎通义·辟雍》篇、《汉书·食货志》说并与彼同，而不云有贵贱之异。《公羊》僖十年何《注》则云：《礼》诸侯之子，八岁受之少傅，教之以小学，十五受太傅，教之以大学。是诸侯子入学之年又与王太子同，至十三入小学，二十入大学，据《御览》引《书传》自通王太子以下言之。《王制》孔《疏》引《书传略说》又云：余子十五入小学，十八入大学。则卢说皆非伏、王之恉。《贾子·容经》又谓古者年九岁入小学，视《保傅》《内则》复迟早各较一年，众说乖异，未能明定。要王侯之子，始就傅即入小学，自宜较早。公卿以下之子，必先教于家塾，而后入小学，自宜较迟。此则揆之理而可信者耳。"

其教科，则异地异时，各有所重。

《礼记·文王世子》："凡学世子及学士，必时。春夏学干戈，秋冬学羽籥，皆于东序。小乐正学干，大胥赞之。籥师学戈，籥师丞赞之。胥鼓南。春诵，夏弦，大师诏之。瞽宗秋学礼，执礼者诏之。冬读书，典书者诏之。《礼》在瞽宗，《书》在上庠。凡祭于养老乞言合语之礼，皆小乐正诏之于东序。大乐正学舞干戚，语说命乞言，皆大乐正授数，大司成论说在东序。"

《礼书通故》（黄以周）："天子祀先圣先师出师受成，是谓承师问道之中学，又谓之大学，又谓之辟雍，此五学中之尊，学者不得居焉。天子养国老于学，是谓上亲贵仁之东学，谓之东胶，又谓之东序，学干戈羽籥者居之。天子祀先贤于学，是谓上贤贵德之西学，谓之西学，又谓之瞽宗，学礼者居之。天子视学，太子入学以齿，是谓上齿贵信之南学，谓之成均，大司乐教乐德、乐语、乐舞者居之。天子上贵尊爵，其所入者北学，谓之上庠，典书诏书者居之。"

其大学毕业，年限约九年。

《礼记·学记》："一年视离经辨志，三年视敬业乐群，五年视博习亲师，七年视论学取友，谓之小成；九年知类通达，强立而不反，谓之大成。夫然后足以化民易俗，近者说服，而远者怀之，此大学之道也。"

按《学记》所言，虽未必即指周之大学，然《内则》谓二十而冠，始学礼，舞《大夏》，博学不教，三十而有室，始理男事，博学无方，孙友视志。则古者男子二十至三十，实皆在大学时代，故约计其毕业为九年。《周官·大胥》郑《注》：汉《大乐律》曰：除吏二千石到六百石，及关内侯到五大夫子，先取适子高七尺以上，年二十到三十，颜色和顺、身体修治者以为舞人。与古用卿大夫子同义。是古之卿大夫子弟，隶大乐正之学籍者，大抵自年二十到三十，其敏者九年毕业，甫二十八岁；鲁者或迟一二年，亦不过三十，至年满三十，则不隶于学籍矣。此则研究《周官》者所当参考者也。

第七节　城郭道路宫室之制

周制邦国都鄙皆有封疆。

> 《周官·大司徒》："辨其邦国都鄙之数，制其畿疆而沟封之。""凡造都鄙，制其地域而封沟之。"《形方氏》："掌制邦国之地域，而正其封疆，无有华离之地。"《掌固》："凡国都之竟，有沟树之固，郊亦如之，民皆有职焉，若有山川则因之。"

其都邑则有城郭。

> 《量人》："掌营国城郭。"《掌固》："掌修城郭沟池树渠之固……设其饰器……若造都邑，则治其固与其守法。"

惟城郭之制未详。《考工记》略言城制：

> 《考工记》："匠人营国，方九里，旁三门。""王宫门阿之制，五雉。宫隅之制，七雉。城隅之制，九雉。……门阿之制，以为都城之制。宫隅之制，以为诸

侯之城制。"郑《注》:"雉长三丈,高一丈。"

解《周官》者,即据以为说。

> 《司门》疏(贾公彦):"知王城有十二门者,案
> 《匠人》云:'营国方九里,旁三门。'四面各三门,是
> 有十二门。"《司关》疏:"王畿千里,王城在中,面有
> 五百里,界首面置三关,则亦十二关。"

道路之制,其别有五。

> 《司险》:"设国之五沟、五涂而树之林。"
> 郑《注》:"五沟,遂、沟、洫、浍、川也。五涂,
> 径、畛、涂、道、路也。"

据郑《注》则广狭有定数。

> 《遂人》郑《注》:"径容牛马,畛容大车,涂容乘
> 车一轨,道容二轨,路容三轨。"贾《疏》:"郑知径容
> 牛马之等义如此者,此从川上有路差之,凡道皆有三
> 涂,川上之路,则容三轨,道容二轨,涂容一轨,轨者
> 广八尺。其畛差小,可容大车一轨。轨广八尺,自然径
> 不容车轨,而容牛马及人之步径。"

而国都涂制,则见于《考工记》。

> 《匠人》:"国中九经九纬……经涂九轨,环涂七轨,

野涂五轨。……环涂以为诸侯经涂，野涂以为都经涂。"
郑《注》："轨凡八尺。"

合而言之，则其时道路广狭之差，凡有八等，而达之、比之、书之各有专官。

> 《司险》："掌九州之图，以周知其山林川泽之阻，而达其道路。"《合方氏》："掌达天下之道路。"《野庐氏》："掌达道路，至于四畿，比国郊及野之道路宿息井树。"《量人》："邦国之地，与天下之涂数，皆书而藏之。"

路必有树，

> 《国语》："周制有之曰：列树以表道。"

以时修除，

> 《周官·野庐氏》："凡国之大事，比修除道路者……邦之大师，则令扫道路。"

禁令甚严。

> 《司险》："国之五沟、五涂……皆有守禁。国有故，则藩塞阻路而止行者，以其属守之，唯有节者达之。"《野庐氏》："若有宾客，则令守涂地之人聚柝之，有相翔者诛之。凡道路之舟车繇互者，叙而行之。凡有节者

及有爵者至，则为之辟。禁野之横行径逾者……掌凡道禁……且以幾禁行作不时者、不物者。"《司寤氏》："御晨行者，禁宵行者、夜游者。"

食宿有所。

《遗人》："凡宾客会同师役，掌其道路之委积。凡国野之道，十里有庐，庐有饮食。三十里有宿，宿有路室，路室有委。五十里有市，市有候馆，候馆有积。"

其路政详备如此，此今之言筑国道者所当知也。

宫室之制，经亦无明文，惟称王有六宫六寝。

《周官·宫人》："掌王之六寝之修。"《内宰》："以阴礼教六宫。"

盖《冬官》既亡，其文不具也。以《考工记》观之，略可推见周代建筑之法。

《匠人》："周人明堂，度九尺之筵。东西九筵，南北七筵，堂崇一筵，五室，凡室二筵。室中度以几，堂上度以筵，宫中度以寻，野度以步……庙门容大扃七个，闱门容小扃三个，路门不容乘车之五个，应门二彻三个。内有九室，九嫔居之，外有九室，九卿朝焉。""茅屋三分，瓦屋四分，囷窌仓城，逆墙六分，堂涂十有二分。窦，其崇三尺，墙厚三尺，崇三之。"

研究周代礼制者，必先知周之宫室制度，然后知其行礼之方位。自来说经者考据甚多，吾辈欲知吾国宫室沿革，亦不可不于此究心。刘师培《中国历史教科书》述西周宫室之制，撷群书之要领，颇得周制之梗概。今录之于下：

（一）明堂。周初明堂，沿殷故制，方一百一十二尺，高四尺，阶广六尺三寸。室居中，方百尺，中方六十尺。厥后复稍改殷制，度以九尺之筵，东西九筵，南北七筵，其中则分为五室，其宫周垣方三十步，在镐京之近郊，为天子宗祀朝诸侯听政之地。列于五宫之一。而洛邑也有明堂，为东都朝诸侯之地，而方岳之下，亦有明堂。

（二）宗庙。天子七庙，诸侯五庙，大夫三庙，士一庙。太祖庙在北，昭穆相次而南。庙后有寝，寝有东西房、东西夹、东西堂、东西序，亦列于五宫之一。迁主所藏曰祧，在宗庙之外。

（三）朝堂。天子诸侯，均有三朝。一曰燕朝，即内朝也，在王寝门外，路门之内。一为治朝，在应门之外，对内朝而言，则曰外朝；对外朝而言，则亦曰内朝。一为外朝，在库门之外，为象魏所悬之地，亦为嘉石、肺石所置之地。盖周代之宫有五门，在外者为皋门，稍内则为雉门，又稍内则为库门，又进则为应门、路门。燕朝者，在路门内寝之间者也。治朝者，在路门、应门之间者也。外朝者，在雉门、库门之间者也。库门亦曰正门，府库在焉。诸侯之宫门，略与天子制同。

（四）宫寝。天子六寝，一为路寝，其五为小寝。后有六宫，王后治之。诸侯三寝，一为路寝，亦曰大寝，其二为燕寝，亦曰小寝。后有三宫，夫人治之，余为侧室。卿大夫、士均二寝，正寝居前，燕寝居后。其妻二寝，亦如之。正寝亦曰外寝，其旁则曰侧室，此贵显者之居也。

（五）民居。凡民居，必有内室五所，室方一丈，所谓环堵之室也。东西室为库藏之室，中三室为夫妇所居之室。中一室有门向南，中三室前为庭院，院之东西各一室，东室西向，两室东向，谓之侧室，为妾妇所居之室。又前二步为外室，则正寝也，亦并列五室，中三室为男子所居之室，中谓大室，东为东夹室，西为西夹室，皆房也。东夹之东，为藏祖考衣冠、神主之室；西夹之室，为五祀神主之室。中室之北为楣，自楣而东，下阶而北，即内室前之庭院也，谓之曰背。中室之东为牖，西为户。户牖之间，内为中霤，外为堂。堂方二步，东西有塘。堂下两阶，各高一级，阶下有门，谓之中门。中门之外之门谓之外门，自中门至外门，其上有屋，其东西各为一室。东为厨灶之室，西为子弟肄业之所，或为宾馆，即塾之类也。凡室有穴，如圭形，以达气。或谓之曰窦，或谓之向。室之重层者曰台，其狭而修曲者为楼，由大夫以上则有阁。阁者，置板于寝，以庋食物者也。由士以上，寝门之内均有碑，树石为之，所以蔽外内也。大夫、士之屋，皆五梁为之。中脊为栋，栋北一架谓之楣。栋北第二架谓之庋，栋南一架为前楣，楣前一架接檐者亦谓之庋。庙有东两厢，寝无东西厢。室内必设一席，席上则设有几筵，而宫寝则有帏幕，此周代宫室制度之大略也。若夫平民之家，均有井，井分为二，内外不共井。其室旁均有隙地，或以树桑，或为畜狗彘、鸡豚之所。

第八节　衣服饮食医药之制

周制庶人衣服相同。

　　《周官·大司徒》："以本俗六安万民……六曰同
　　衣服。"郑《注》："民虽有富者，衣服不得独异。"贾

《疏》："士以上衣服皆有采章，庶人皆同，深衣而已。"

其材料皆自给。

《闾师》："凡庶民不蚕者不帛，不绩者不衰。"

其王后及公卿、大夫之礼服，则有专官掌之。

《司裘》："掌为大裘以供王祭天之服。中秋献良裘，王乃行羽物。季秋献功裘，以待颁赐。"《内司服》："掌王后之六服……凡祭祀宾客共后之衣服，及九嫔世妇。凡命妇，共其衣服，共丧衰亦如之。"《大宗伯》："再命受服。"《司服》："掌王之吉凶衣服，辨其名物与其用事。凡大祭祀、大宾客，共其衣服而奉之。"

其冠服之材之自来，盖有三种：

一则诸侯所贡。

《太宰》："以九贡致邦国之用，二曰嫔贡，七曰服贡。"

《大行人》："甸服二岁一见，其贡嫔物；采服四岁一见，其贡服物。"

一则国中嫔妇所贡。

《太宰》："以九职任万民，七曰嫔妇化治丝枲。"

《闾师》："任嫔以女事，贡布帛。"

一则征敛所得。

> 《掌皮》：“掌秋敛皮，冬敛革，春献之。”《掌葛》：
> “掌以时征绤绤之材于山农。凡葛征，征草贡之材于泽
> 农，以当邦赋之政令，以权度受之。”《掌染草》：“掌
> 以春秋敛染草之物，以权量受之，以待时而颁之。”

其治之者，有《典丝》、《典枲》诸职。

> 《典丝》：“掌丝人而辨其物，以其贾楬之。掌其藏
> 与其出，以待兴功之时。颁丝于外内工，皆以物授之。
> 凡上之赐予亦如之。及献功，则受良功而藏之，辨其物
> 而书其数，以待有司之政令，上之赐予。凡祭祀，共黼
> 画组就之物。丧纪，共其丝纩组文之物。凡饰邦器者，
> 受文织丝组焉。岁终，则各以其物会之。”《典枲》：“掌
> 布、缌、缕、纻之麻草之物，以待时颁功而授赍。及献
> 功受苦功，以其贾楬而藏之，以待时颁。颁衣服，授
> 之；赐予，亦如之。岁终，则各以其物会之。”《缝人》：
> “掌王宫之缝线之事，以役女御，以缝王及后之衣服。”
> 《染人》：“掌染丝帛。凡染，春暴练，夏纁玄，秋染夏，
> 冬献功。掌凡染事。”

《冬官》虽阙，亦可考见其时妇功之大概矣。

周之服制，等差甚多，上得兼下，下不得僭上。其大纲见于
《周官》中《司服》、《弁师》二职。

> 《司服》：“王之吉服，祀昊天上帝，则服大裘而冕。

祀五帝，亦如之。享先王，则衮冕。享先公之飨射，则
鷩冕。祀四望山川，则毳冕。祭社稷五祀，则希冕。祭
群小祀，则玄冕。凡兵事，韦弁服。视朝，则皮弁服。
凡甸，冠弁服。凡凶事，服弁服。凡吊事，弁绖服。凡
丧，为天王斩衰，为王后齐衰，王为三宫六卿锡衰，为
诸侯缌衰，为大夫士疑衰，其首服皆弁绖。大札、大
荒、大裁，素服。公之服，自衮冕而下如王之服。侯伯
之服，自鷩冕而下如公之服。子男之服，自毳冕而下如侯
伯之服。孤之服，自希冕而下如子男之服。卿大夫之
服，自玄冕而下如孤之服。其凶服，加以大功、小功。
士之服，自皮弁而下如大夫之服。其凶服亦如之。其齐
服，有玄端素端。"

《弁师》："掌王之五冕，皆玄冕，朱里延纽。五采
缫十有二就，皆五采玉十有二，玉笄朱纮。诸侯之缫斿
九就，瑉玉三采，其余如王之事，缫斿皆就，玉瑱玉
笄。王之皮弁，会五采玉璂，象邸玉笄。王之弁绖，弁
而加环绖。诸侯及孤卿大夫之冕、韦弁、皮弁、弁绖，
各以其等为之。"

其散见于《仪礼》及《戴记》者，事目烦猥，不可殚述。清代经
生研究周之服制，其书尤夥。刘师培之《中国历史教科书》约而
述之，尚简明易晓，并录于下：

西周衣服之制，周代著衣之法，则行礼之时，必开
服而袒其袖。凡吉凶之礼均左袒，觐礼则右袒。衣之近
体者为裼衣，裼衣亦名中服。裼衣以上之衣名曰上服。
袒上服亦谓之裼，不袒上服则谓之袭。又无论何服均有

缘饰，或谓之纯。在冠则纯其梁之两方，在衣则纯领及袂口，在裳则纯其幅及下，深衣则又纯其边，此西周服饰之大略也。惟古人之服饰分为二类，一为行礼之服，名曰公服；一为私居所作之服，名曰亵服。今试就公服分析之。冕以木为之，广八寸，长一尺六寸。有延，覆于冕上，上玄下纁，以布为之。有纽，所以贯笄。有衡，以玉为之，束于冠之两旁。有纮，从下屈而上属于两旁。天子用朱纮，诸侯青，大夫缁组纁边。有笄，以玉为之，长尺二寸。有武，有紞，所以悬瑱者。人君五色，臣三色，有瑱，天子诸侯皆以玉。大裘之冕无旒，一命之大夫亦无旒。纁裳，前三幅，后四幅，辟积无数，服辟积无数。周制，天子冕服六。大裘祀天，尚质，其衣无文。衮冕九章，衣五章，曰龙，曰山，曰华虫，曰火，曰宗彝。裳四章，曰藻，曰粉米，曰黼，曰黻。鷩冕七章，衣三章，曰华虫，曰火，曰宗彝。裳四章，曰藻，曰粉米，曰黼，曰黻。毳冕五章，衣三章，曰宗彝，曰藻，曰粉米。裳二章，曰黼，曰黻。缔冕三章，衣一章，曰粉米。裳二章，曰黼，曰黻。玄冕一章，衣无文，裳刺黻。大裘而冕，为祀昊天上帝之服，又为祀五帝之服。衮冕为享先王之服，又为会同宾客之齐服，又为受觐之服，又为大昏亲近之服。鷩冕为享先公之服，又为飨食宾客之服，又为大射之服，宾射亦如之。又为食三老五更于太学之服。毳冕为祀四望山川之服，缔冕为祭社稷五祀之服，玄冕为祭群小祀之服，又为斋戒听朔之服。六冕服，冬裘皆用羔，冕服有裼袭之制。衮冕以下至玄冕，公侯卿大夫降服有差，皆谓之裨冕。上公自衮冕九章而下，其服五，衮冕有降龙无升龙。公之衮冕衣五章，裳四章，为将觐释币于祢之服，为朝觐之服，为从王大祭服，又为鲁祭文王、周公之服，又为二王之后自祭之服，又为二王后与鲁祭天子服。公之鷩冕，衣三章，裳四章，为从王享先公飨射之服。公之毳冕，衣三章，裳二章，为从王中祭祀之服。公之缔冕，衣一章，裳二章，为从王祭社稷五祀之服。公之玄冕，衣无文，裳刺黻，为从王群小祀之服，又为自祭宗庙之服，又为亲迎之服。侯伯自鷩冕七章而下，其服四，侯伯之鷩冕为朝天子之服，又为将觐释币于祢之服，又为从王鷩冕以上之服。侯伯之毳冕、缔冕，从王服，玄冕亦从王服，又为自祭宗庙之服，又为亲迎之服。子男自毳冕五章而下，其服三。子男毳冕，为朝天子之服，又为将觐释币于祢之服，又为从王毳冕以上之服。子男缔冕，从王服。子男玄冕，从王服，又为自祭宗庙之服，又为亲迎之服。王之三公，服鷩冕而下，其服四。若加一等，得服衮冕。其鷩冕，为助王祭之服。其毳冕，为从王射之服。其缔冕，亦从王服。其玄冕，为亲迎之服，又为从王听朔之服，又为郊劳诸侯之服。王之孤卿，毳冕，其服三。若加一等，得服缔冕。其毳冕、缔冕，皆从王服。其玄冕，为亲迎之服，又为从王听朔之服。王之大夫，缔冕，其服二。缔冕，为从王助祭之服。玄冕，为亲迎之服，又为从王听朔之服。若加一等，则得服毳冕。诸侯入为王官，仍服其服。公之孤，缔冕，其服二。孤之缔冕，为聘于王朝之服，又为助祭之服。孤之玄冕，为助君祭之眼，又为亲迎之服。侯、伯、子、男之卿亦如之。公之卿大夫，服玄冕，为聘于天子与助祭之服，又为助祭于公之服，又为亲迎之服。侯伯大夫再命，亦如之。子男大夫一命，亦服玄冕而无流。冕服有韍，韍制与韠同。长三尺，下广二尺，上广一尺。天子直，公侯前后方，大夫前方后挫角，士前后正。天子之士则直，诸侯之士则方。其色，天子朱韍，诸侯黄朱，大夫素。若大夫助祭于君。则用玄冕赤韍。士无韍，若助祭于君，服爵弁，则缊韍而韎韐也。韍色皆如其裳之色。其带，有大带，天子素带，朱里终辟。诸侯素带终辟。大夫素带辟垂。又有革带，所以悬佩与韍。有佩，有笏，天予以球玉，抒上，终葵首，一曰珽，或谓之大圭。诸侯以象，前诎后直，大夫以鱼须文竹，前诎后诎。凡笏，皆搢于带间。臣于君前将有指画，或书以记事，则执之。有偪，有舄，冕服皆赤舄，自天子至卿大夫同。

刘氏所举惟冕服，以周制冕服最尊也。

《周礼正义》（孙诒让）："凡服，尊卑之次系于冠。冕服为上，弁服次之，冠服为下。"

其弁服、冠服之差别，详于任大椿《弁服释例》：

爵弁为天子、卿大夫及诸侯之孤，祭于己之服，又为士助祭斋服，又为士助祭之服，又为释祭视涤濯之服，又为天子、诸侯先祖为士者之尸服，又为衅庙、迁庙、祝宗人、宰夫、雍人及从者入庙之服，又为士冠三加之服，又为士亲迎之服，又为诸侯始命之服，又为士之命服，又为诸侯之复服，又为士之复服，又

为公之袭服，又为大夫之袭服，又为士之袭服，又为
公之禭服，又为天子承天变及哭诸侯之服。爵弁重于
皮弁，有爵韦弁，有素爵弁，有布爵弁。一曰冕，或
曰韦弁。爵弁无旒，与无旒之冕同，惟不俯尔。爵
弁，以三十升布为之，赤色而微黑。上古以布，中古
以丝，广八寸，长尺六寸；或曰高八寸，长尺二寸。
纯衣，纁裳，靺韐。天子、诸侯爵弁之舄无明文，大
夫、士纁屦，黑絇繶纯，中衣用素羔裘。韦弁，为聘
礼卿归宾、飨饩之服，又为下大夫聘礼、归介飨饩及
介受礼之服，又为聘礼夫人使下大夫归礼之服，又为
天子、诸侯、大夫兵事之服。韦弁重于皮弁，形制似
皮弁，广狭之度当似后世武弁。天子、诸侯、孤、卿
大夫韦弁，会皆有玉璂，璂数与玉采各以其等。朱裳、
靺与爵弁同。天子、诸侯舄无明文，大夫白屦，黑絇繶
纯。皮弁，为天子郊天听祭报之服，又为大学有司祭
菜之服，又为君巡狩之服，又为君卜夫人世妇养蚕之
服，又为君蜡祭之服，又为舞大夏之服，又为士冠再
加之服，又为天子视朝之服，又为天子常食之服，又
为诸侯在王朝之服，又为诸侯视朔之服，又为天子燕
同姓之服，又为天子宾射、燕射及诸侯在境宾射之服，
又为诸侯大射之服，又为天子受朝宗之服，又为觐礼
劳侯氏之服，又为诸侯相朝之服，又为聘礼宾主人之
服，又为宾及上介受飨饩之服，又为归饔饩宾拜赐之
服，又为卿还玉及宾受玉之服，又为诸侯田猎之服，
又为天子除丧之祭服，又为诸侯之复服，又为公之袭
服，又为大夫之袭服，又为士之袭服，又为公之禭服，
又为上大夫卜宅与葬日占者之服，又为国君吊异国臣

之服，又为诸侯、卿大夫、士当事不当事之吊服，又为既夕乘车所载之服，又为公于公族变降之服。皮弁重于朝服，弁以鹿皮浅毛为之，衣用十五升布，素积，素韠（大夫以上素带，士缁带，与爵弁同）。天子诸侯白舄，青绚繶纯，大夫、士白屦，缁绚繶纯。纯博寸，一曰素积，或曰素端。中衣用布（朝服玄端同）。天子视朝，三公及诸侯在王朝，服皮弁用狐白裘，锦衣裼。诸侯在国视朔及受聘享，服皮弁，则素衣麑裘。天子、卿大夫及诸侯、卿大夫在天子之朝亦皮弁，狐白裘，素衣裼。天子之士及诸侯之士在天子之朝，皮弁，麑裘。朝服，为衅庙礼成君听反命之服，又为大夫家祭筮日之服，又为大夫家祭宗人请期之服，又为大夫家祭视杀、视濯之服，又为大夫家祭尸服，又为诸侯大夫及天子之士正祭之服，又为士家祭宾及兄弟之服，又为醋禜社之服，又为禓祭之服，又为士冠筮日、筮宾之服，又为士冠宿宾及夕为期之服，又为诸侯视朔之服，又为卿大夫莫夕于朝之服，又为王朝卿士退朝治事之服，又为天子诸侯养老及宴群臣之服，又为公食大夫公及宾之服，又为公食大夫宾拜赐之服，又为公食大夫不亲食使大夫致侑币及宾受赐、拜赐之服，又为大夫相食不亲食致侑币之服，又为诸侯常食之服，又为诸侯燕射之服，又为诸侯在国宾射之服，又为乡饮酒戒宾、速宾之服，又为乡饮酒宾主人之服，又为乡饮酒宾主人拜赐、拜辱之服，又为乡射速宾之服，又为乡射宾主人之服，又为乡射宾主人拜赐、拜辱之服，又为士负世子之服，又为君名世子之服，又为命使于君之服，又为乘路马之服，又为仆右之服，又为聘礼使者夕币之服，又力聘礼君展币之服，又为聘礼宾及介释币于祢之服，又为聘礼君进使者授圭璧之服，又为聘礼肆仪之服，又为聘礼入境展币之服，又为聘礼请事、请行、郊劳之服，又为聘礼宰夫设飧之服，又为聘礼宾辞受飨飧之服，又为聘礼宰夫致上介饩及上介受饩之服，又为聘礼问卿宾主人之服，又为聘礼上介问下大夫之服，又为聘礼不亲食使大夫致侑币之服，又为聘礼卿归及郊请反命之服，又为聘礼卿有私丧反命之服，又为天子田猎之服，又为君视疾有疾者见君之服，又为养亲疾之服，又为将死者新加之服，又为始死后者之服，又为宰受含之服，又为公之袭服，又为公之襚服，又为小敛前后吊者之服，又为下大夫及士筮宅占者之服，又为既夕道车所载之服，又为大祥筮日、筮尸、视濯之服，又为大祥夕期及祥祭之服，又为既祥受赠赗之服，又为逾月吉祭之服。朝服重于玄端，一曰玄衣、一曰缁衣、一曰玄端、一曰乡服。朝服、玄端，冠皆玄冠。玄冠，一曰委貌，广二寸，以缯为之，衡缝、内毕、缘边。居冠属武，非燕居则冠与武别。冠武异材，冠缨异材。缨之有饰者曰緌，有纚，有总，有髦。一曰冠弁，有素委貌，衣用十五升缁布，素裳，缁带，素韠，或缁韠。天子诸侯白舄，青絇繶纯，大夫士白屦，黑絇繶纯。凡朝服，君臣皆羔裘，臣则豹袖。玄端，为诸侯大夫士斋服，又为士祭筮日、筮尸、视濯、宾主人及子姓兄弟有司群执事之服，又为宿尸、宿宾尸及宾主人之服，又为大夫、士之尸服，又为士家祭视杀及正祭之服，又为士祭祝佐食之服，又为有司免牲之服，又为士冠初加之服，又为士冠宾主人之服，又为士冠兄弟之服，又为士冠摈者、赞者之服，又为冠者见君及卿大夫、乡先生之服，又为士昏纳采宾主人之服，又为亲迎从者及主人之服，又为天子诸侯燕居之服，又为大夫士私朝之服，又为士夕于君之服，又为世子事亲之服，又为子事父母之服，又为公食大夫戒宾宾拜辱之服，又为乡饮、酒息、司正之服，又为乡射戒宾之服，又为乡射息司正之服，又为大夫去国之服，又为世子亲斋养疾之服，又为疾者及养疾者之服，又为公袭二称之服，又为公之襚服，又为士丧卜日族长及宗人之服，又为士虞尸服，又为绎祭及绎祭后服，又为逾月吉祭后燕居之服，又为殇除丧祭之服。士玄端，大夫以上侈袂，士妻宵衣之袂，皆正方，与士玄端同。大夫命妇侈袂，亦与大夫同。玄端连衣裳，则曰缘衣，衣用十五升黑布。天子诸侯玄端朱裳，大夫素裳，士玄裳、黄裳、杂裳。天子诸侯朱韠，大夫素韠，士爵韠，或以缁韠。天子诸侯黑舄，赤絇繶纯，大夫士黑屦、青絇繶纯。玄端狐青裘，或曰羔裘。

而深衣之制则详于任大椿《深衣释例》：

深衣，古养老及燕群臣之服，又为诸侯之夕服，又为游燕之服，又为大夫士私朝夕服及居家之服，又为道路之服及为庶人之吉服，又为亲始死之服，又为奔丧未成服之服，又为亲殡时之服，又为殡后君吊及未殡之服，又为既祥之服，又为除丧受吊之服，又为公子为其母与妻之服，又为亲迎女在途闻父母死趋丧之服，又为女在涂闻其父死奔丧之服，又为女未至遭婿衰功之丧、男女易吉之服，又为聘使闻私丧既反命之服，又为庶人之吊服，又为童子趋丧之服。深衣，用布十五升，衣与袂各二幅，皆二尺二寸，祛尺二寸。曲裾，属于内外襟，两襟交，则裾交而形自方。裳要缝七尺二寸，缝齐一丈四尺四寸，十裳二幅，前后各六幅。在旁者名曰衽，续衽钩边，衣裳皆有缘。裳之长及踝，带当胁下。凡服，殊衣裳；法衣，不殊衣裳。深衣露著而素纯长袂者曰长衣，有表而长袂者曰中衣，中衣在裘及袍衣之内，布缘者曰麻衣，通曰禅衣。

欲研究周人衣服之差别，不可不熟复乎此也。

周人之食以谷为主，而于人民食品，尤以平均周给为要。

> 《周官·司稼》："掌巡邦野之稼，而辨穜稑之种，周知其名，与其所宜地以为法，而县于邑闾。巡野观稼。以年之上下出敛法。掌均万民之食而赒其急，而平其兴。"

民数与食物之数均有统计。年有上下，食亦有多寡。其凶年，则有预防及救济之法。

> 《廪人》："掌九谷之数：……以岁之上下数邦用，以知足否，以诏谷用，以治年之凶丰。凡万民之食食者，人四鬴，上也；人三鬴，中也；人二鬴，下也。若食不能人二鬴，则令邦移民就谷，诏王杀邦用。"《遗人》："掌邦之委积，以待施惠。乡里之委积，以恤民

之虆阼。……县都之委积，以待凶荒。"《旅师》："掌聚野之锄粟、屋粟、间粟而用之。以质剂致民，平颁其兴积，施其惠，散其利，而均其政令。凡用粟，春颁而秋敛之。"

而平居所用之牲谷，必责其出于自力。

《闾师》："凡庶民不畜者，祭无牲；不耕者，祭无盛。"

饮酒必谨而几之。

《萍氏》："掌国之水禁、几酒、谨酒。"

其注意于民之饮食如此。其贵族之饮食。有六谷、

《膳夫》："凡王之馈食，用六谷。"（郑司农云：六谷，稌、黍、稷、粱、麦、苽。）

六牲、

《膳夫》："膳用六牲。"（郑《注》："六牲，马、牛、羊、豕、犬、。"）

六兽、六禽、

《庖人》："掌共六畜、六兽、六禽。"（郑司农云六

兽，麋、鹿、熊、麇、野豕、兔。六禽，雁、鹑、鴳、
雉、鸠、鸽。郑玄谓六兽，有狼，无熊；六禽为羔、
豚、犊、麛、雉、雁。）

六清、

《膳夫》："饮用六清。"《浆人》："掌共王之六饮，
水、浆、醴、凉、医、酏。"

庶羞、

《膳夫》："羞用百二十品。"（按其数不可备举，据
《内则》有爵、鹑、蜩、范、芝、栭、菱、椇、枣、栗、
榛、柿、瓜、桃、李、梅、杏、楂、梨、姜、桂，及牛
脩、鹿脯、田豕脯、麋脯、麇脯、雉、兔等。）

八珍、

《膳夫》："珍用八物。"（郑《注》："珍谓淳熬、淳
母、炮豚、炮牂、捣珍、渍、熬、肝膋也。"）

五齐、七醢、七菹、三臡等。

《醢人》："王举，则共醢六十瓮，以五齐、七醢、
七菹、三臡实之。"（郑《注》：五齐：昌本、脾析、蜃、
豚拍、深蒲也。七醢：醓、蠃、蠯、蚳、鱼、兔、雁
醢。七菹：韭、菁、茆、葵、芹、箈、笋。三臡：麋、

鹿、麇鷽也。）

其鱼物、互物、腊物，均有长官掌之。

> 鳖人："掌以时鳖人为梁。春献王鲔，辨鱼物为鲜薧，以共王膳羞。凡祭祀宾客丧纪，共其鱼之鲜薧，凡鳖者，掌其政令。"《鳖人》："掌取互物，以时籍鱼、鳖、龟、蜃。凡狸物，春献鳖蜃，秋献龟鱼，掌凡邦之籍事。"《腊人》："掌干肉，凡田兽之脯腊膴胖之事。凡祭祀，共豆脯，荐脯膴胖，凡腊物。"

其食以时，

> 《食医》："凡食齐视春时，羹齐视夏时，酱齐视秋时，饮齐视冬时。凡和，春多酸，夏多苦，秋多辛，冬多咸，调以滑甘。"

其会以宜。

> 《食医》："凡会膳食之宜，牛宜稌，羊宜黍，豕宜稷，犬宜梁，雁宜麦，鱼宜菰。凡君子之食恒放焉。"

虽其分别等差，不能使平民皆受此等奉养，然取精用宏，养生有法，亦可见其时研究食物之进化矣。（按周代之制，食物之众寡，以爵位之贵贱为差。天子燕食，羞用百二十品，大夫燕食，有脍则无脯，有脯则无脍，上大夫庶羞二十品，羹食。自诸侯以下至于庶人，无等。士不贰羹胾。大夫无秩膳，七十而有阁。士以下，恒食黍稷，大夫以上，加稻粱。故膏粱为贵族子弟之称，庶人自卿大夫为肉食者，此阶级之弊也。)

周之饮食精备如此，而礼制即寓于其中。所谓夫礼之初，始诸饮食也。饮食之礼，详于《仪礼》。刘师培《中国历史教科书》尝约述之：

> 凡食礼，初食三饭，卒食九饭。设馔，以豆为本。凡正馔，先设黍稷，辅以俎豆，加馔以后，则用稻粱。庶羞，初食加馔之稻粱，以正馔之俎豆佐食。卒食正馔之黍稷，以加馔之庶羞佐食。凡食礼，有豆无笾，饮酒之礼，有豆有笾。其用牲也，士冠礼、士昏礼用豚，乡饮射、飨礼、燕礼、大射均用狗，聘礼用太牢、少牢，公食大夫礼用太牢。士丧、既夕、士虞皆用特牲。凡牲，皆用右胖。牲二十一体，谓之体解。牲七体，谓之豚解。杀者曰饔，生者曰饩。烹牲及鱼腊曰饔爨，炊黍稷曰饎爨，出脯醢谓之荐。此会食礼之大略也。食必于庙，燕必于寝，乡饮必于庠。

盖周之尚文，即一饮一食之微，亦必寓其意焉。后人但斥其繁琐无谓，而不悉心研究其思想制度之所以发生，则用心粗牾之过也。欲知其意，宜先读《乐记》之言。

> 《乐记》："夫豢豕为酒，非以为祸也。而狱讼益繁，则酒之流生祸也。是故先王因为酒礼，壹献之礼，宾主百拜，终日饮酒，而不得醉焉。此先王之所以备酒祸也。"

则知周人之于饮食，既求其美备，复防其恣肆，非徒诏人以口腹之欲，亦非徒限人以阶级之制也。

周代饮食进化，故于医药之法，亦极注重。凡医皆属于太宰，而万民皆得从而治之。

《疾医》："掌养万民之疾病。四时皆有疠疾，春时有痟首疾，夏时有痒疥疾，秋时有疟寒疾，冬时有嗽上气疾。以五味、五谷、五药养其病，以五气、五声、五色视其死生。两之以九窍之变，参之以九藏之动。凡民之有疾病者，分而治之。死终，则各书其所以，而入于医师。"《疡医》："掌肿疡、溃疡、金疡、折疡之祝药劀杀之齐。凡疗疡，以五毒攻之，以五谷养之，以五药疗之，以五味节之。凡药，以酸养骨，以辛养筋，以咸养脉，以苦养气，以甘养肉，以滑养窍。凡有疡者，受其药焉。"《兽医》："掌疗兽病，疗兽疡。凡疗兽病，灌而行之，以节之，以动其气，观其所发而养之。凡疗兽疡，灌而劀之，以发其恶，然后药之、养之、食之。凡兽之有病者、有疡者，使疗之，死则计其数以进退之。"

人兽之病皆有专医，祝药劀杀，备具诸法，进退差次，考核綦重。

《医师》："掌医之政令，聚毒药，以共医事。凡邦之有疾病者、疕疡者造焉，则使医分而治之。岁终则稽其医事，以制其食。十全为上，十失一次之，十失二次之，十失三次之，十失四为下。"

其重视生命如此，岂若今之纵中外医士草菅人命，无考校者哉！

第九节　礼　俗

周之政法，即谓之礼。前所举之制度，皆礼也。此节所言之礼俗，则周代制度中之子目，而于《周官》中专礼之名者也。《周官》举礼之目者有二官，一为司徒所掌之礼，目有四：祀礼、阳礼、阴礼、乐礼。一为宗伯所掌之礼，目有五，

> 大宗伯之职，掌建邦之天神、人鬼、地祇之礼，以佐王建保邦国。以吉礼事邦国之鬼神示……以凶礼哀邦国之忧……以宾礼亲邦国……以军礼同邦国……以嘉礼亲万民。

而此五者又各有子目。

（一）吉礼之别十有二：以禋祀祀昊天上帝，以实柴祀日月星辰，以槱燎祀司中、司命、飌师、雨师，以血祭祭社稷五祀五岳，以狸沈祭山林川泽，以疈辜祭四方百物，以肆献祼享先王，以馈食享先王，以祠春享先王，以礿夏享先王，以尝秋享先王，以烝冬享先王。

（二）凶礼之别五：以丧礼哀死亡，以荒礼哀凶札，以吊礼哀祸灾，以禬礼哀围败，以恤礼哀寇乱。

（三）宾礼之别八：春见曰朝，夏见曰宗，秋见曰觐，冬见曰遇，时见曰会，殷见曰同，时聘曰问，殷覜曰视。

（四）军礼之别五：大师之礼用众也，大均之礼恤众也，大田之礼简众也，大役之礼任众也，大封之礼合众也。

（五）嘉礼之别六：以饮食之礼亲宗族兄弟，以昏冠之礼亲

成男女，以宾射之礼亲故旧朋友，以飨燕之礼亲四方之宾客，以脤膰之礼亲兄弟之国，以贺庆之礼亲异姓之国（以上均引自《大宗伯》）。此五目三十六项，即赅于司徒所举之四目中，而其仪文度数之繁密，殆不可胜举。今其礼固不尽存，即其存者言之，犹当别为专书，始能详述其制礼之义，本书不能尽述也。近人谓《仪礼》为全书，胪举《礼书》篇目，合之《戴记》，其言颇有见：

《礼经通论》（邵懿辰）："汉初，鲁高堂生传《礼经》十七篇，五传至戴德、戴圣，分为《大戴》、《小戴》之学，皆不言其有阙也。言仅存十七篇者，后人据《汉书·艺文志》及刘歆《七略》，多因《逸礼》三十九而言耳。夫高堂、后苍、二戴、庆普不以十七篇而不全者，非专己而守残也，彼有所取证，证之所附之记焉耳。观《昏义》曰：夫礼始于'冠'，本于'昏'，重于'丧'、'祭'，尊于'朝'、'聘'，和于'乡'、'射'。故有《冠义》以释《士冠》，有《昏义》以释《昏礼》，有《问丧》以释《士丧》，有《祭义》、《祭统》以释《特牲》、《少牢》、《有司彻》，有《乡饮酒义》以释《乡饮》，有《射义》以释《乡射》、《大射》，有《燕义》以释《燕礼》，有《聘义》以释《聘礼》，有《朝事》以释《觐礼》，有《四制》以释《丧服》。而无一篇之义出于十七篇之外者，是冠、昏、丧、祭、朝、聘、乡、射八者，约十七篇言之也。更证之《礼运》，《礼运》尝两举八者以语子游，皆孔子之言也。特'射、乡'讹为'射、御'耳。一则曰达于丧、祭、射、乡、冠、昏、朝、聘，再则曰其行之以货、力、辞、让、饮、食、冠、昏、丧、祭、射、乡、朝、聘。货、力、辞、让、饮、食六者，礼之纬也，冠、昏、丧、祭、射、乡、朝、聘八者，礼之经也。冠以明成人，昏以合男女，丧以仁父子，祭以严鬼神，乡饮以合乡里，燕射以成宾主，聘食以睦邦交，朝觐以辨上下。天下之人尽于此矣，天下之事亦尽于此矣。而其证之尤为明确而可指者，适合于《大戴》十七篇之次序。《大戴》《士冠礼》一，《昏礼》二，《士相见》三，《士丧》四，《既夕》五，《士虞》六，《特牲馈食》七，《少年馈食》八，《有司彻》九，《乡饮》十，《乡射》十一，《燕》十二，《大射》十三，《聘》十四，《公食大夫》十五，《觐》十六，《丧服》十七。是一、二、三篇，冠、昏也；四、五、六七、八、九，丧、祭也；十、十一、十二、十三，射、乡也；十四、十五、十六，朝、聘也。而丧服之通乎上下者附焉。"

兹就此八者而举之，以见周代礼俗之一斑。

（一）冠。男子二十而行冠礼。未冠之前，必筮日，筮宾。及期，行礼于阼。宾以缁布冠、皮弁、爵弁，三加其首；复醮于客位，字之曰伯某甫。既冠者玄冠、玄端以见君，并谒乡大夫、乡先生，所以示其成人也。适子冠于阼，庶子冠于房；适子醮用醴，庶子则用酒，所以别适庶也。由士以上均行此礼。或曰"天子十二而冠"。

（二）昏。周之昏礼，先使媒氏通言，女氏许之，乃使人纳采，继以问名、纳吉、纳徵、请期诸礼。纳采用雁，纳徵用缁布；由卿以上，则加玄纁、俪皮及珪璋。届期，父醮子而命之迎，子承命以往，执雁而入，奠雁稽首，出门乘车，以俟妇于门外，导妇而归，与妇同牢而食，合卺而饮。次日，妇见于舅姑，舅姑飨之。三月而庙见。凡女子许嫁，笄而字，祖庙未毁，则就公宫教以妇德、妇言、妇容、妇功；祖庙已毁，则教于宗室。

（三）丧。周代丧礼，凡始卒，必于室。小敛后，则奉尸于堂，大敛必于阼阶上。既殡，则置于西阶上，尸柩皆南首，惟朝祖及葬，北首。始卒及小敛、大敛，均朝夕哭，朔月荐新。及迁柩、迁祖、大遣，皆行奠礼。其行奠礼也，小敛以前，皆在尸东；大敛以后，皆在室中；迁祖以后，皆在柩西。既还车，则在柩东。行奠礼，必荐车马，必行哭礼。丈夫踊，降自西，妇人踊，于东南。此奠礼之大略也。有丧必赴，既赴，则吊者至，君使人吊，则主人拜，稽颡成踊，非君之吊，则拜而不踊。若君临大敛，则主人拜，稽颡成踊。此吊礼之大略也。至于送终之典，则敛尸以巾，布席于尸。大敛则加以公服，棺周于身，椁周于棺。天子棺椁九重，诸侯五重，大夫三重，士二重，庶人有棺而无椁。棺椁均用木，被之以革。置柩之地，刊木为重，幂之以布，复以旗为明旌，以铭其生前之绩。其葬期，天子七月，诸侯五月，大夫三月，士逾月。树土为冢，置棺其下，冢人掌之。此殡葬之大略也。其服制，亲丧三年，哭踊均有常节，寝苫枕块。既葬曰"虞"，期年而小祥，又期年而大祥。大祥更间一月则为禫祭，禫祭则除服。故三年之丧，二十五个月而毕。自天子至于庶人均行之。其他服制，则自三年递降，凡七等，其冠衰布缕皆有差。

（四）祭。祭必卜日，先期斋戒，以所祭者之孙或同姓者为尸。卜而宿之，并宿宾。祭前一日之夕，主人及子姓兄弟众宾视濯、视牲。祭之日，主人主妇及执事者视杀、视馔爨，及陈设鼎俎，而后迎尸。尸入坐，主人一献，主妇亚献，宾三献。天子之礼，禘十二献，袷九献，时享七献；诸侯之礼，则七献。事尸毕，祝告利；尸出，佐食彻俎而馂。祭之明日，复享宾，天子诸侯曰"绎"，大夫曰"宾尸"，士曰"宴尸"。凡士祭，尸九饭；大夫祭，尸十一饭。尸未食前之祭，谓之"堕祭"，又谓之"接祭"。凡正祭于室，傧尸则于堂。此祭之大略也。

（五）射。射礼有三，大射及宾射、燕射也。天子大射，射于射宫；宾射，射于王朝；燕射，射于路寝庭。诸侯、卿亦有大射之典。天子三侯，诸侯二侯，卿大夫一侯。士不大射，诸侯宾射亦二侯，卿以下一侯。大射之侯曰"皮侯"，以虎、豹等皮饰侧，而栖鹄于中。宾射亦用虎、豹、熊、麋之皮饰侧，而中画五采以为正，曰"五采之侯"。燕射，则天子熊侯白质，诸侯麋侯赤质，大夫布侯，画以虎豹，士布侯，画以鹿豕；皆丹质，名曰"兽侯"。凡射，皆三次。初射，三耦射；再射三耦与众耦皆射；三射，则以乐节射，不胜者饮。

（六）乡。乡饮之礼，以乡大夫为主人，处士贤者为宾介。宾至，拜迎于门外；入门，三揖三逊，自西阶升，司正北面受命安宾；升歌，间歌，合乐，主拜宾至，宾拜主洗。凡宾，六十者坐，五十者立。六十者三豆，七十者四豆，八十者五豆，九十者六豆。献酬既毕，降，脱屦升堂，乃羞。无算爵，无算乐，宾出奏《陔》。

（七）朝。周之朝仪有三，外朝之法，朝士掌之。左九棘，孤卿大夫位焉，群士在其后；右九棘，公、侯、伯、子、男位焉，群吏在其后；面三槐，三公位焉，州长众庶在其后。治朝之位，司士正之。王南乡，三公北面东上，孤东面北上；卿大夫西面北上；王族故士虎士在路门之右，南面东上；大仆、大右、大仆从者在路门之左，南面西上。司士摈，孤卿特揖，大夫以其等旅揖。士旁三揖。王还揖门左，揖门右，士先即位，不待王揖；大夫以上，皆待王揖乃就位。燕朝之仪，大仆掌之，大夫坐

261

于上，士立于下，王坐而听政焉。诸侯朝觐，皆受舍于朝，同姓西面北上，异姓东面北上。天子衮冕负斧依，侯氏入门右，坐奠圭，再拜稽首。摈者谒，侯氏坐取圭，升致命，王受之玉，侯氏降阶，东北面再拜稽首。摈者延之曰升；升成拜，乃出。侯氏三享，奉束帛十马，天子赐侯氏以车服。

（八）聘。聘，有使，有介，皆载旜。受命于朝，过邦则假道，入境，肆仪，展币，主君及夫人使使劳之。致馆，设飧。明日，迎宾，设几筵于庙，宾执圭致聘；出，复入，奉束帛，加璧、享，庭实以皮，或以马；聘于夫人，用璋，享用琮。事毕，宾奉束锦以请觌，主君礼，宾上介众介均私觌。宾即馆，主君使人劳之，归饔饩焉。

此皆当时人事所至重者也，传称"国之大事，在祀与戎"。周之祭礼，迷信多神，自天地、山川、日星、风雨、户灶、门行、猫虎、厉鬼之类，皆有专祀，其言多无当于民治，故不胪举。《军礼》已亡，《宗伯》所言五目，都无所考，惟《夏官·大司马》略言之。

> 《大司马》："中春，教振旅。司马以旗致民，平列陈，如战之陈，辨鼓、铎，镯、铙之用。王执路鼓，诸侯执贲鼓，军将执晋鼓，师帅执提，旅帅执鼙，卒长执铙，两司马执铎，公司马执镯。以教坐作进退、疾徐、疏数之节，遂以蒐田。中夏，教茇舍，如振旅之陈。群吏撰车徒，读书契，辨号名之用。帅以门名，县鄙各以其名，家以号名，乡以州名，野以邑名，百家各象其事，以辨军之夜事。其他皆如振旅，遂以苗田。中秋，教治兵，如振旅之陈，辨旗物之用。王载大常，诸侯载旂，军吏载旗，师都载旜，乡遂载物，郊野载旐，百官

载旟，各书其事与其号焉。其他皆如振旅，遂以狝田。中冬教大阅，前期群吏戒众庶，修战法，虞人莱所田之野为表，百步则一，为三表，又五十步为一表。田之日，司马建旗于后表之中，群吏以旗物、鼓、铎、镯、铙，各帅其民而致。质明，弊旗，诛后至者。乃陈车徒，如战之陈，皆坐。群吏听誓于陈前，斩牲，以左右徇陈，曰："不用命者斩之。"中军以鼙令鼓，鼓人皆三鼓，司马振铎，群吏作旗，车徒皆作，鼓行鸣镯，车徒皆行，及表乃止。三鼓摝铎，群吏弊旗，车徒皆坐。又三鼓，振铎，作旗，车徒皆作，鼓进鸣镯，车骤徒趋，及表乃止，坐作如初。乃鼓，车驰徒走，及表乃止。鼓戒三阕，车三发，徒三刺，乃鼓退，鸣铙且却，及表乃止，坐作如初。遂以狩田，以旌为左右和之门，群吏各帅其车徒，以叙和出，左右陈车徒，有司平之，旗居卒间以分地，前后有屯百步，有司巡其前后。险野，人为主；易野，车为主。既陈，乃设驱逆之车，有司表貉于陈前。中军以鼙令鼓，鼓人皆三鼓，群司马振铎，车徒皆作，遂鼓行，徒衔枚而进。大兽公之，小禽私之，获者取左耳。及所弊，鼓皆骇，车徒皆噪。徒乃弊，致禽馌兽于郊。"

欲考周代狩猎及战陈之概况者，亦可略推其意焉。

周之礼俗，有沿用于后世者，有与后世迥异者。考究当时风俗，及吾国今日习俗之沿革，皆宜于《礼》求之。略举数端，以见古今礼俗之异宜焉。

（一）饮食之俗。凡取饭于器中皆以匕，而承之悉以手。其未食也，先盥其手，将食，则仰其手而奉之。既食，则覆其手，以弃余粒，而扬饭、搏饭、放饭、流歠、啮骨，皆其所戒。若宾主会食，则主人以酒进宾，谓之"献"：宾报主人以酒，谓之"酢"；主人饮酒劝宾，谓之"酬"；正献既毕之酒，渭之"旅酬"；旅酬既毕之酒，谓之"无算爵"。凡献酒，必荐食。君之酒曰"膳"，臣之酒曰"散"，酌而无酬酢曰"醮"。执爵皆以左手，君臣男女不相袭爵。

（二）迎送揖让授受之俗。凡迎宾，主人敌者于大门外，主人尊者于大门内。君与臣行礼，则不迎送，宾亦然。凡入门，宾入自左，主人入自右，皆主人先入。以臣礼见，则入门右。推手曰"揖"，引手曰"厌"。入门必三揖，升阶皆三让。宾主敌者，俱升俱降；不敌者，不俱升。升阶，均连步，凡授受之礼，同面者谓之"并授受"，相向者谓之"讶授受"；敌者于楹间，不敌者不于楹间。卑者于尊者皆奠而不授，尊者辞乃授。凡一辞而许曰"礼辞"，再辞而许曰"固辞"，三辞不许曰"终辞"。

（三）拜跪之俗。周之拜礼有九。头至地者为稽首顿首拜，头叩地者为顿首拜，头至手者为空手拜，战栗变动之拜为振拜，拜而后稽颡者为吉拜，稽颡而后拜者为凶拜，先屈一膝者为奇拜，再拜者为褒拜，且俯下手者为肃拜。大抵门外之拜，皆东西面，堂上之拜，均北面，室中房中之拜，则以西面为敬。臣与君行礼，皆堂下再拜稽首；君辞则升成拜，拜必互答。凡为人使者，不答拜。凡拜送之礼，送者拜，去者不答拜。丈夫坐而拜，妇人兴而拜，其重拜则极地。

（四）坐立行走之俗。古皆席地而坐，坐必正席。客至于寝门，则主人请人为席。非饮食之客，则布席。席间函丈，主人跪正席，客跪抚席而辞；客彻重席，主人固辞，客践席乃坐。虚坐尽后，食坐尽前。堂上行礼之法，立则不脱屦，坐则脱屦。尊卑在室，则尊者脱屦于户内，余则脱屦于户外。尊卑在堂，亦尊者一人脱屦于堂上，余皆脱屦于堂下；爵位相均，则主宾皆脱屦于堂下。凡立必正方，不中门。以物相授受者，必立而不坐。其趋行之法有二：一为徐趋。君趋接武，大夫继武，士中武；其行皆足不离地，举前曳踵。一为疾趋。直身速行，屦头屡起，而手足仍直正，不得邪低摇动。又依《尔雅》之说，则古之行步，视地而异名。室中谓之“时”，堂上谓之“行”，堂下谓之“步”，门外谓之“趋”，中庭谓之“走”，大路谓之“奔”。

（五）相见执挚之俗。凡与尊者相见，必有所执，以将其意，是谓之挚。天子用鬯，诸侯用圭，孤用皮帛，卿用羔，大夫用雁，士用雉，庶人用鹜，工商用鸡。野外军中无挚，则以缨拾矢。凡宾执挚以见，主人必辞；故士见士，及士见大夫，主人皆辞挚。两士相见，则以宾向时所执者还之于宾，宾亦辞让而后受。士见大夫，则主人俟宾既出，还其挚于门外。臣见于君，则不还挚。若此国之臣以挚见他国之君，君亦使摈还其挚。妇人之挚，枣、栗、腵、脩：无挚，则不能成礼。

凡此皆当时之习惯风俗，不必即谓之礼。而诸书载之甚详，以为周旋进退之节，无在不寓礼意焉。故中国古代所谓“礼”者，实无乎不包，而未易以一语说明其定义也。

第十节　乐　舞

羲、农以来，虽已有乐，而其详不可考。古书之言乐者，殆莫详于《周礼》。汉人以《周官·大宗伯》之《大司乐》章，为乐人之专书。

　　《汉书·艺文志》："六国之君。魏文侯最为好古。
　孝文时，得其乐人窦公，献其书，乃《周官·大宗伯》

之《大司乐》章也。"

世遂以为《乐经》。盖古《乐》既亡，惟此犹可推见其概也。言乐必本律吕，世传黄帝初命伶伦作律。

> 《吕氏春秋·古乐篇》："昔黄帝令伶伦作为律……制十二筒，以听凤凰之鸣，以别十二律。其雄鸣为六，雌鸣亦六。以比黄钟之宫，适合。黄钟之宫皆可以生之，故曰黄钟之宫，律吕之本。"

《书》亦有六律、五声、八音之文，而未详举其目。至《周官》始备言六律、六同，

> 《周官·大师》："掌六律、六同，以合阴阳之声。阳声，黄钟、大蔟、姑洗、蕤宾、夷则、无射；阴声，大吕、应钟、南吕、函钟、小吕、夹钟。"

及五声、八音，

> 《大师》："皆文之以五声，宫、商、角、徵、羽；皆播之以八音，金、石、土、革、丝、木、匏、竹。"

辨声和乐之法。

> 《典同》："掌六律、六同之和，以辨天地四方阴阳之声，以为乐器。凡声，高声硍，正声缓，下声肆，陂声散，险声敛，达声赢，微声韽，回声衍，侈声筰，弇

声郁，薄声甄，厚声石。凡为乐器，以十有二律为之度
数，以十有二声为之齐量。凡和乐亦如之。"

言律吕度数者，固无有先于此书者矣。

《国语·周语》："伶州鸠曰：律所以立均出度也。
古之神瞽，考中声而量之以制，度律均钟，百官轨仪，
纪之以三，平之以六，成于十二，天之道也。"（其人在
景王时，已在春秋末世矣。）

言乐必兼舞，古舞之目，亦备于《周官》。

《大司乐》："以乐舞教国子。舞《云门》、《大卷》、
《大咸》、《大磬》、《大夏》、《大濩》、《大武》；以六
律、六同、五声、八音、六舞大合乐……乃奏黄钟，歌
大吕，舞《云门》，以祀天神；乃奏大蔟，歌应钟，舞
《咸池》，以祭地祇；乃奏姑洗，歌南吕，舞《大磬》，
以祀四望；乃奏蕤宾，歌函钟，舞《大夏》，以祭山川；
乃奏夷则，歌小吕，舞《大濩》，以享先妣；乃奏无射，
歌夹钟，舞《大武》，以享先祖。"（郑《注》：《咸池》，
《大咸》也。）

虽《大卷》未知所本，而《云门》、《咸池》、《韶》、《夏》、《濩》、
《武》之名，皆可信为累代相传之乐舞。

《乐纬稽耀嘉》："黄帝乐曰《云门》。"
《庄子·天下篇》："黄帝张《咸池》之乐，于洞庭

之野。"

《墨子·三辩篇》："汤因先王之乐，又自作乐，命曰《护》，又修《九招》。"

《吕氏春秋·古乐篇》称黄帝命伶伦与荣将铸十二钟，以和五音，以施英韶，命之曰《咸池》。帝舜令质修《九招》、《六列》、《六英》，以明帝德。禹命皋陶作为《夏籥》九成，以昭其功。汤命伊尹作为《大护》，歌《晨露》，修《九招》、《六列》，以见其善。武王伐殷克之，乃命周公为作《大武》。

大舞之外，复有小舞、

《乐师》："教国子小舞。"

靺舞、

《靺师》："掌教靺乐，祭祀则帅其属而舞之。"

籥舞、

《籥师》："掌教国子舞羽龡籥，祭祀则鼓羽龡之舞。

燕乐之舞。

《旄人》："掌教舞散乐、舞夷乐，凡四方之以舞仕者属焉。凡祭祀宾客，舞其燕乐。"

盖乐之为用，全在声容兼备，有声而无容，不得谓之乐。周之乐舞，上备先代，旁及夷野，于历史相传之功德，各地人民之习尚，罔不修举。此其乐之所以盛也。

后世言乐者，多注重于律吕，研究黍尺，聚讼纷如，而于舞法罕言之。制氏所纪之铿锵鼓舞，后亦不传。

《汉书·艺文志》："制氏以雅乐声律，世在乐官，颇能纪其铿锵鼓舞，而不能言其义。"

惟《乐记》略言其事：

"且夫武始而北出；再成而灭商；三成而南；四成而南国是疆；五成而分，周公左，召公右；六成复缀以崇。天子夹振而驷伐，盛威于中国也。"孔颖达疏："'武始而北出'者，谓初舞位，最在于南头，从第一位而北出者，次及第二位，稍北出者作乐，一成而舞，象武王北出观兵也。'再成而灭商'者，谓作乐再成，舞者从第二位至第三位，象武王灭商。……'三成而南'者，谓舞者从第三位至第四位，极北而南反，象武王克商而南还也。'四成而南国是疆'者，谓武曲四成，舞者从北头第一位，却至第二位，象武王伐纣之后，南方之国，于是疆理也。'五成而分，周公左，召公右'者，从第二位至第三位，分为左右，象周公居左，召公居右也。'六成复缀以崇'者，缀谓南头初位，舞者从第三位南至本位，故言'复缀以崇'。崇，充也。……而驷伐者，'驷'当为四。四伐谓击刺作武乐之时，每一奏之中，而四度击刺，象武王伐纣四伐也。"

贾公彦释《周官》言乐之六变、八变、九变，亦以其法推之。

　　《周官·大司乐》："凡乐，圜钟为宫，黄钟为角，大蔟为徵，姑洗为羽。雷鼓雷鼗，孤竹之管，云和之琴瑟，《云门》之舞。冬日至，于地上之圜丘奏之。若乐六变，则天神皆降，可得而礼矣。凡乐，函钟为宫，大蔟为角，姑洗为徵，南吕为羽。灵鼓灵鼗，孙竹之管，空桑之琴瑟，《咸池》之舞。夏日至，于泽中之方丘奏之。若乐八变；则地示皆出，可得而礼矣。凡乐，黄钟为宫。大吕为角，大蔟为徵，应钟为羽。路鼓路鼗，阴竹之管，龙门之琴瑟，九德之歌，《九磬》之舞，于宗庙之中奏之。若乐九变，则人鬼可得而礼矣。"贾公彦《疏》："言六变、八变、九变者，谓在天地及庙庭而立四表，舞人从南表向第二表，为一成。一成则一变。从第二至第三为二成；从第三至北头第四表，为三成；舞人各转身南向，于北表之北，还从第一至第二，为四成；从第二至第三，为五成；从第三至南头第一表，为六成；则天神皆降。若八变者，更从南头北向第二，为七成；又从第二至第三，为八成。地祇皆出。若九变者，又从第三至北头第一，为九变；人鬼可得而礼焉。此约周之《大武》，象武王伐纣；……《大护》巳上，虽无灭商之事，但舞人须有限约，亦应立四表，以与舞人为曲别也。"黄以周曰："大武立四表，昉诸大司马田猎之法。田猎立表自南始，故以至北之表为后表。而田猎之行自北始，故郑《注》以初鼓及表，自后表前至第二；又鼓及表；自第二前至第三；三鼓及表，自第三前至前表；四鼓而退，及表，自前表至后表。准郑此

《注》，则武始北出，自北表前出至第二表，再成，自
第二至第三表。所谓再始以著往也。三成而南，自第三
前至南表，所谓周德自北而南也。四成而南国是疆，自
南表回至第三表，所谓复乱以饬归也。至六成，又自
第二表回至北表，复缀以崇，所谓乐终而德尊也。至
圜丘奏乐六变，用《云门》，方丘奏乐八变，用《咸
池》，宗庙奏乐九变，用《九磬》，其舞之行列，未必
同于《大武》。贾《疏》仍以《大武》约之，固未必然。
又因九变欲至北表以象归，遂谓武舞北出自南起，更属
难信。”

虽其说未必尽然，然欲考古舞者之地位及节奏，亦可于此略见一
斑焉。

古乐陈列之法，见于《周官》，谓之"乐县"。

《周官·小胥》："正乐县之位。王宫县，诸侯轩县，
卿大夫判县，士特县，辨其声。凡县钟磬，半为堵，全
为肆。"

其法不见于他书，惟《仪礼·大射仪》陈列乐器之法，可证轩县
之制。而宫县之类，亦可以此推之。

《仪礼·大射》："乐人宿县于阼阶东，笙磬西面，
其南笙钟，其南镈，皆南陈。建鼓在阼阶西，南鼓，应
鼙在其东南鼓。西阶之西，颂磬东面，其南钟，其南
镈，皆南陈。一建鼓在其南东鼓，朔鼓在其北。一建鼓
在西阶之东南面，荡在建鼓之间，鼗倚于颂磬西纮。"

江藩《乐县考》曰："由此推之，宫县四面皆县一肆，钟一堵，磬一堵，有镈，有建鼓，有应鞞。西县之制，同于东县，惟笙磬笙钟，颂磬颂钟，应鞞朔鞞，异其名耳。据此，则南面一肆，北面一肆，亦必有钟、磬、鳞，有鼓有鞞，而钟磬之名不可考。"

县器之外，琴瑟在堂，节以搏拊。

《尚书大传·虞夏传》："古者，帝王升歌清庙，大琴练弦达越，大瑟朱弦达越，以韦为鼓，谓之搏拊。"黄以周曰："《周官》大师、小师两职并云'登歌击拊'，周之搏拊，亦在堂上。"又曰："周之升歌，亦当有琴。燕射诸礼，堂上有瑟无琴，盖诸侯待大夫，礼杀而下就也。"

埙敔之类，陈于县外。

《乐县考》（江藩）："乐备八音，见于《仪礼》者；钟、镈，金也；磬，石也；鼓、鞞、鼗，革也；琴、瑟，丝也；簜、匏，竹也。八音之内，所少者惟土与木耳。则宫县之外，尚有土音之埙，木音之敔。贾公彦曰：'自余乐器，陈于外也。'"

奏乐之次序，以器之上下为先后。奏堂上之乐曰，"登歌"，奏堂下之乐曰"下管"。

《周官·大师》："大祭祀，师瞽登歌，令奏击拊。

下管，播乐器，令奏鼓棘。"《小师》："大祭祀，登歌击拊；下管，击应鼓。"

宫 县 图

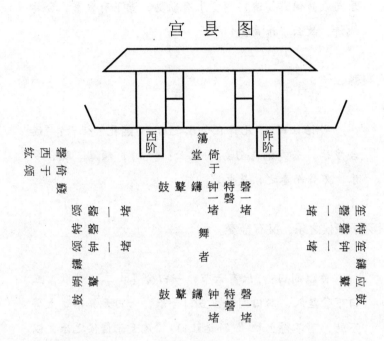

次则笙人间歌，

　　《仪礼·乡饮酒礼》："笙入堂下，磬南北面立，乐《南陔》、《白华》、《华黍》……乃间歌《鱼丽》，笙《由庚》；歌《南有嘉鱼》，笙《崇丘》；歌《南山有台》，笙《由仪》。"郑《注》："笙，吹笙者也。以笙吹此诗以为乐也。间，代也，谓一歌则一吹。"

次大合乐，

　　《乡饮酒礼》："乃合乐。《周南》：《关雎》、《葛覃》、

《卷耳》;《召南》:《鹊巢》、《采蘩》、《采𬞟》。"郑《注》:
"合乐,谓歌乐与众声俱作。"贾《疏》:"合乐,谓'歌
乐与众声俱作'者,谓堂上有歌瑟,堂下有金磬,合奏
此诗,故云'乐声俱作'。"

次兴舞。

> 孙诒让曰:"凡舞在合乐之后,《燕礼》记云:'遂
> 合乡乐,若舞则《勺》。'注云:《勺》,颂篇。既合乡
> 乐,万舞而奏之,是也。"

其天子诸侯之乐,又有金奏。

> 黄以周曰:"乐有六节,一曰金奏,二曰升歌,三
> 曰下管笙入,四曰间歌,五曰合乐,六曰无算乐。上得
> 下就,下不得上取。"孙诒让曰:"凡天子诸侯之乐,以
> 升歌为第一节,下管为第二节,间歌为第三节,合乐为
> 第四节,每节皆三终。大夫、士之乐,唯无下管,而以
> 笙入为第二节,余三节并同。天子诸侯又有金奏,以迎
> 尸、送尸、迎宾、送宾,谓之先乐。"

钟师掌之,而听令于大司乐。

> 《周官·钟师》:"掌金奏。凡乐事,以钟鼓奏九夏:
> 《王夏》、《肆夏》《昭夏》《纳夏》《章夏》《齐夏》《族
> 夏》《械夏》《骜夏》。"《大司乐》:"王出入则令奏《王
> 夏》,尸出入则令奏《肆夏》,牲出入则令奏《昭夏》。"

郑《注》："王出入奏《王夏》，尸出入奏《肆夏》，牲
出入奏《昭夏》，四方宾来奏《纳夏》，臣有功奏《章
夏》，夫人祭奏《齐夏》，族人侍奏《族夏》，客醉而
出奏《陔夏》，公出入奏《骜夏》。"

古所谓乐者，大致如是。今人不惟不知律吕，并舞器位次，
管弦终节，都不深考，第习后世之乐器，杂奏而漫举之，便曰国
乐，实至可怪之事也。海宁王国维有《乐诗考略·释乐次》篇，
综诸书而定其次，今附录之：

凡乐，以金奏始，以金奏终。金奏者，所以迎送
宾，亦以优天子诸侯及宾客，以为行礼及步趋之节也。
凡金奏之诗以九夏。大夫、士有送宾之乐，而无迎宾
之乐。其送宾也，以《陔夏》，诸侯迎以《肆夏》，送
以《陔夏》，天子迎以《肆夏》，送以《肆夏》。而天
子、诸侯出入，又自有乐。其乐，天子以《王夏》，诸
侯以《骜夏》。诸侯大射，惟入用乐。金奏既阕，献酬
习礼毕，则工升歌。升歌者，所以乐宾也。升歌之诗以
《雅》、《颂》。大夫、士用《小雅》，诸侯燕其臣及他
国之臣，亦用《小雅》。两君相见，则用《大雅》，或
用《颂》；天子则用《颂》焉。升歌既毕，则笙入，笙
之诗，《南陔》、《白华》、《华黍》也。歌者在上，匏竹
在下，于是有间有合。间之诗，歌则《鱼丽》、《南有
嘉鱼》、《南山有台》，笙则《由庚》、《崇丘》、《由仪》
也。合之诗，《周南》：《关雎》、《葛覃》、《卷耳》；《召
南》：《鹊巢》、《采蘩》、《采蘋》也。自笙以下诸诗，
大夫、士至诸侯共之。诸侯以上，礼之盛者，以管易

笙，笙与歌异工，故有间歌，有合乐；管与歌同工，故
升而歌，下而管，无间歌合乐。下管之诗，诸侯新宫，
天子象也。凡升歌用《雅》者，管与笙均用《雅》；升
歌用《颂》者，管亦用《颂》。凡有管，则有舞；舞之
诗，诸侯《勺》，天子《大武》、《大夏》也。凡金奏之
乐，用钟鼓，天子、诸侯全用之，大夫、士鼓而已。歌
用瑟及搏拊，笙与管皆如其名；舞则《大武》用干戚，
《大夏》用羽籥。"

第十一节　王朝与诸侯之关系

前所述之十节，周之政教大端粗具矣。要而论之，其体国经
野，设官分职之精意，虽兼王朝及侯国而言，而其根本仅在天子
都城及六乡、六遂之区域。虽推其功效，固足使诸侯仿行，合无
数之乡、遂，而成一大国。

《书·费誓》："鲁人三郊三遂。"即仿天子之制，
为三乡三遂也。

然以周代万里之幅员，而政治之精神，仅见于方四百里之乡、
遂，外此之五等诸侯，皆非天子号令之所及，则周天子不过一模
范之侯封，不足为四海共主也。吾人今日所当知者，周之制度，
小则比、闾、族、党，行政皆民选之官；大则侯、卫、要、荒，
率土守王朝之法。其相维相系之妙用，均散见于《周官》。故熟
观《周官》，则知周之封建，虽分权于各国，而中央政府之政令
固亦无不达于诸侯之虞。其组织各国而成一大国，俨如今人所谓
有机体，绝非后世苟且补苴之制所可比也。《周官》所言王朝与

诸侯之关系，自封畿画土外，其最要者六事。

（一）曰命官，其官制定于太宰。

> 《周官·太宰》："施典于邦国，而建其牧，立其监，设其参，傅其伍，陈其殷，置其辅。"

而典命掌其命数。

> 《典命》："掌诸侯之五仪，诸臣之五等之命。上公九命为伯，侯伯七命，子男五命，公之孤四命，其卿三命，其大夫再命，其士一命；侯伯之卿大夫士亦如之。子男之卿再命，其大夫一命，其士不命。"

由内史策命之。

> 《内史》："凡命诸侯及孤卿大夫，则策命之。"

侯国之卿未受命于天子者，则谓之小卿，其区别至严也。

> 《仪礼·大射》："小卿"，郑《注》："小卿，命于其君者也。"

（二）曰贡物，其别有二：

一则每岁常贡，令春入之。

> 《周官·小行人》："令诸侯春入贡。"贾《疏》："此云贡，即太宰九贡，是岁之常贡也。必使春入者，其所

277

贡之物，并诸侯之国出税于民，民税既得，乃大国贡半，次国三之一，小国四之一，皆市取美物，必经冬至春，乃可入王，以是令春入之也。"

其目有九，

《太宰》："以九贡致邦国之用。一曰祀贡，二曰嫔贡，三曰器贡，四曰币贡，五曰材贡，六曰货贡，七曰服贡，八曰斿贡，九曰物贡。"

皆有定法。

《司会》："以九贡之法，致邦国之财用。"

一则因朝而贡，各有年限。

《大行人》："侯服，岁一见，其贡祀物；甸服，二岁一见，其贡嫔物；男服，三岁一见，其贡器物；采服，四岁一见，其贡服物；卫服，五岁一见，其贡材物；要服，六岁一见，其贡货物；蕃国，世一见，各以其所贡宝为挚。"贾《疏》："此因朝而贡，与太宰九贡及小行人春入贡者别。彼二者是岁之常贡也。"

其贡物皆入于太府，以共王朝对于邦国之用。

《太府》："掌九贡、九赋、九功之贰，以受其货贿之入。……凡邦国之贡，以待吊用。"

盖王朝之财政，自以万民之贡充府库，初不利诸侯之贡而有所
私也。

（三）曰盟约，自诸侯至万民皆有焉。

> 《司约》："掌邦国及万民之约剂，治神之约为上，
> 治民之约次之，治地之约次之，治功之约次之，治器之
> 约次之，治挈之约次之。凡大约剂书于宗彝，小约剂书
> 于丹图。"《司盟》："掌盟载之法。凡邦国有疑，会同，
> 则掌其盟约之载及其礼仪，北面诏明神；既盟，则贰
> 之。盟万民之犯命者，诅其不信者，亦如之。凡民之有
> 约剂者，其贰在司盟。"

其大者则登于天府。

> 《大司寇》："凡邦之大盟约，莅其盟书，而登之于
> 天府。太史、内史、司会及六官，皆受其贰而藏之。"

盖其时尚以神道设教，故人事之不可信者，恃盟约以坚之。然当
时之王朝，与诸侯万民订约，或诸侯与诸侯，或诸侯与万民，或
此国之民与他国之民立约，其事之多，可由此推见矣

（四）曰朝聘。其法甚多，约之则有君臣二者之礼。

> 《小行人》："朝、觐、宗、遇、会、同，君之礼也，
> 存、覜、省、聘、问，臣之礼也。"

而行人之官掌之。

《大行人》："掌大宾之礼及大客之仪，以亲诸侯。春朝诸侯，而图天下之事；秋觐，以比邦国之功；夏宗，以陈天下之谟；冬遇，以协诸侯之虑；时会，以发四方之禁；殷同，以施天下之政；时聘，以结诸侯之好；殷覜，以除邦国之慝；间问，以谕诸侯之志；归服，以交诸侯之福；贺庆，以赞诸侯之喜；致襘，以补诸侯之灾……王之所以抚邦国诸侯者，岁遍存；三岁，遍覜；五岁，遍省；七岁，属象胥、谕言语、协辞命；九岁，属瞽史，谕书名，听声音；十有一岁，达瑞节，同度量、成牢礼，同数器，修法则；十有二岁，王巡守殷国。"

盖君臣之礼，各有政治之关系，非徒以联情好，饰仪文也。

（五）曰刑罚，邦国之狱讼，既有邦典。

《大司寇》："凡诸侯之狱讼，以邦典定之。"

其轻重，又各以性质为区别。

《大司寇》："掌建邦之三典，以佐王刑邦国，诘四方。一曰刑新国，用轻典；二曰刑平国，用中典；三曰刑乱国，用重典。"

布宪为之布告，

《布宪》："掌宪邦之刑禁。正月之吉，执旌节以宣布于四方。而宪邦之刑禁，以诘四方邦国，及其都鄙，达于四海。"

而讶士专掌折狱焉。

> 《讶士》："掌四方之狱讼，谕罪刑于邦国；凡四方
> 之有治于士者造焉。四方有乱狱，则往而成之。"

至诸侯之大罪，则有九伐之法：

> 《大司马》："以九伐之法正邦国。冯弱犯寡则眚之，
> 贼贤害民则伐之，暴内陵外则坛之，野荒民散则削之，
> 负固不服则侵之，贼杀其亲则正之，放弑其君则残之，
> 犯令陵政则杜之，外内乱、鸟兽行则灭之。"

盖天子六军，倍于大国之军数，故不患其不服也。

（六）曰哀恤。国有福事，既有庆贺之礼，其他不幸之事，
则行人往而哀恤之。

> 《小行人》："若国札丧，则令赙补之；若国凶荒，
> 则令赒委之；若国师役，则令槁禬之；若国有福事，则
> 令庆贺之；若国有祸灾，则令哀吊之。"

掌客为之杀礼。

> 《掌客》："凡礼宾客，国新杀礼，凶荒杀礼，札丧
> 杀礼，祸灾杀礼。"

盖王朝与诸侯，内外一体，无论常变，皆与有关系也。

吾考周时王朝与诸侯国之组织，固皆以政法为之枢，而文字之功与宣传之力，尤有关于中外之维系。考之《周官》，当时各国咸有方志，小史、外史、诵训诸官掌之。

> 《小史》："掌邦国之志，奠系世，辨昭穆。"《外史》："掌四方之志。"《诵训》："掌道方志，以诏观事。"

王朝之人，既熟悉其历史，而各国特别之情况，行人又时时调查而为专书。

> 《小行人》："掌邦国宾客之礼籍，……及其万民之利害为一书。其礼俗、政事、教治、刑禁之逆顺为一书。其悖逆、暴乱、作慝犹犯令者为一书。其札丧、凶荒、厄贫为一书。其康乐、和亲、安平为一书。凡此五物者，每国辨异之，以反命于王，以周知天下之故。"

训方氏又为之诵道。

> 《训方氏》："掌道四方之政事，与其上下之志，诵四方之传道。正岁，则布而训四方，而观新物。"

故王国之人，能周知天下之故，而四方无隐情焉。王国统一四方之文字，既有行人谕之，外史又专掌其命令，并达书名。

> 《外史》："掌书外令，……掌达书名于四方；著以书使于四方，则书其令。"

则王国之书之传播于外，亦可见矣。文字之宣传与口语之宣传，相为因也。《周官》有掸人及掌交等官，以口语宣传为专职。

> 《掸人》："掌诵王志，道国之政事，以巡天下之邦
> 国而语之；使万民和说，而正王面。"《掌交》："掌以
> 节与币，巡邦国之诸侯，以及万民之所聚者。道王之德
> 意志虑，使咸知王之好恶，辟行之；使和诸侯之好，达
> 万民之说，掌邦国之通事而结其交好。"

而象胥之传言语，且及于蛮夷、闽貉、戎狄之国。

> 《象胥》："掌蛮夷、闽貉、戎狄之国，使掌传王之
> 言，而谕说焉，以和亲之。若以时入宾，则协礼与其辞
> 言传之。"

故内外皆无隔阂，不但诸侯对于王朝靡所隐蔽，即诸侯对于诸侯，及诸侯之民对于他国之民，亦可以无扞格、龃龉之意，其立法之意深矣。

第十二节　结　论

综观上举十一节，而《周礼》《仪礼》二书之时代功效性质，乃可推论。盖使西周时代无此一种制度，纯出于战国或汉代儒家之伪造，则《春秋》内外传所纪，《诗》《书》所称一切皆无来历。例如《国语》纪陈灵公时事：

> 《国语·周语》："定王使单襄公聘于宋。遂假道于

陈，以聘于楚。火朝觌矣，道茀不可行，候不在疆，司空不视涂，泽不陂，川不梁，野有庾积，场功未毕，道无列树，垦田若蓺，膳宰不致饩，司里不授馆，国无寄寓，县无施舍。""周之《秩官》有之曰：故国宾至，关尹以告，行理以节逆之，候人为导，卿出郊劳，门尹除门，宗祝执祀，司里授馆，司徒具徒，司空视涂，司寇诘奸，虞人入材，甸人积薪，火师监燎，水师监濯，膳宰致饔，廪人献饩，司马陈刍，工人展车，百官以物至，宾入如归。是故小大莫不怀爱。其贵国之宾至，则以班加一等，益虔。至于王吏，则皆官正莅事，上卿监之。若王巡守，则君亲监之。"

使非春秋以前，周代固有若干典章，列国皆奉行惟慎，举凡朝聘之仪，官司之守，道路之政，田地之制，皆有详细条文，则单襄公对于陈国之腐败，何必骇怪，而伪造此等言论以讥刺之？若谓列国各行其法，可以因人事而进化，则彼此朝聘，为何时所订之公约，不但春秋时之国家，绝无此等人物，即《诗》、《书》所载诸侯，如鲁伯禽、召穆公、卫武公、晋文侯、秦非子等，皆无此魄力也。若谓周家立法，随时改进，则夷、厉以降，王朝已衰，更不能创立典章颁行各国矣。周室盛时惟成、康、昭、穆四代，而《左传》称"昭王南征而不反"，《国语》称"穆王征犬戎，荒服者不至"，其时已逊于成、康。故谓穆王时绍述周公《职方》之文则可，谓穆王作《职方》则不可也。曰：然则官礼之文，其效也可睹矣。成、康在位五十余年。

《通鉴外纪》："成王在位三十年，通周公摄政三十七年，康王在位二十六年。"

而王道遂微缺，

> 《史记·周本纪》："昭王之时，王道微缺。"

周公制礼，复何足称？曰：是当以孔子及朱子之言释之。

> 《礼记·中庸》："孔子曰：文、武之政，布在方策。
> 其人存，则其政举；其人亡，则其政息。"

此如共和政体，行之美国而治，行之墨西哥而乱。良法美意，待
人而行，不得以世乱之因全归之于法制也。

> 《朱子语类》卷八十六："大抵说制度之书，惟《周
> 礼》、《仪礼》可信，《礼记》便不可深信。《周礼》毕
> 竟出于一家，谓是周公亲笔做成，固不可，然大纲却是
> 周公意思。某所疑者，但恐周公立下此法，却不曾行
> 得尽。"

其行者，已致刑措之效；其不尽行者，遂开后世之衰，是亦无所
用其讳饰也。

周之礼教，虽至衰乱之世，亦非全不奉行，观《诗·宾之初
筵》之诗可见：

> 宾之初筵，左右秩秩。笾豆有楚，殽核维旅。酒既
> 和旨，饮酒孔偕。钟鼓既设，举酬逸逸。大侯既抗，弓
> 矢斯张。射夫既同，献尔发功。发彼有的，以祈尔爵。
> 籥舞笙鼓，乐既和奏。烝衎烈祖，以洽百礼。百礼既

至，有壬有林。锡尔纯嘏，子孙其湛。其湛曰乐，各奏
尔能。宾载手仇，室人入又。酌彼康爵，以奏尔时。宾
之初筵，温温其恭。其未醉止，威仪反反。曰既醉止，
威仪幡幡。舍其坐迁，屡舞仙仙。其未醉止，威仪抑
抑，曰既醉止，威仪怭怭。是曰既醉，不知其秩。宾既
醉止，载号载呶。乱我笾豆，屡舞僛僛。是曰既醉，不
知其邮。侧弁之俄，屡舞傞傞。既醉而出，并受其福。
醉而不出，是谓伐德。饮酒孔嘉，维其令仪。凡此饮
酒，或醉或否。既立之监，或佐之史。彼醉不臧，不醉
反耻。式勿从谓，无俾大怠。匪言勿言，匪由勿语。由
醉之言，俾出童羖。三爵不识，矧敢多又。

此诗，《小序》以为幽王时卫武公刺时之诗。即谓《小序》不可
信，不能确指其为何时何人之作，以《诗》之次序论，在《节南
山》、《谷风》诸什之后，《鱼藻》诸什之先，其为西周衰乱之时
之诗无疑也。观其初筵，实即燕射之礼；宾之威仪温恭，颇守礼
法。至于既醉之后，侧弁屡舞，则为衰世之风。然立监佐史，仍
与燕礼、乡射礼之立司正相合；三爵献酬，亦同于礼。足知昭、
穆以降，并非举先代所制之礼，一概废弃，惟行之不合于礼意，
则诗人从而刺之。当时诗人娴于礼教，又可因此而见矣。

近世西人，多有研究《周礼》者，法人俾优（Edouard
Constant Biot，1803—1850）曾以法文译之（*Le Tcheou—li, trad.
du chinois*），德人夏德（Friedrich Hirth）所著《中国古代史》
（*The Ancient History of China*）多称引其说。如曰：

《周礼》为周代文化生活最重的典据，亦为后代之
向导，对于为政家之模范，永受世人之尊重，殆无可

疑。其于国民之教养，实居重大的位置。世界之书籍中，罕见其匹俦。且其关于公共生活及社会生活，详细说明，与陶冶后代之国民，具有非常之势力。因袭之久，世人因此详细之规定，殊不能任意而行，社会万般之生活，无论一言一行，无不依其仪式。俾优氏以为此等详细的规矩。其主要之目的，惟在使人除去公私之生活上放纵粗野之行动，使肉体与道德共具有一定不变之性格，更于其上筑成一不变易状态之政府焉。俾优氏此言，不可谓非卓识。中国王朝虽屡变更，彼等中国人，自《周礼》之时代至于现今，对于此种仪式因袭的尊敬之结果，至于使中国与中国人，国家与国民，均具有巩固不变之性质云。

虽其观察吾国政教礼俗，未能得其真际，而谓《周礼》为陶冶后代国民性之具，亦不可谓无见也。

第二十章　文字与学术

西周文字可分为二期，周初之古文为一期，宣王以后之籀文为一期。

> 《说文序》："宣王太史籀作《大篆》十五篇，与古文或异。"

周初之古文，与夏、商之文字亦不同。

> 《说文序》："五帝、三王之世，改易殊体，封于泰山者，七十有二代，靡有同焉。"段玉裁曰："自黄帝而帝颛顼高阳、帝喾高辛、帝尧、帝舜，为五帝；夏禹、商汤、周文武为三王。其间文字之体，更改非一，不可枚举。传于世者，概谓之仓颉古文，不皆仓颉所作也。"

惟其时文字未有定名，仅可谓之古文耳。今以世传殷、商龟甲文字，与周初钟鼎相较，则商代文字笔画简约，至周初而变为繁饰，且其结体亦与商代不同。固由周代尚文，亦审美之念渐趋繁密之证也。《说文》所载籀文，又多重叠，文饰之风。殆与世并进。而岐阳石鼓行列整齐，近于小篆，其别异于周初之古文，或即在是欤？

世多谓古文简而籀文繁，遂疑古文之重叠者为籀文，如王菉友《说文释例》谓"牙之古文"、"某之古文"皆籀文，实未悟进化之理。凡一事一物之兴，必皆有其渐，而后有人取而整齐之。使周初古文无重叠者，而太史籀一旦创为笔画繁多之字，何能使人通用乎？文字有进步，教授文字亦随而进步。周初教六书：

> 《说文序》："周礼八岁入小学，保氏教国子，先以六书。一曰指事。指事者，视而可识，察而见意，'上'、'下'是也。二曰象形。象形者，画成其物，随体诘诎，'日'、'月'是也。三曰形声。形声者，以事为名，取譬相成，'江'、'河'是也。四曰会意。会意者，比类合谊，以见指㧑，'武'、'信'是也。五曰转注。转注者，建类一首，同意相受，'考'、'老'是也。六曰假借，假借者，本无其字，依声托事，'令'、'长'是也。"

殆仅教以方名。

> 《内则》："六年教之数与方名。"

至史籀而有《史篇》，附以说解，以教学童，

> 《汉书·艺文志》："《史籀篇》者，周时史官教学童书也。"段玉裁曰：许称《史篇》者三。"奭"下云：此燕召公名，《史篇》名"丑"。"匋"下云：《史篇》读与"缶"同。"姚"下云：《史篇》以为"姚易"。知《史篇》不徒载篆形，亦有说解。

为后世小学书之权舆。西汉时其书尚完好，东汉建武中犹存九篇。足知周、秦、汉人之教学者，率本此书矣。

周代文字，存于今者，有金有石，诸家著录金文，定为周器者，无虑数百种。若师旦鼎、无专鼎、周寰卣、毛公鼎、盂鼎等，皆西周器也。石文有坛山刻石，文曰"吉日癸巳"，相传为周穆王时书，然其真伪未定也。惟岐阳石鼓，自唐以来，认为周代石刻。

> 韦应物诗："周宣大猎兮岐之阳，刻石表功兮炜煌煌。石如鼓形数止十，风雨缺剥苔藓涩。……飞湍委蛇相纠错，乃是宣王之臣史籀作。……"

清代诸儒，考订石鼓者，虽多异说，然其吾国最古之石刻，则固无可疑也。

周之书籍，统曰"方策"。

> 《中庸》："文、武之政，布在方策。"《聘礼》："百名以上书于策，不及百名书于方。"

策以竹为之，一曰"毕"。

> 《尔雅·释器》："简谓之毕。"郭《注》："今简札也。"《学记》："呻其占毕。"郑《注》："吟诵其所视简之文。"

一曰"牒"，

> 《说文》："简，牒也。"

一曰"篇",

> 《书·金縢》："启籥见书。"
> 《说文》："篇，书童竹笘也。"

大抵单执一札谓之"简"，连编诸简乃名为"策"。故于文，策本作"册"，象其编简之形。

> 《释名》："简，间也。编之篇篇有间也。"是诸简连编者，亦名为简。盖对文则简与策别，散文则简与策通也。

方亦曰"牍"，以木为之。

> 《周代书册制度考》（金鹗）："方一曰牍。《说文》云：'牍，书版也。'《论衡·量知篇》云：'截竹为简，破以为牒，加笔墨之迹，乃成文字。……断木为椠，折之为版，力加刮削，乃成奏牍。'此简策用竹，方版用木之证也。"

方广于策而较短。策长二尺四寸，一策只书一行，其字数自二十至三十不等，字大不逾寸。

> 《周代书册制度考》："简策长短之度，说者不一。蔡邕《独断》云：'策者，简也。其制长二尺，短者半之。'孔冲远《春秋疏》云：'郑玄注《论语序》以《钩命决》云：《春秋》二尺四寸书之，《孝经》一尺二寸书

之。'故知《六经》之策，皆长二尺四寸。蔡邕言二尺者，谓汉世天子策书所用，与《六经》异也。《聘礼》贾《疏》：'郑作《论语序》云：《易》、《书》、《诗》、《礼》、《乐》、《春秋》策皆尺二寸，《孝经》谦，半之；《论语》八寸策者，三分居一，又谦焉。'贾、孔之言，长短大异，窃谓孔《疏》是也。孔冲远谓'简容一行字'，郑注《尚书》云：'三十字一简之文。'《汉书·艺文志》云：'刘向以中古文校欧阳、大小夏侯三家经文……率简二十五字者，脱亦二十五字；简二十二字，脱亦二十二字。'是一简容字有多少，然要自二十字以上，大约以三十字为归。周之一尺二寸，当今九寸六分，恐不容三十字。周之六寸，当今四寸八分，《孝经》之策，毋乃太短乎？且彼谓《论语》策'三分居一，又谦焉。'若《六经》策一尺二寸，《论语》三分居一，当为四寸；四寸当今三寸二分，其短尤甚矣。《论语》一简容八字，诚不以富，亦只以异，错简可证。服虔注《左氏》：'古文篆书，一简八字。'又一证也。若三寸二分，岂能容八字乎？今观贾《疏》《论语》策实是八寸，以二分居一推之，《六经》策当二尺四寸，《孝经》当一尺二寸，与孔《疏》合。二《疏》同引郑君《论语序》，不应有异。然则贾《疏》'尺二寸'三字，必是二尺四寸之讹可知矣。《论语》策八寸，容八字；《六经》策二尺四寸者，容二十余字至三十字，其制自合。大约一寸容一字，古用科斗大篆，其字体不宜小，又一简止容一行，则字体更不宜小，故每一寸容一字也。古人书策，每行亦不拘字数，故或有二十五字，或有二十二字，推之或二十三字，或二十四字，皆未可定矣。此由字体有繁简，繁者宜疏，简者宜密。总欲其点画之明析而已。方版之字，长短未闻，然其所书，自百字以下，或为五行，每行二十字；或为四行，每行二十余字。则其长亦当有二尺余，其广大约五六寸；若二三行者，其广不过三四寸，有长方形，故谓之方，非必正方也。"

其书字，以笔墨，有不当则以刀削去，更书他字，其法至汉、魏犹沿用之。吾人虽不能见两周之方策，然以近世发见之流沙坠简推之，犹可得其仿佛也。

周之教育，皆官掌之，其教人者曰"师"、曰"儒"。

《周官·太宰》："以九两系邦国之民……三曰师以贤得民，四曰儒以道得民。"孙诒让曰："此经之师、儒，于文王、官人七属，当四曰学则任师，七曰先则任贤，所苞甚广。刘台拱曰：'师即《礼》经所谓先生。'郑《注》云：'古者年七十而致仕，老于乡里；大夫名曰父师，士名曰少师，而教学焉是也。'儒即《礼》经所谓君子。郑《注》云'有大德行不仕者'是也。俞樾云：'师者，其人有贤德者也；儒者，其人有伎术者也。'《说文·人部》：'儒，柔也；术士之称。'是古谓术士为儒，凡有一术可称，皆名之曰儒，故有君子儒、小人儒之别。此经所谓儒者，止是术士耳；以道得名者，道亦术也。说此经者，习于后世之言，视儒与道皆甚尊，于是始失其解矣。按刘、俞说得之而未尽也。此经之师、儒，即《大司徒》本俗六之联师儒，皆通乎上下之辞；师则泛指四民之有德行材艺足以教人者而言。上者国学，乡、遂、州、党诸小学，以逮里巷家塾之师，固为师而兼儒；下者如嫔妇有女师，巫医农工亦皆有师。盖齐民曲艺，咸有传授，则亦各有师弟之分。以贤得民，只谓师贤于弟子耳，奚必德行纯备之贤乎？儒则泛指诵说《诗》、《书》，通该术艺者而言，若《荀子·儒效篇》所称俗儒、雅儒、大儒。道有大小，而皆足以得民，亦不必皆有圣贤之道也。"

而稽其学术，大抵出于官守，故清人盛称周代学术本于王官。

《校雠通义》（章学诚）："后世文字，必溯源于六艺。六艺非孔氏之书，乃《周官》之旧典也。《易》掌太卜，《书》掌外史，《礼》在宗伯，《乐》隶司乐，《诗》领于太师，《春秋》存乎国史。有官斯有法，故法具于官；有法斯有书，故官守其书；有书斯有学，故师传其学；有学斯有业，故弟子习其业。官守学业皆出于一，而天下以同文为治，故私门无著述文字。"

诸学之中尤以史学为渊薮。周之史官，既有太史、小史、内史、外史、御史、女史诸职，其地方复有州史、闾史。

《礼记·内则》："宰告闾史，闾史书为二。其一藏诸闾府，其一献诸州史，州史献诸州伯，州伯命藏诸州府。"

其各官所属之史，专掌官书者，殆不下千余人：

五官之史可数者，天官一百四十四人，地官一百九十二人，春官二百六十四人，夏官二百一十五人，秋官一百七十一人，共九百八十六人。冬官不可知。又如商肆之史，无数可稽。合之，殆不在千人以下也。

其书自三皇、五帝之书。

《周官·外史》："掌三皇、五帝之书。"

至闾里生齿之册，无不备。故刘知幾谓史官备于周室。

《史通·外篇》："《周官》、《礼记》有太史、小史、内史、外史、左史、右史之名。太史掌国之六典，小史掌邦国之志，内史掌书王命，外史掌书，使乎四方；左史记言，右史记事。《曲礼》曰：'史载笔，大事书之于策，小事简牍而已。'《大戴礼》曰：'太子既冠成人，免于保傅之严，则有司过之史。'《韩诗外传》云：'据法守职而不敢为非者，太史令也。'斯则史官之作，肇自黄帝，备于周室，名目既多，职务咸异。至于诸侯列国，亦各有史官，求其位号，一同王者。"

亦可谓历代之书，莫备于《周史》。史官所读之书既多，故其学亦邃，周之史官最著者首推史佚。

《墨子序》（汪中）："周太史尹佚实为文王所访，克商营洛，祝策迁鼎，有劳于王室。成王听朝，与周、召、太公同为四辅，数有论谏，身没而言立。东迁以后，鲁季文子、惠伯、晋荀偃、叔向、秦子桑、后子及左丘明，并见引重，遗书十二篇。刘向校书，列诸墨六家之首,《说苑·政理篇》亦载其文。"

其后世掌周史。

> 《颂鼎》:"尹氏受王命书,王呼史虢生册命颂。"
> 《善夫克簋》:"王命尹氏友史趞册善夫克。"
> 《古今人表考》(梁玉绳):"史佚亦曰尹逸。《晋
> 语》称'文王访于辛尹',尹盖其氏。《通志·氏族略
> 三》云:'少昊之子封于尹城,因以为氏,子孙世为周
> 卿士,食采于尹。'考《左传》昭公二十三年,王子朝
> 入于尹,单、刘伐尹,《疏》谓'尹子食采于尹,世
> 为卿士',然则尹佚乃少昊之裔,而周尹氏乃史佚之
> 后也。"

尹吉甫尤著称于宣王之朝。

> 《诗·六月》:"文武吉甫,万邦为宪。"《诗·常
> 武》:"王谓尹氏,命程伯休父。"《正义》:"此时尹氏,
> 当是尹吉甫也。"

史佚之外,有左史戎夫,作《史记》以警穆王;

> 《逸周书·史记》:"维正月,王在成周,昧爽,召
> 三公左史戎夫曰:'今夕朕寐,遂事惊予。'乃取遂事之
> 要戒,俾戎夫言之,朔望以闻。"

有伯阳父,以《史记》决周之衰亡;

> 《史记·周本纪》："幽王二年，西周山川皆震，伯
> 阳甫曰：周将亡矣！"又，"幽王得褒姒，爱之，欲废
> 申后，并去太子宜白，以褒姒为后，以伯服为太子。周
> 太史伯阳读史记曰：周亡矣！"

有史伯硕父、史仆、史宾、史自、史燕、史颂、史懋、史它、史
宾、史驹、史吴、史友等，均著名于彝鼎。

> 《积古斋钟鼎彝器款识》有史伯硕父鼎、史仆壶、
> 史宾钘、史自彝、史燕簋。《愙斋集古录》有史颂敦、
> 史懋壶、史它簠、史宾敦。又《师奎父鼎》："王呼内史
> 驹'册命师奎父'。"《师虎敦》："王呼内史吴曰'册命
> 虎'。"《无专鼎》："王呼史友'册命无专'。"

他官之传于今者，未有若史官之众也。

有史而后有法，故法学出于史官。《周官》太史掌邦法，内
史掌八枋，即法律之学所从出也。

> 《太史》："掌建邦之六典，以逆邦国之治，掌法以
> 逆官府之治，掌则以逆都鄙之治。凡辨法者考焉，不信
> 者刑之。"《内史》："掌王之八枋之法，以昭王治。一
> 曰爵，二曰禄，三曰废，四曰置，五曰杀，六曰生，七
> 曰予，八曰夺。执国法及国令之贰，以考政事，以逆
> 会计。"

吕侯命穆王度作刑，以诘四方，而先叙蚩尤、苗民、颛顼、帝尧
三氏之历史，足知法学之根据于历史。

《书·吕刑》:"苗民弗用灵,制以刑,惟作五虐之刑曰法。"

史颂听法于苏,尤其明征也。

《愙斋集古录·史颂敦》:"惟三年五月丁巳,王在宗周,命史颂听苏法,友里君百生,帅堇盩于成周,休右成事。苏赂章马四匹,吉金,用作囂彝。"吴大澂曰:"此史颂奉命往苏听颂,苏人赂以章马四匹吉金,颂因以作此囂敦也。"

有史而后有文,故文学亦出于史官。周之典册,皆史所为(如逸作《祝册》之类)。而尹吉甫以史学世家,为周室中叶之大诗家,其诗有"孔硕"、"肆好"、"穆如清风"之美。

《诗·崧高》:"吉甫作诵,其诗孔硕,其风肆好。"《烝民》:"吉甫作颂,穆如清风。"

他诗人虽有自署其名者,未尝若吉甫之自许也。

如《节南山》诗:"家父作诵,以究王讻。"《巷伯》诗:"寺人孟子,作为此诗。凡百君子,敬而听之。"

史籀作大篆,以教学童,实为文字学之祖。然则周史实兼今之散文、韵文及小学诸家之长矣。近世人论周代史官之学术者,以龚自珍之为最详:

　　《古史钩沉论》：“周之世官，大者史。史之外，无有语言焉；史之外，无有文字焉；史之外，无人伦品目焉。史存而周存，史亡而周亡。是故儒者言《六经》。经之名，周之东有之。夫《六经》者，周史之宗子也；《易》也者，卜筮之史也；《书》也者，记言之史也；《春秋》也者，记动之史也；《风》也者，史所采于民，而编之竹帛，付之司乐者也；《雅》、《颂》也者，史所采于士大夫者也；《礼》也者，一代之律令，史职藏之故府，而时以诏王者也；小学也者，外史达之四方，瞽史谕之宾客之所为也。宗伯虽掌礼，礼不可以口舌存，儒者得之史，非得之宗伯；乐虽司乐掌之，乐不可以口耳存，儒者得之史，非得之司乐。故曰《六经》者，周史之大宗也；诸子也者，周史之小宗也。故夫道家者流言称辛甲、老聃；墨家者流，言称尹佚。辛甲、尹佚官皆史，聃实为柱下史。若道家、若农家、若杂家、若阴阳家、若兵、若术数、若方技，其言皆称神农、黄帝。神农、黄帝之书，又周史所职藏，所谓三皇、五帝之书者是也。刘向云：‘道家及术数家出于史’，不云余家出于史，此知五纬二十八宿异度，而不知其皆系于天也；知江河异味，而不知皆丽于地也。故曰诸子也者，周史之支孽小宗也。周之东也，孔子曰：‘天子失官。’伤周之史亡也。灭人之国，必先去其史；隳人之枋，败人之纲纪，必先去其史；绝人之材，湮塞人之教，必先去其史；夷人之祖宗，必先去其史。周之东，其史官大罪四，小罪四，其大功三，小功三；帝魁以前，书莫备焉。郑之君知之，楚之左史知之，周史不能存之，故传者不雅驯，而雅驯者不传，谓之大罪一。正考父得商之名颂十二于周，百年之间亡其七，太师亡其声弦焉，太史又亡其简编焉，谓之大罪二。周之《雅》《颂》，义逸而荒，人逸而名亡；瞽所献，燕享所歌，大氐断章，作者之初指不在，史不能宣而明，谓之大罪三。有黄帝历，有颛顼历，有夏历，有商历，有周历，有鲁历，有列国历，七者，周天子不能同，历敝不改，是以失礼，是失官之大者，谓之大罪四。古之王者，存三统，今《连山》、《归藏》亡矣，三《易》弗具，孔子卒得《乾》、《坤》于宋，亦弗得于周，史之小罪一。列国小学不明，声音混茫，各操其方，微孔子之雅言，古韵其亡乎，史之小罪二。史籀作大篆，非为废仓颉也；周史不肯存古文，文少而字乃多矣。象形指事，十存三四，形声相孳，千万并起，古今因之，史之小罪三。列国展禽、观射父之徒，能言先王命祀，而周史儋乃附苌弘为神怪之言，燕昭、秦皇淫祀渐兴，儋、弘阶之，妖孽是征，史之小罪四。帝魁以降，百篇权舆，孔子削之，十倍是储，虽颇阙不具，资粮有余，史之大功一。孔子与左丘明乘以如周，获百二十国宝书，夫而后《春秋》作也，史之大功二。冠婚之杀，丧祭之等，大夫士之曲仪，咸以为数；夫舍数而言义，吾未之信也，故十七篇之完，亦危而完者也，史之大功三。周之时有推步之方，有占验之学，其步疏，其占密，《天官》有书，先臣是传，唐都、甘公，爰及谈、迁，是迹是宣，史之小功一。史秩下大夫，商高大夫，官必史也；自高以来，畴人守之，九章九数，幸而完，史之小功二。吾题彼冀世系者，能冀能守，有《历谱牒》，有《世本》，竹帛咸旧，是故仲尼之徒，亦著《帝系姓》，后千余岁，江介之都，夸族始甚，史之小功三。夫功罪之际，存亡

之会也，绝续之交也。天生孔子，不后周不先周也，存
　亡续绝，俾枢纽也。"

刘师培又衍之曰："六艺掌于史官，九流出于史官，术数、方伎
诸学亦出于史官。"且列为表以明之。

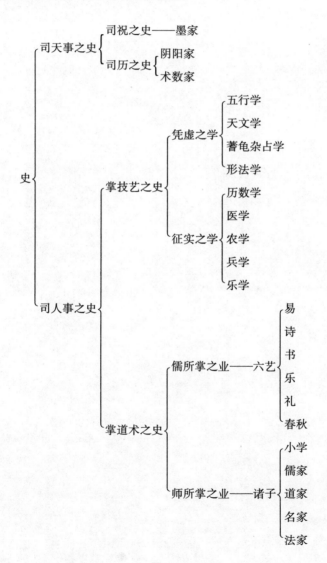

其言虽有附会穿凿，或过于蔓衍者，然亦可见学术之进化，必由综合而区分。以其综合之中，具有萌芽，然后区分而各成一派别，非必谓后世学术，无一不为古代所包含。然孳乳寖多，其渊源亦必有自，苟不溯其滥觞，则其后之突然而来者，正不知其以何因缘矣。

第二十一章　周代之变迁

周自平王至赧王之时，为东周。东周之时，复分为二：自平王之四十九年，至敬王之四十一年，是为春秋之时；自元王至赧王，是为战国之时。"春秋"者，史书之名，而非时代之名，以相沿既久，姑循用之。西周之政教，至春秋时，有相沿而未变者，有蜕化而迥殊者，史家著论，多以为西周降至春秋，实为世衰道微之征。

> 《汉书·货殖传序》："周室衰，礼法堕。诸侯刻桷
> 丹楹，大夫山节藻棁，八佾舞于庭，雍彻于堂。……陵
> 夷至乎桓、文之后，礼谊大坏，上下相冒，国异政，家
> 殊俗，耆欲不制，僭差无极。"《游侠传序》："周室既
> 微，礼乐征伐自诸侯出。桓、文之后，大夫世权，陪臣
> 执命。陵夷至于战国，合从连衡，力政争强。"

然就一王定制而论，诚有陵夷衰微之象，就中国之全体而论，未始非民主进步之时。世无一成不变之局，读史者第当识其变迁，以明人民进化之阶级，不必先立一成见也。

春秋之风气，渊源于西周，虽经多年之变乱，而其踪迹犹未尽泯者，无过于尚礼一事。观《春秋左氏传》所载，当时士大夫，觇国之兴衰以礼，

《左传》闵公元年载：齐仲孙湫来省难，归曰："不去庆父，鲁难未已。"公曰："鲁可取乎？"对曰："不可，犹秉周礼。周礼所以本也。臣闻之，国将亡，本必先颠，而后枝叶从之。鲁不弃周礼，未可动也。"又襄公三十一年载：北宫文子相卫襄公以如楚，宋之盟故也。过郑……事毕而出，言于卫侯曰："郑有礼，其数世之福也，其无大国之讨乎！诗云：'谁能执热，逝不以濯。'礼之于政，如热之有濯也。濯以救热，何患之有？"又昭公五年载：公如晋，自郊劳至于赠贿，无失礼。晋侯谓女叔齐曰："鲁侯不亦善于礼乎？"对曰："鲁侯焉知礼！"公曰："何为？自郊劳至于赠贿，礼无违者，何故不知？"对曰："是仪也，不可谓礼。礼，所以守其国，行其政令，无失其民者也。今政令在家，不能取也；有子家羁，不能用也；奸大国之盟，陵虐小国；利人之难，不知其私。公室四分，民食于他。思莫在公，不图其终。为国君，难将及身，不恤其所。礼之本末，将于此乎在，而屑屑焉习仪以亟。言善于礼，不亦远乎？"

决军之胜败以礼，

《左传》僖公：二十七年载：蒍贾曰："子玉刚而无礼，不可以治民，过三百乘，其不能以入矣。"子犯曰："民未知礼，未生其共。"于是乎大蒐以示之礼，作执秩以正其官，一战而霸。又僖公二十八年载：晋侯登有莘之虚以观师，曰："少长有礼，其可用也。"又，僖公三十三年载：王孙满曰："秦师轻而无礼，必败。"又，

宣公十二年载：随武子曰："会闻用师，观衅而动；德
刑、政事、典礼不易，不可敌也。"

定人之吉凶以礼，

《左传》僖公十一年载：天王使召武公内史过赐晋
侯命，受玉惰。过归，造王曰："晋侯其无后乎？王赐
之命，而惰于受瑞，先自弃也已，其何继之有？礼，国
之干也；敬，礼之舆也。不敬，则礼不行；礼不行，则
上下昏，何以长世？"又僖公二十三年载：楚子曰："晋
公子广而俭，文而有礼。"又文公十五年载：季文子曰：
"齐侯其不免乎？己则无礼，而讨于有礼者，曰：'汝
何故行礼？'礼以顺天，天之道也。己则反天，而又以
讨人，难以免矣。"又成公十三年载：郤锜来乞师，将
事不敬。孟献子曰："郤氏其亡乎！礼，身之干也；敬，
身之基也。郤子无基。"又襄公二十一年载：会于商任，
锢栾氏也。齐侯、卫侯不敬。叔向曰："二君者必不免。
会朝，礼之经也；礼，政之舆也；政，身之守也。怠
礼，失政；失政，不立。是以乱也。"又襄公二十六年
载：公孙挥曰："子产其将知政矣。让不失礼。"

聘问则预求其礼，

《左传》文公六年载：季文子将聘于晋，使求遭丧
之礼以行。其人曰："将焉用之？文子曰："备豫不虞，
古之善教也。"

会朝则宿戒其礼，

> 《左传》昭公十六年载：晋韩起聘于郑，郑伯享之。子产戒曰："苟有位于朝，无有不供恪！"孔张后至，立于客间，执政御之；适客后，又御之；适县间。客从而笑之。事毕，富子谏曰："夫大国之人，不可不慎也，几为之笑，而不陵我？我皆有礼，夫犹鄙我。国而无礼，何以求荣？孔张失位，吾子之耻也。"

卿士、大夫以此相教授，

> 《左传》文公十八年："季文子使大史克对曰：'先大夫臧文仲，教行父事君之礼，行父奉以周旋，弗敢失队。'曰：'见有礼于其君者，事之，如孝子之养父母也；见无礼于其君者，诛之，如鹰鹯之逐鸟雀也。'"

其不能者，则以为病而讲学焉。

> 《左传》昭公七年："公至自楚。孟僖子病不能相礼，乃讲学之，苟能礼者从之。及其将死也，召其大夫，曰：'礼，人之干也。无礼，无以立。'"

此等风气，至战国时则绝无所见。故知春秋诸人，实以近于西周，渊源有自。故所持之见解，所发之议论，均以礼为最要之事也。管子者，儒家所斥为霸佐，不足语于王道者也。然其言之见于《左传》者，则曰"招携以礼，怀远以德，德礼不易，无人不怀"。其所著之经言，亦以礼为四维之首。

> 《管子·牧民》："国有四维，一曰礼，二曰义，三
> 曰廉，四曰耻。礼不逾节，义不自进，廉不蔽恶，耻不
> 从枉。"

使此诸书，出于后人所伪造，何以后世之人，对于春秋一时代独
造出此等言论，而于其他时代，不一律造为此类言行乎？故春秋
者，直接于礼教最盛之时代之后一时代也，又由礼教最盛而渐趋
于衰落之一时代也。观诸人之不知礼，不习礼，及误以仪为礼，
即可见其时之习此者已居少数。惟其流风余韵，犹浸淫渐渍于人
心，故衡量人物，往往以此为断耳。

周制之变也，首在列国之封域。周初千八百国，至春秋之
初，仅存百二十四国，其数不逮十一。则厉、宣以降，诸侯之互
相吞并，盖已久矣。春秋之时，国之大者十。鲁兼九国之地；齐
兼十国之地；晋兼二十二国之地；楚兼四十二国之地；宋兼六国
之地；郑兼三国之地；卫兼二国之地；秦有周地，东界至河；吴
灭五国，北境及淮，越又从而有之，弱肉强食，其祸酷矣。而诸
小国并为大国，其国家之组织，社会之状况，人群之思想，胥因
之而变易。其胚胎于一国之文化，亦有渐推渐广之势。杂居之异
族，为之同化；僻远之新国，由是崛兴。此皆互为因果者也。

春秋诸国，并吞小弱，大抵以其国地为县。

> 《史记·秦本纪》："武公十年，伐邽、冀戎，初县
> 之。""十一年，初县杜、郑。"
> 《左传》宣公十一年："楚子伐陈，因县陈。"十二
> 年又称楚围郑，郑伯逆楚子曰："使改事君，夷于九县，

孤之愿也。"昭公十一年称叔向曰："楚王奉孙吴以讨于
陈曰：'将定而国。'陈人听命，而遂县之。"

其县之区域，大于《周官》所谓县者，殆不止倍蓰，县境悬远，
则特使大夫守之。

《左传》僖公：二十六年："晋使赵衰为原大夫，狐
溱为温大夫。"

其职重于内地之大夫，故亦称为守。

《左传》僖公二十五年："晋侯问原守于寺人勃鞮，
对曰：'昔赵衰以壶飧从径，馁而不食，故使处原。'"
是原大夫亦称原守也。

其后或称为命大夫。

《左传》哀公四年："楚师使谓阴地之命大夫士蔑
曰：'晋楚有盟，好恶同之。'"杜《注》："命大夫，别
县监尹。"《正义》曰："阴地者，河南山北，东西横长，
其间非一邑，特命大夫使总监阴地。"

而楚之属地，则特置县尹或县公以治之。

《左传》庄公十八年："楚子克权，使斗缗尹之；以
叛国而杀之，迁权于那处，使阎敖尹之。"襄公二十六
年："穿封戌，方城外之县尹也。"又宣公十一年："楚

子曰：‘诸侯县公，皆庆寡人。’”

因灭国而特置县，因置县而特命官，封建之制遂渐变为郡县之制。此政治变迁之至大者也。

《日知录》（顾炎武）："《汉书·地理志》言秦兼并四海，以为周制微弱，终为诸侯所丧，故不立尺土之封，分天下为郡县，荡灭前圣之苗裔，靡有孑遗。后之文人，祖述其说，以为废封建，立郡县，皆始皇之所为也。以余观之，殆不然。《左传》僖公三十三年，晋襄公以再命命先茅之县赏胥臣。宣公十五年，晋侯赏士伯以瓜衍之县。成公六年，韩献子曰：‘成师以出，而败楚之二县。’襄公二十六年，蔡声子曰：‘晋人将与之县，以比叔向。’三十年，‘绛县人或年长矣’。昭公三年，二宣子曰：‘晋之别县不惟州。’五年蓬启疆曰：‘韩赋七邑，皆成县也。’又曰：‘因其十家九县，其余四十县。’二十八年，晋分祁氏之田，以为七县，分羊舌氏之田，以为三县。哀公十七年，子榖曰：‘彭仲爽，申俘也。文王以为令尹，实县申、息。’《晏子春秋》：‘昔我先君桓公予管仲狐与榖，其县十七。’《说苑》：‘景公令吏致千家之县一于晏子。’《战国策》：‘智过言于智伯曰：破赵，则封二子者各万家之县。’《史记·吴世家》：‘王馀祭三年，予庆封朱方之县。’则当春秋之世，灭人之国者，固已为县矣。《史记》：吴王发九郡兵伐齐，范蜎对楚王曰：‘楚南塞厉门而郡江东。’甘茂谓秦王曰：‘宜阳大县，名曰县，其实郡也。’春申君言于楚王曰：‘淮北地边齐，其事急，请以为郡便。’《匈奴传》言赵武灵王'置云中、雁门、代郡';'燕置上谷、渔阳、右北平、辽西、辽东郡，以拒胡'；又言'魏有河西、上郡以与戎界边'。则当七国之世，而固已有郡矣。《传》称'禹会诸侯，执玉帛者万国'，至周武王仅千八百国，春秋时见于经传者百四十余国，又并为十二诸侯，又并而为七国，此固其势之必至也。"

《郡县考》（姚鼐）："周法，中原侯服，疆以周索，国近蛮夷者，乃疆以戎索。故齐、鲁、卫、郑名同于周，而晋、秦、楚乃不同于周，不曰'都鄙'，而曰'县'，然始者有县而已，尚无郡名。吾意郡之称，盖始于秦、晋。以所得戎翟地远，使人守之，为戎翟民君长，故名曰郡；如所云阴地之命大夫，盖即郡守之谓也。赵简子之誓曰：'上大夫受县，下大夫受郡。'郡远而县近，县成聚富庶，而郡荒陋，故之美恶异等，而非郡与县相统属也。《晋语》：夷吾谓公子絷曰：'君实有郡县。'言晋地属秦，异于秦之近县，则谓之曰郡县，亦非云郡与县相统属也。及三卿分范、中行氏、知氏之县，其县与己故县隔绝，分人以守，略同昔者使人守远地之体，故率以郡名。然而郡乃大矣，所统有属县矣。其后秦、楚亦皆以得诸侯地名郡，惟齐无郡，齐用周制故也。"

因列国之竞争，而田赋兵制，亦相因而变。

《春秋》宣公十五年："初税亩。"杜《注》："公田之法，十取其一；今又履其余亩，复十取其一。故哀公曰'二吾犹不足'。遂以为常，故曰初。"又成公元

年：“作丘甲。”杜《注》：“周礼四邑为丘，出戎马一
匹，牛三头；四丘为甸，出戎马四匹，牛十二头，甲
士三人，步卒七十二人。此甸所赋，今鲁使丘出之。”
《左传》昭公四年：“郑子产作丘赋。”杜《注》：“丘当
出马一匹，牛三头。今子产别赋其田，如鲁之田赋。”
又哀公十一年亦称：“季孙欲以田赋，使冉有访诸仲
尼。……仲尼曰：‘君子之行也，敛从其薄。如是，则
以丘亦足矣。若不度于礼，而贪冒无厌，则虽以田赋，
将又不足。且子季孙若欲行而法，则周公之典在；若欲
苟而行，又何访焉？’弗听。”“十有二年春，用田赋。”

齐桓之霸，尤重在变更军制。

　　《国语·齐语》：“管子对桓公曰：‘作内政而寄军
令焉。’桓公曰：‘善。’管子于是制国。五家为轨，轨
为之长；十轨为里，里有司；四里为连，连之长；十
连为乡，乡有良人焉。以为军令，五家为轨，故五人为
伍，轨长帅之；十轨为里，故五十人为小戎，里有司帅
之；四里为连，故二百人为卒，连长帅之；十连为乡，
故二千人为旅，乡良人帅之；五乡一帅，故万人为一
军，五乡之帅帅之。”

晋文御狄，则作五军；成公赏功，则作六军。

　　《左传》僖公三十一年：“晋蒐于清原，作五军以御
狄。”成公三年：“晋作六军……赏鞌之功也。”

其后吴、晋争长，至以甲车四千乘自豪。

> 《左传》昭公十三年："叔向曰：'寡君有甲车四千
> 乘在，虽以无道行之，必可畏也。'"

（按杜《注》："四千乘，三十万人。"其数虽不确，即以二十五
人一乘计之，亦十万人矣。）亦周制之变更之大者也。兵事既重，
则兵为专业，而工商之业以分，

> 《国语·齐语》："管子制国以为二十一乡：工商之
> 乡六，士乡十五。公帅五乡焉，国子帅五乡焉，高子帅
> 五乡焉；参国起案，以为三官，臣立三宰，工立三族，
> 市立三乡，泽立三虞，山立三衡。"韦昭《注》："此士，
> 军士也。十五乡合三万人，是为三军。农野处而不暱，
> 不在都邑之数，则下所云五鄙是也。"

四民之名以立。

> 《国语·齐语》："桓公曰：'成民之事若何？'管子
> 对曰：'四民者，勿使杂处；杂处则其言咙，其事易。'
> 公曰：'处士、农、工、商若何？'管子对曰：'昔圣王
> 之处士也，使就闲燕，处工就官府，处商就市井，处农
> 就田野。今夫士群萃而州处……士之子恒为士；工群萃
> 而州处……工之子恒为工；商群萃而州处……商之子恒
> 为商；农群萃而州处……农之子恒为农。'"

按《周官·太宰》以九职任万民，《考工记》称"国有六职"，

虽亦分农、工、商，而未尝别立士之一职。《逸周书·程典》曰："士大夫不杂于工商，（孔晁《注》：商不厚，工不朽，农不力，不可成治。）士之子不知义，不可以长幼；工不族居，不足以给官；族不乡别，不可以入惠。"虽以士大夫别于农、工、商，亦未名为四民。四民之别，盖在春秋之时。《穀梁》成公元年《传》："古者立国家，百官具，农工皆有职以事上。古者有四民，有士民，有商民，有农民，有工民。"虽所称古者，与《管子》所谓"昔圣王"云者，皆若不始于春秋之时。然士皆授田，则与农无别。别立士之名，必为授田之制已废。故愚意春秋之时，授田之制渐废，始有士、农、工、商之分。否则，无此区别也。

军旅之事，苟非危急，专业者率可不与。

　　《左传》宣公十二年："士会论楚曰：荆尸而举，商、农、工、贾，不败其业；百官象物而动，军政不戒而备。"

按此是楚国之兵已皆常隶营伍，国虽举兵，不取之于农、商、工、贾也。

业分而专，故多能者，

　　《管子·山权数篇》："民之能明于农事者，置之黄金一斤，直食八石；民之能蓄育六畜者，置之黄金一斤，直食八石；民之能树艺者，置之黄金一斤，直食八石；民之能树瓜瓠、荤菜、百果使蕃裕者，置之黄金一斤，直食八石；民之能已民疾痛者，置之黄金一斤，直食八石；民之知时日岁丰且阤，曰'某谷不登'、曰

'某谷丰'者，置之黄金一斤，直食八石；民之通于蚕
桑不疾病者，置之黄金一斤，直食八石。谨听其言，而
藏之官，使师旅之事，民无所与。"又《轻重甲篇》：
"万乘之国，必有万金之贾；千乘之国，必有千金之贾；
百乘之国，必有百金之贾。"

而国家且竭力保护之。

《左传》昭公十六年：子产谓韩宣子曰："昔我先君
桓公与商人皆出自周，庸次比耦，以艾杀此地，斩之蓬
蒿藜藋而共处之；世有盟誓，以相信也，曰：'尔无我
叛，我无强贾……故能相保，以至于今。'"

按郑有保商之法，故其商人如弦高者，能却敌而卫国，盖前此之
所未有。盖国力膨胀，则各种职业皆因而发达，不独兵事一端，
为立国所重也。

国家之兴亡，影响于社会至巨，愚者推求其故而不得，则
归之于运数，而星相卜筮之术昌。观《左氏传》所载，多前知之
言，如懿氏卜妻敬仲，知其将育于姜；毕万筮仕于晋，决其子孙
必复其始；虢公之奔，兆之童谣；曹社之亡，始以妖梦；以及季
友手文，谷也丰下之类，一人一家之休咎，均若有前定者。盖其
时之人考索兴衰之理，不尽关于人事，故广求之于术数，从而附
会之也。然社会心理虽多迷信，而贤哲之士，转因之而知尽力于
人事。如季梁，

《左传》桓公六年：季梁告随侯曰："臣闻小之能敌
大也，小道大淫。所谓道，忠于民而信于神也。……夫

民，神之主也。是以圣王先成民而后致力于神。"

史嚚，

> 《左传》庄公三十二年："史嚚曰：'虢其亡乎！吾闻之：国将兴，听于民；将亡，听于神。神，聪明正直而一者也，依人而行。虢多凉德，其何土之能得？'"

叔兴，

> 《左传》僖公十六年："陨石于宋五，陨星也。六鹢退飞，过宋都，风也。周内史叔兴聘于宋，宋襄公问焉，曰：'是何祥也？吉凶焉在？'……退而告人曰：'君失问。是阴阳之事，非吉凶所生也。吉凶由人。'"

臧文仲，

> 《左传》僖公二十一年："夏，大旱。公欲焚巫尪。臧文仲曰：'非旱备也。修城郭、贬食、省用、务穑、劝分，此其务也。巫尪何为？天欲杀之，则如勿生；若能为旱，焚之滋甚。'"

子产诸人。

> 《左传》昭公十七年："郑裨灶言于子产曰：'宋、卫、陈、郑将同日火。若我用瓘斝玉瓒，郑必不火。'子产弗与。"十八年夏五月，"宋、卫、陈、郑皆火。裨

灶曰：'不用吾言，郑又将火。'郑人请用之，子产不可。……曰：'天道远，人道迩，非所及也，何以知之？灶焉知天道？是亦多言矣，岂不或信？'遂不与，亦不复火。"十九年："郑大水，龙斗于时门之外洧渊，国人请为禜焉。子产弗许，曰：'我斗，龙不我觌也；龙斗，我独何觌焉？禳之，则彼其室也。吾无求于龙，龙亦无求于我。'乃止也。"

皆以人事为重，不以神怪之说为然。盖同时有深于迷信者，亦有破除迷信者，不得专执一端以论春秋之风气也。晋、楚之兴，皆尚勤劳。

《左传》宣公十一年："邵成子求成于众狄。……曰：'吾闻之，非德莫如勤；非勤何以求人？能勤有继。其从之也。诗曰：文王既勤止。文王犹勤，况寡德乎？'"又宣公十二年："楚自克庸以来，其君无日不讨国人而训之，于民生之不易、祸至之无日、戒惧之不可以怠；……训之以若敖、蚡冒，筚路蓝缕以启山林。箴之曰：'民生在勤，勤则不匮。'"

鲁敬姜自勤纺绩，训其子以勤劳。

《国语·鲁语》："公父文伯退朝，朝其母，其母方绩。文伯曰：'以歜之家而主犹绩，惧忓季孙之怒也，其以歜为不能事主乎？'其母叹曰：'鲁其亡乎！使童子备官而未之闻耶？居，吾语汝。昔圣王之处民也，择瘠土而处之，劳其民而用之，故长王天下。夫民劳则思，思则善心生；逸则淫，淫则忘善，忘善则恶心生。
沃土之民不材，逸也；瘠土之民莫不向义，劳也。是故
天子大采朝日，与三公、九卿祖识地德；日中考政，与
百官之政事，师尹维旅，牧相宣序民事；少采夕月，与
太史、司载纠虔天刑；日入监九御，使洁奉禘、郊之粢
盛，而后即安。诸侯朝修天子之业命，昼考其国职，夕
省其典刑，夜儆百工，使无慆淫，而后即安。卿大夫朝
考其职，昼讲其庶政，夕序其业，夜庀其家事，而后即
安。士朝受业，昼而讲贯，夕而习复，夜而计过无憾，
而后即安。自庶人以下，明而动，晦而休，无日以怠。
王后亲织玄紞，公侯之夫人加之以纮綖，卿之内子为大
带，命妇成祭服，列士之妻加之以朝服，自庶人以下，
皆衣其夫。社而赋事，蒸而献功，男女效绩，愆则有
辟，古之制也。君子劳心，小人劳力，先王之训也。自
上以下，谁敢淫心舍力？今我寡也；尔又在下位，朝夕
处事，犹恐忘先人之业。况有怠惰，其何以避辟？吾冀
而朝夕修我曰：必无废先人。尔今曰：胡不自安？以是
承君之官，余惧穆伯之绝嗣也。'"

以一人之劳逸，即决一国之兴亡，非当时各国社会之变迁有以启
之，不能体验人事之因果深彻若斯也。

春秋之时，蛮夷戎狄，杂处内地，各为风气，与周之侯国人
民迥然不同。

《左传》襄公十四年，戎子驹支曰："我诸戎饮食衣
服不与华同，贽币不通，言语不达，何恶之能为？"

二百四十二年之中，多为诸大国所灭。东夷之莱灭于齐，根牟灭于鲁，南蛮之卢戎灭于楚，西戎之蛮氏灭于楚，骊戎灭于秦，北狄之鄋瞒、潞氏、甲氏、留吁、铎辰，以及东山皋落氏等，咸灭于晋。其种人之酋长既亡，主权无属，必同化于吾族，即存者亦多为大国所用。

> 《春秋大事表》（顾栋高）："秦、晋迁陆浑之戎于伊川，以藩卫王室，卒得其用。楚庄欲窥觑王室而先伐陆浑，荀吴欲灭陆浑而先有事三涂，居然为王室之藩篱矣。"

此则春秋时文明渐推渐广之征也。孔子修《春秋》，以国家文教之差，为诸夏与夷狄之别，观《公羊传》释荆、吴之称，即见其义。

> 《公羊》庄十年："秋九月，荆败蔡师于莘，以蔡侯献舞归。荆者何？州名也。州不若国，国不若氏，氏不若人，人不若名，名不若字，字不若子。"二十三年："荆人来聘。荆何以称人？始能聘也。"又成公十五年："冬十有一月，叔孙侨如会晋士燮、齐高无咎、宋华元、卫孙林父、郑公子鳅、邾娄人，会吴于钟离。曷为殊会吴？外吴也。曷为外也？春秋内其国而外诸夏，内诸夏而外夷狄。"又定公四年："冬十有一月庚午，蔡侯以吴子及楚人战于柏举，楚师败绩。吴何以称子？夷狄也，而忧中国。"

盖当时所谓蛮夷戎狄，初非异种，特其礼教政术异于华夏，故广别其种类，以示贬斥。至于交通既久，文化演进，则亦不复别之。此虽《公羊》一家之言，然以之推测各地人民之进化，亦未必出于穿凿也。

隐、桓之世，齐、郑最强。郑居中原，齐则东方之大国也。庄、僖之世，齐桓称霸，而晋、楚、秦三国相继而兴，其势渐趋于西南矣。成、哀而后，吴、越复兴，天下大势，偏重南服。故春秋之时，实为文化自北而南之时。楚之先出自颛顼，固亦神明之胄；然自初封于丹阳。传至熊通，已十二叶十七君，而熊通犹自居于蛮夷。

> 《史记·楚世家》："熊通立，为楚武王。……三十五年，楚伐随。随曰：'我无罪。'楚曰：'我蛮夷也……'"

其文化之不逮北方诸国可知。至春秋而其国始大。

> 《史记·楚世家》："文十一年，齐桓公始霸，楚亦始大。"

设官分职，虽多殊于周制，而名法往往与诸夏相同。其人之深于学术者，如申叔之于教育，

> 《国语·楚语》："庄王使士亹傅太子葴……问于申叔时。叔时曰：教之春秋，而为之耸善而抑恶焉，以戒劝其心；教之世，而为之昭明德而废幽昏焉，以休惧其动；教之诗，而为之导广显德，以耀明其志；教之礼，使知上下之则；教之乐，以疏其秽而镇其浮；教之令，

使访物官；教之语，使明其德，而知先王之务用明德于民也；教之故志，使知废兴者而戒惧焉；教之训典，使知族类行比义焉。"

左史倚相之于史学，

《左传》昭公十二年："左史倚相趋过，王曰：'是良史也。……是能读三坟、五典、八索、九丘。'"

北方士大夫殆莫之过也。吴出太伯，固亦华裔，然至春秋，其民犹不知乘车及战陈之术。

《左传》成公七年：楚申公巫臣"以两之一卒适吴，舍偏两之一焉。与其射御，教吴乘车，教之战陈，教之叛楚。置其子狐庸焉，使为行人于吴。吴始伐楚……蛮夷属于楚者，吴尽取之，是以始大，通吴于上国。"

待楚人启之，始与诸夏交通，其初之晦塞，盖可想见。然自成公至襄公时，仅四十年，而季札聘于鲁，请观周乐，于《国风》、《雅》、《颂》之精义，言之无或爽者，其进步之速，又可骇焉。以吴例越，其文化当直接得之于吴，而间接得之于楚。范蠡、文种，皆楚人也。

《史记正义》："范蠡，楚宛三户人。文种，荆平王时为宛令。"

得此二人，而教士三万，君子六千，勃然而兴；而种、蠡之文章，至今炳然寰宇。其地运之将开欤，抑文明之由人而转徙者，适逢其会也？所可疑者，楚之文化，东下而入吴、越，而其国固有之江南，转无所得。

> 顾栋高曰："春秋之世，楚之经营中国，先北向而后东图，其所吞灭诸国，未尝越洞庭湖以南一步。盖其时湖南与闽、广均为荒远之地，惟群蛮、百濮居之，无系于中国之利害，故楚也有所不争也。"

湖湘灵气，遂不能发泄于春秋之时；是则地势之当冲要与否，实文化之关键矣。

第二十二章　学术之分裂

西周之学，官师合一，至春秋而天子失官，

　　《左传》昭公十七年："仲尼曰：天子失官，学在四夷。

学校不修，

　　《毛诗·子衿序》："子衿，刺学校废也；乱世则学校不修焉。

民不说学，及其大人。

　　《左传》昭公十八年："秋，葬曹平公。往者见周原伯鲁焉，与之语，不说学。归以语闵子马。闵子马曰：'周其乱乎？夫必多有是说，而后及其大人。大人患失而惑，又曰：可以无学，无学不害。不害而不学，则苟而可，于是乎下陵上替，能无乱乎！夫学，殖也。不学将落，原氏其亡乎？'"

故官师之学，分裂而为私家之学，其踪迹见于《庄子·天下篇》。

　　《庄子·天下篇》："天下之治方术者多矣，皆以其有为不可加矣。古之所谓道术者，果恶乎在？曰：'无乎不在。'曰：'神何由降？明何由出？''圣有所生，王有所成，皆原于一。'不离于宗，谓之天人。不离于精，谓之神人。不离于真，谓之至人。以天为宗，以德为本，以道为门，兆于变化，谓之圣人。以仁为恩，以义为理，以礼为行，以乐为和，薰然慈仁，谓之君子。以法为分，以名为表，以参为验，以稽为决，其数一二三四是也。百官以此相齿，以事为常，以衣食为主，蕃息畜藏，老、弱、孤、寡为意，皆有以养，民之理也。古之人其备乎？配神明，醇天地，育万物，和天下，泽及百姓；明于本数，系于末度，六通四辟，小大精粗，其运无乎不在。其明而在数度者，旧法世传之史，尚多有之。其在于《诗》、《书》、《礼》、《乐》者，邹鲁之士，搢绅先生多能明之。《诗》以道志，《书》以道事，《礼》以道行，《乐》以道和，《易》以道阴阳，《春秋》以道名分。其数散于天下而设于中国者，百家之学，时或称而道之。天下大乱，贤圣不明，道德不一，天下多得一察焉以自好。譬如耳、目、鼻、口，皆有所明，不能相通。犹百家众技也，皆有所长，时有所用。虽然，不该不遍，一曲之士也。判天地之美，析万物之理，察古人之全，寡能备天地之美，称神明之容。是故内圣外王之道暗而不明，郁而不发，天下之人，各为其所欲焉以自为方。悲夫，百家住而不反，必不合矣！后世之学者，不幸不见天地之纯，古人之大体，道术将为天下裂。"

虽其所谓古者与后世者，未尝确指其时代。然观其下文，以古之道术与关尹、老聃、墨翟、禽滑釐相对而言。如曰：

> 古之道术有在于是者，墨翟、禽滑釐闻其风而说之。古之道术有在于是者，关尹、老聃闻其风而说之。

可见庄子之所谓古，必在春秋以前，而其所谓后者，即指老聃、墨翟等人。古时有圣有王，则学在百官。至春秋时，内圣外王之道不明，则道术分为百家，此非庄子崇拜古人太过，亦非假托古事以欺世人，其时之情事实是如此，由源及流，各有来历，不得不约略叙述也。惟历史事迹，视人之心理为衡。叹为道术分裂，则有退化之观；诩为百家竞兴，则有进化之象。故事实不异，而论断可以迥殊；正不必以春秋时始有专家之术，遂谓从前毫无学术可言。一若学有来历，便失其价值者，此则治史者所当知也。

庄子泛称百家，而未指称某氏之学为某家；汉司马谈《论六家要指》，遂有法家、名家、道家之名。

> 《史记·太史公自序》："太史公仕于建元、元封之间，愍学者之不达其意而师悖，乃论六家之要指。"

刘向《别录》、刘歆《七略》，则分为九流十家，而各溯其所出。

> 《汉书·艺文志》："儒家者流，盖出于司徒之官。""道家者流，盖出于史官。""阴阳家者流，盖出于羲、和之官。""法家者流，盖出于理官。""名家者流，盖出于礼官。""墨家者流，盖出于清庙之守。""纵横家者流，盖出于行人之官。""杂家者流，盖出于议

官。""农家者流，盖出于农稷之官。""小说家者流，盖出于稗官。"

并谓其起于王道既微、诸侯力政之时。

> 《汉书·艺文志》："诸子十家，其可观者九家而已。皆起于王道既微，诸侯力政，时君世主，好恶殊方。是以九家之术，蜂出并作，各引一端，崇其所善，以此驰说，取合诸侯。"

观其所载诸家之书，上起邃古，下讫汉初，率以战国时之书为多，然古书多出依托。如：

> 农家《神农》二十篇，注曰："六国时，诸子疾时怠于农业，道耕农事，托之神农。"道家《黄帝君臣》十篇，注曰："起六国时，与《老子》相似。"《杂黄帝》五十八篇，注曰："六国时贤者所作。"《力牧》二十二篇，注曰："六国时所作，托之力牧，黄帝相。"小说家《黄帝说》四十篇，注曰："迂诞依托。"

即西周之书，亦多后人附会者。如：

> 道家《太公》二百三十七篇，注曰："吕望为周师尚父，本有道者。或有近世为太公术者所增加也。"

大抵自春秋而私家之学始兴，至战国而大盛耳。

学术之分裂，非一时之事，始则由天子畿内分而之各国，继则由各国之学转而为私家。史书亦多纪其事者，如：

> 《史记·太史公自序》："昔在颛顼，命南正重以司
> 天，北正黎以司地。唐、虞之际，绍重、黎之后，使复
> 典之，至于夏、商，故重、黎氏世序天地。其在周，程
> 伯休父其后也。当周宣王时，失其守，而为司马氏。司
> 马氏世典周史。惠、襄之间，司马氏去周适晋。自司马
> 氏去周适晋，分散，或在卫，或在赵，或在秦。"

此学者由天子畿内分而之各国之证也。

> 《史记·儒林传》："孔子闵王路废而邪道兴，于
> 是论次《诗》、《书》，修起礼乐。适齐闻《韶》，三月
> 不知肉味。自卫返鲁，然后乐正，《雅》、《颂》各得其
> 所。……自孔子卒后，七十子之徒，散游诸侯。大者为
> 师傅卿相，小者友教士大夫，或隐而不见。故子路居
> 卫，子张居陈，澹台子羽居楚，子夏居西河，子贡终于
> 齐。如田子方、段干木、吴起、禽滑釐之属，皆受业于
> 子夏之伦，为王者师。"

此各国之学转而入私家之证也。当春秋之初，诸侯之国已各自
为教。

> 《管子·大匡篇》："卫国之教，危傅以利；鲁邑之
> 教，好迩而训于礼；楚国之教，巧文以利。"

其风气之不同，殆由所传之学说不同之故。如鲁秉《周礼》，晋

守唐叔所受法度之类。既而一国之中，又各自为风气。有守其先
代之学而不废者，

> 《国语·晋语》："悼公使张老为卿，辞曰：'臣
> 不如魏绛。夫绛之智，能治大官……其学不废其先人
> 之职。'"

有数典而忘其祖者。

> 《左传》昭公十二年：王谓籍谈曰："昔而高祖孙伯
> 黡司晋之典籍，以为大政，故曰籍氏。及辛有之二子董
> 之，晋于是乎有董史。女，司典之后也，何故忘之？"
> 籍谈不能对。宾出，王曰："籍父其无后乎！数典而忘
> 其祖。"

官学日微，而私家之师弟则不分国界，故国学变为师弟之家
学焉。
　　官学衰而私家之学兴，其所藏之书，亦多散布于人间。如孔
子修《春秋》，得百二十国宝书，

> 《公羊解诂》："闵因叙云：昔孔子受端门之命，
> 制春秋之义，使子夏等十四人求周史记，得百二十国
> 宝书。"

墨子尝见百国春秋，

> 《史通·六家篇》、《隋书·李德林传》并引《墨子》

云："吾见百国春秋。"

《墨子·明鬼篇》："著在周之春秋。""著在燕之春秋。""著在宋之春秋。""著在齐之春秋。"

其书疑皆官书之散在民间者。夫各国史记春秋，藏之史官，苟皆非从师讲授，载笔传写，不能得其书，则求之至难，无论一人不能遍历百国，即十四人亦不能环学于诸国。故吾意春秋时之书，有藏之于官，非亲至其国，求其人，不能读者。

《史记·孔子世家》："孔子适周问礼，盖见老子云。"

《庄子·天道篇》："孔子西藏书于周室，子路谋曰：'由闻周之征藏史有老聃者，免而归居；夫子欲藏书，则试往因焉。'"

有散佚于外，好古之士，可以展转求乞者。至于官书变为私书，则无书者固不知学，而有书者转得博学详说，轶于姝姝暖暖于一先生之言者，此圣哲之所以勃兴于春秋之末也。

《墨子·贵义篇》："墨子南游使卫，关中载书甚多。弦唐子见而怪之曰：'吾夫子教公尚过曰：揣曲直而已。今夫子载书甚多，何有也？'子墨子曰：'昔者，周公旦朝读书百篇，夕见七十士，故周公旦佐相天子，其修至于今。翟上无君上之事，下无耕农之难，吾安敢废此？'"

（按此文，则知春秋之季，民不说学，见载书者，即以为怪。而官师之书，既不全有，学者非自载书，无从得书，亦可推见。)

《说文序》称七国之时，"文字异形，言语异声"。按其端实自春秋时开之。如齐太宰归父盘、齐侯甗、楚公钟、夜雨雷钟、楚曾侯钟、王子申盏盖之类，其文多不类籀文；或取势奇伟，或结体整齐；而清刚瘦劲，渐开小篆之风，与周、鲁之文字浑朴圆和者殊科。

> 《楚公钟跋》(阮元)："此钟与夜雨雷钟篆文相类，奇古雄深，与他国迥别，且俱在未称王之时，年代相去当不远也。"《夜雨雷钟跋》："此钟文字雄奇，不类齐、鲁，可觇荆南霸气。"《王子申盏盖跋》："此篆文工秀，结体较长，同于楚曾侯钟。曾侯钟，楚惠王器；子西历相昭王、惠王者，可直断为子西器也。"

此文字异形之证也。扬雄《方言》多载齐、秦、楚、晋、宋、卫、鲁、郑诸国不同之语，大抵沿自春秋之时。

> 如《方言三》："南楚凡贫人衣被丑敝谓之须捷，或谓之褛裂，或谓之襤褛。《左传》曰：'筚路襤褛，以启山林。'殆谓此也。"

三《传》所载，亦多异言。

> 《左传》庄公二十八年："楚令尹子元以车六百乘伐郑……众车入自纯门，及逵市，县门不发，楚言而出。"
> 宣公四年："楚人谓乳穀，谓虎於菟。"
> 《穀梁传》襄公五年："仲孙蔑、卫孙林父会于善

稻。吴谓善伊，谓稻缓。号从中国，名从主人。"

《公羊传》隐公五年："公曷为远而观鱼，登来之
也。"桓公六年："曷为谓之实来？慢之也。曷为慢之？
化我也。"

盖自行人之官不修，书名声音，渐不齐一，学术之分，亦由于
此。孔子讲学，书必大篆，语必雅言。

《说文序》："孔子书六经，皆以古文。"
《论语·述而》："子所雅言，诗书执礼，皆雅言
也。"孔安国《注》："雅言，正言也。"郑玄曰："读先
王典法，必正言其音，然后义全。"

盖为各国学者所守不同，欲教之于一堂，不能不出以典雅，犹今
之教者，必用通行之语言文字，不能用土语及别字也。《庄子》
谓"邹鲁之士，能明《诗》、《书》、《礼》、《乐》"，《史记》称"洙、
泗之间，龂龂如也"。

《史记·鲁世家》：太史公曰："余闻孔子称曰：甚
矣，鲁之衰也。洙、泗之间，龂龂如也。"

盖他国之学者，传授歧异，不如洙、泗间读音之正，故后世儒家
传授最广，是则儒家独盛之一因也。

周之教育，掌于乐官。周衰，王官失业，即周之学校教育不
修之证。

《汉书·礼乐志》："周衰，五官失业，《雅》、《颂》

相错。

然鲁国犹有其官，至哀公时，乐官复分散。

> 《论语·微子》：“太师挚适齐，亚饭干适楚，三饭缭
> 适蔡，四饭缺适秦，鼓方叔入于河，播鼗武入于汉，少师
> 阳、击磬襄入于海。”（按此文有二说。孔安国曰：“鲁哀
> 公时，礼坏乐崩，乐人皆去。”是挚等皆鲁官；《汉书·古
> 今人表》列挚等于殷末周初。颜师古注曰：“自师挚以下
> 八人，皆纣时人，奔走分散而去。”则以挚等为殷官。刘
> 宝楠《论语正义》从颜说，梁玉绳《人表考》则从孔说。）

学校教育之衰，殆又甚于春秋之初。故春秋时鲁有泮宫，郑有乡
校，其风虽不及西周之盛，犹有官学之遗意。春秋以后，则官学
泯绝矣。《史记》谓挚等之分散，在仲尼没后。

> 《史记·礼书》：“仲尼没后，受业之徒沈湮而不举，
> 或适齐、楚，或入河、海，岂不痛哉！”

世或谓八人尝以雅乐受业孔子。

> 《人表考》（梁玉绳）引吴仁杰云：“八人盖以雅乐
> 受业于孔子。”

不知乐官掌官学与私学有别，《论语》志乐官之分散，正以明当
时诸侯不重礼乐，亦不重教育。约计其时，当在春秋之末，不必
定指为孔子弟子，且意其适齐、楚，入河、海，在孔子没后也。

第二十三章　老子与管子

　　自周代官守不修，学术分裂，于是有九流十家之学。十家之中，以道家为最早，而儒家次之。以今所存道家之书论之，老子、管子皆先于孔子之书。老子实为春秋时代一大思想家，故依其时代论次其学。按《汉书·艺文志》，道家先列《管子》，次及《老子》。

　　　　《汉书·艺文志》："道三十七家，九百九十三篇。"始《伊尹》、《太公》、《辛甲》、《鬻熊》诸书，次《管子》八十六篇，次《老子邻氏经传》四篇。《老子傅氏经说》十七篇，《老子徐氏经说》六篇。

似老子当后于管子。然老子之年岁不可考。

　　　　《史记·老子列传》："盖老子百有六十余岁，或言二百余岁，以其修道而养寿也。"

而管子之书。不纯为道家言，则道家固当首老子也。

　　老子之学，本以自隐无名为务，

　　　　《老子列传》："老子修道德，其学以自隐无名为务。"

故其事迹亦不彰，史但称为周守藏室之史，

> 《老子列传》："老子者，楚苦县厉乡曲仁里人也。
> 姓李氏，名耳，字伯阳，谥曰聃，周守藏室之史也。"

及为关尹著书之事。

> 《老子列传》："居周久之，见周衰，乃遂去。至关，
> 关令尹喜曰：'子将隐矣，强为我著书。'于是老子乃著
> 书上下篇，言道德之意五千余言而去。"

以《庄子》证之，关尹殆与老子学派相同。

> 《庄子·天下篇》："关尹曰：在己无居，形物自著。
> 其动若水，其静若镜，其应若响，芴乎若亡，寂乎若
> 清。同焉者和，得焉皆失。"

其强老子以著书，第以同道相证明，非借著书立说，创一学派或
宗教，以要名于世。此讲老子之学者所当先知之义也。
　　老子生于陈而仕于周，并非楚人。世之论者，以《史记》有
"楚苦县人"一语，遂以老子为楚人。因以其文学思想，为春秋
时南方学者之首领，并谓与孔子之在北方者对峙（其说倡于日本
人，而梁启超盛称之）。实则苦县故属陈，老子生时，尚未属楚，
《史记索隐》、《正义》言之甚明。

《史记索隐》："苦县本属陈，春秋时楚灭陈，而苦又属楚，故云楚苦县。至高帝十一年立淮阳国，陈县、苦县皆属焉。"《正义》按《年表》云："淮阳国，景帝三年废。至天汉修史之时，楚节王纯都彭城相近，疑苦此时属楚国，故太史公书之。"（据此，是《史记》之称楚者，以苦县在汉时属楚，并非谓老子时属楚也。按陈尝再灭于楚，陈哀公三十五年，为楚所灭。后五年，惠公复兴。闵公二十一年，卒灭于楚。即谓此楚字指春秋之楚亦通，但老子与孔子同时，且其年岁甚高，其生时必为陈而非楚也。）

借令其地属楚，亦在淮水流域，距中夏诸国甚迩，未可以南北判之也。

老子既自晦其迹，故讲老子之学者，言人人殊，儒家则重其习于礼，

《小戴记·曾子问》篇记孔子问礼于老聃者，凡三节。

法家则称其生于术，

《韩非子·解老》篇："所谓有国之母，母者，道也；道也者，生于所以有国之术。"

方士则目为神仙（《列仙传》、《神仙传》等书，称老子之神异甚多），释氏则谓同佛教，

　　《后汉书·襄楷传》："桓帝时，楷上书曰：或言老
子入夷狄，为浮屠。"

　　《辩正论》（唐释慧琳）："《晋世杂录》云：道士王
浮每与沙门帛远挍论，王屡屈焉，遂改换《西域传》为
《化胡经》，言喜与聃化胡作佛，佛起于此。"

甚至傅会为耶稣教（严复评老子，前有德国哲学家谓耶和华之
号，即起于老子之夷希微，说见黑格尔《哲学历史》），傅会为民
主政治（亦见严复评语），傅会为革命家（见胡适《中国哲学史
大纲》）。见智见仁，各以其意为说。然即此亦可见老子之学无所
不包，此庄子所以谓之为"博大真人"也。

　　《庄子·天下篇》："关尹、老聃乎？古之博大真
人哉！"

老子之学，自有来历，庄子称其出于古之道术，

　　《庄子·天下篇》："以本为精，以物为粗，以有积
为不足，澹然独与神明居。古之道术，有在于是也，关
尹、老聃闻其风而悦之。"

老子之说出于诗，

　　《吕氏春秋·行论》："诗曰：'将欲毁之，必先累
之；将欲踣之，必高举之。'其此之谓乎？"（诗，逸
诗也。）

老子之学，由汤之史事而来，

> 《吕氏春秋·制乐》："汤退卜者曰：'吾闻祥者福
> 之先者也，见祥而不为，则福不至；妖者祸之先者也，
> 见妖而为善，则祸不至。'故祸兮福之所倚，福兮祸之
> 所伏。"

《艺文志》称其出于史官。

> 《汉书·艺文志》："道家者流，盖出于史官。历记
> 成败存亡祸福古今之道，然后知秉要执本。清虚以自
> 守，卑弱以自持。"

此二义，老子固自言之。

> 《老子》："执古之道，以御今之有，能知古始，是
> 谓道纪。"

惟其所谓"古始"者，非常久远，不限于有文字以来之历史，亦
不限于羲、农、黄帝以来之有道术者。故常抉摘天地造化之根
原，而不为后世制度文物所囿，此老子之学所以推倒一切也。然
东方人种积习耕稼，偏于仁柔，往往以弱制强，而操最后之胜
算。老子习见其事实，故反复申明此理，而后世之人，因亦不能
出其范围。实则老子之思想，由吾国人种性及事实所发生，非其
学能造成后来之种性及事实也。

老子之书，专说对待之理，其原盖出于《易》。惟《易》在
孔子未系辞之前，仅示阴阳消息、奇偶对待之象，尚未明示二仪

之先之太极。老子从对待之象，推究其发生此对待之故，得恍惚
之一元，而反复言之。如曰：

> 视之不见，名曰夷；听之不闻，名曰希；搏之不
> 得，名曰微。此三者不可致诘，故混而为一。其上不缴，
> 其下不昧，绳绳不可名。复归于无物。是谓无状之状，
> 无物之象，是谓恍惚；迎之不见其首，随之不见其后。

又曰：

> 孔德之名，惟道是从；道之为物，惟恍惟惚。惚兮
> 恍兮，其中有象；恍兮惚兮，其中有物。窈兮冥兮，其
> 中有精；其精甚真，其中有信。自古及今，其名不去；
> 以阅众甫，吾何以知众甫之状哉，以此。有物混成，先
> 天地生，寂兮寥兮，独立不改，周行而不殆，可以为天
> 下母。吾不知其名，字之曰"道"，强为之名曰"大"。

盖世人不知此物，惟可以恍惚诏之。老子则知之甚精、甚真、甚
信，故能从此原理，剖析众甫之状。是则吾国形而上之哲学实自
老子开之，亦可曰一元哲学实自老子开之。不知老子之形而上
学，徒就形而下之社会人生，推究老子之学，无当也。

老子既知此原理，见此真境，病世人之竞争于外，而不反
求于内也，于是教人无为。其教人以无为，非谓绝无所为也，扫
除一切人类后起之知识情欲，然后可从根本用功。故曰："为学
日益，为道日损，损之又损，以至于无为。"其下即承之曰："无
为而无不为。"盖世人日沈溺于后起之知识情欲，不能见此甚精、
甚真、甚信之本原，虽自觉无所不知、无所不能，实则如同梦

呓。胥天下而从事于此，止有贼国病民而已。故曰：

> 古之善为道者，非以明民，将以愚之。民之难治，以其智多。故以智治国，国之贼；不以智治国，国之福。知此两者，亦稽式，常知稽式，是谓玄德。玄德深矣远矣，与物反矣，然后乃至大顺。

老子所谓"愚民"，与后世所谓"愚民之术"不同。盖如秦皇之焚书坑儒以愚民，只为固其子孙帝王之业起见，非欲使天下之人咸捐其小智私欲，而同见此甚精、甚真、甚信之本原。老子之所谓"愚民"，则欲民愚于人世之小智私欲，而智于此真精之道，反本还原，以至大顺。故以后世愚民之术，归咎于老子者固非；但知老子主张破坏一切，不知老子欲人人从根本上用功者，亦绝不知老子之学也。

吾国之哲学，与西洋哲学不同者，在不言而躬行，徒执老子之言，以讲老子之学，无一是处。吾所言者，亦不能知老子之究竟也。惟今世学者喜言哲学，喜言老子哲学，且喜以老子之哲学与西洋哲学家比较，故亦不得不略述其管见。总之，老子非徒破坏，非徒消极，彼自有其真知灼见。故觉举世之人，迷罔日久，而稍稍出其绪余，为此五千言，而其所不言者，正不可限量也。

《史记·管仲传》，不详其学术所自，惟称其《牧民》、《山高》、《乘马》、《轻重》、《九府》诸篇，曰："详哉其言之。"按仲为颍上人，春秋之初，其地属郑。仲之所学，殆犹有周代官师之传。观其书于阴阳、五行、天时、地理、兵法、财政，无所不赅，似未可以一家目之。然其学有与老子同原者，如曰：

> 疑今者，察之古；不知来者，视之往。万事之生

也，异趣而同归，古今一也。

是即老子执古之道，以御今之有之法也。《封禅》《国准》《揆度》诸篇，时时述古代帝王逸事，虽其书不尽管子自著，或出于后之治管子之学者所增益，然《封禅篇》之文，《史记》亦引之。

> 《史记·封禅书》："齐桓公既霸，会诸侯于葵丘，而欲封禅。管仲曰：'古者封泰山、禅梁父者七十二家，而夷吾所记者十有二焉。'"

是管子固熟于史事。《汉志》列《管子》于道家，谓"道家出于史官"，其以此欤？

管子之学，异于道家者，在言政法。其佐齐桓创霸，既改革周制，而其论治，必以法为主。如曰：

> 法者，民之父母也。
> 法者，天下之至道也，圣君之实用也。法之制民也，犹陶之于埴，冶之于金也。
> 君臣上下贵贱皆从法，此之谓大治。圣君任法而不任智，故身佚而天下治。

其言实战国时法家之祖，视老子之以德、仁、义、礼为无足齿数者，相去甚远，此则事之至可疑者也。愚意老子之学，亦自有其作用。如曰：

> 小国寡民，使有什伯之器而不用，使民重死而不远徙。

凡两言使，则其使之之术固有在矣。管子虽偏于法治主义，而其言亦多近于道家者。如《枢言篇》曰：

> 日益之而患少者，惟忠；日损之而患多者，惟欲。吾畏事，不欲为事；吾畏言，不欲为言。故行年六十而老吃也。

是管子晚年以寡欲省事为主，实道家之学也。《心术》、《白心》诸篇，尤多微眇之论。大抵功名之士，不先有得于道，必以私智私欲而败。管子之改革国政，卓然能有所成，未始不由于其湛深于道术；商鞅、韩非之败，正以其徒知法治，而不知畏事畏言耳。

古无黄、老之名。战国时，治道家之学者，始以黄帝与老子相傅会。

> 《汉书·艺文志》："《黄帝君臣》十篇。""《杂黄帝》五十八篇。"

庄子亟称黄帝，又极崇拜老聃，然亦未尝以黄帝、老子并举。黄、老并举，殆在汉初。

> 《史记·曹相国世家》："胶西有盖公，善治黄、老言。"《儒林传》："窦太后好黄、老之术。"

其后凡一切不事事，及以阴柔处世，概托为黄、老之学。使知管子与老子学术相同，则一方面无为，一方面有为，正合于"无为而无不为"之说。而怠惰苟安者，将无所容其喙矣。

第二十四章　孔　子

孔子者，中国文化之中心也。无孔子则无中国文化。自孔子以前数千年之文化，赖孔子而传；自孔子以后数千年之文化，赖孔子而开。即使自今以后，吾国国民同化于世界各国之新文化，然过去时代之与孔子之关系，要为历史上不可磨灭之事实。故虽老子与孔子同生于春秋之时，同为中国之大哲，而其影响于全国国民，则老犹远逊于孔，其他诸子，更不可以并论。观夏德（F.Hirth）《中国古代史》（*The Ancient History of China*），所引德人加摆伦资（G.von der Cabelentz）之言，则知孔子之地位矣。

《孔子与其学说》（*Confucius und Seine Lehre*）（加摆伦资）："吾人欲测定史的人物之伟大之程度，其适当之法，即观其人物所及于人民者感化之大小、存续之长短及强弱之程度三者之如何是也。以此方法测定孔子，彼实不可不谓为人类中最大人物之一人。盖经过二千年以上之岁月，至于今日，使全人类三分之一于道德的、社会的及政治的生活之点，全然存续于孔子之精神感化之下也。"

孔子之生年月日，说者不一。

　　《春秋公羊传》襄公二十有一年："十有一月，庚
子，孔子生。"《春秋穀梁传》襄公二十有一年："冬十
月，庚子，孔子生。"《世本》："鲁襄公二十二年冬十
月，庚子，孔子生。"《史记·十二诸侯年表》："鲁襄
公二十二年，孔子生。"《先圣生卒年月日考》（孔广
牧）："谨案先圣之生，年从《史记》，月从《穀梁》，
日从《公羊》、《穀梁》。年从《史记》者，凡《世本》
所述春秋卿大夫世系，悉与《左传》合；龙门撰《史
记》，于先圣生年，根据《世本》为说，诚以其可信也。
月从《穀梁》者，以《穀梁》与《世本》同故。日从
《公羊》、《穀梁》者，以《经义骈枝》据《周历》、《三
统历》及古《四分历》推得也。"

　　《经义骈枝》（成蓉镜）："世传孔子生于鲁襄公
二十二年十月庚子，为今之八月二十七日，然以古历步
之，实八月二十八日。"

要其生卒灼然可见。

　　《春秋》哀公十六年续经："夏四月己丑，孔丘卒。"
　　《经义骈枝》（成蓉镜）："孔子卒日，集古今诸历
步之，十六年四月己卯朔，十一日己丑。"
　　孔广牧《先圣生卒年月日考》："先圣卒于鲁哀公
十六年，由是岁上溯之襄公二十二年，实七十三岁；他
书谓为年七十四者，盖从襄公二十一年起算，失之。"

非若老子、释迦之生死无从稽考也。谶纬诸书，多言孔子生有
异征，

《论语撰考谶》："叔梁纥与徵在祷于尼山，感黑龙精以生仲尼。

死有遗谶。

《易纬通卦验》："孔子表洛书，摘亡辟，曰：'亡秦者，胡也；丘以推秦，白精也。'"

《春秋》家又谓孔子受命制作，

《公羊》哀公十四年注：获麟之后，天下血书鲁端门曰："趋作法，孔圣没，周姬亡，彗东出，秦政起，胡破术，书记散，孔不绝。"子夏明日往视之，血书飞为赤乌，化为白书，署曰"演孔图"。

自号"素王"。

《六艺论》（郑玄）："孔子既西狩获麟，自号'素王'，为后世受命之君制明王之法。"
《春秋序》（贾逵）："孔子览史记，就是非之说，立素王之法。"

皆视孔子为神奇不经之人，迄今日而称述其说者不衰。欲比孔子于耶稣、穆罕默德，以孔教为标帜，是皆不知孔子者也。孔子不假宗教以惑世，而卓然立人之极，故为生民以来所未有。

《孟子·公孙丑》述有若之言曰："圣人之于民，亦类也。出于其类。拔乎其萃，自生民以来，未有盛于孔子也。"

学者欲知孔子，当自人事求之，不可神奇其说也。

孔子之学，有得之于家庭者。

《左传》昭公七年，孟僖子曰："孔丘，圣人之后也，而灭于宋。其祖弗父何以有宋而授厉公。及正考父，佐戴、武、宣，三命兹益共，故其鼎铭云：'一命而偻，再命而伛，三命而俯，循墙而走，亦莫余敢侮。饘于是，鬻于是，以餬余口。'其共也如是。臧孙纥有言曰：'圣人有明德者，若不当世，其后必有达人。'今其将在孔丘乎！"

有得之于社会者，

《史记·孔子世家》："孔子为儿，嬉戏，常陈俎豆，设礼容。""鲁南宫敬叔言于鲁君曰：'请与孔子适周。'鲁君与之一乘车，两马，一竖子俱，适周问礼，盖见老子云。""孔子学鼓琴师襄子，十日不进。师襄子曰：'可以益矣。'孔子曰：'丘已习其曲矣，未得其数也。'有间，曰：'已习其数，可以益矣。'孔子曰：'丘未得其志也。'有间，曰：'已习其志，可以益矣。'孔子曰：'丘未得其为人也。'有间，曰：'有所穆然深思焉，有所怡然高望而远志焉。'曰：'丘得其为人，黯然而黑，几然而长，眼如望羊，如王四国，非文王其谁能为此也！'师襄子辟席再拜，曰：'师盖云《文王操》也。'"

《仲尼弟子列传》："孔子之所严事：于周，则老
子；于卫，蘧伯玉；于齐，晏平仲；于楚，老莱子；于
郑，子产；于鲁，孟公绰。数称臧文仲、柳下惠、铜鞮
伯华、介山子然，孔子皆后之，不并世。"

盖其时虽曰"世衰道微"，然必家庭社会犹有前代礼教学说流
传，其国土之风气，有特殊于他国者。其游踪所至，多得贤士大
夫之益，然后可以鼓舞奋发，而出一命世之大哲。不可徒谓春秋
之时，社会纷乱，政法黑暗，民生痛苦，邪说横行，始因此等反
应产生圣哲之思想也。然家庭之遗传，社会之影响，虽亦有关于
孔子，而孔子之所以成为孔子者，仍在其自身之好学。故其自
言曰：

吾十有五而志于学，三十而立，四十而不惑，五十
而知天命，六十而耳顺，七十而从心所欲不逾矩。十室
之邑，必有忠信如丘者焉，不如丘之好学也。

忠信之资，初不足以过人，惟好学为所自信。自十五至七十，无
一息不学，知行之功，与年俱进，是则非平生师友所可几矣。前
乎孔子者，虽有傅说始终典学之语，然未尝有言之亲切详备如孔
子者，则虽谓吾民知学自孔子始，可也。

孔子自言其学之程序，且述其学之功效，然只自明其身心所
造之境地，未尝及于身外。由此可知孔子为学之目的，在先成己
而后成物。其成己之法，在充满其心性之本能，至于从心所欲不
逾矩之境，而一切牖世觉民之方，乃从此中自然发现于外。既非
徒受外界之反感，愤激悲悯，欲学一种方法或主义以救世；亦非
徒慕古人，欲蹈袭其陈迹，冀自树于功名，至于垂老无成，乃托

教学著书，以期留名后世，及与当世讲学者，争持门户，独立一派别也。《论语》及《大学》、《中庸》所言，十九皆明此义。不知孔子所学为何事，第以褊狭骛外之心测孔子，宁能窥见其涯涘哉！

孔子所学，首重者曰成己，曰成人，曰克己，曰修身，曰尽己。其语殆不可以偻举，惟其以此为重，故不暇及于外，而怨天尤人之意，自无自而生。

> 《论语·宪问》："不怨天，不尤人，下学而上达，知我者其天乎！"
> 《中庸》："正己而不求于人，则无怨。上无怨天，下不尤人。"

其遇虽穷，其心自乐，人世名利，视之淡然。

> 《论语·述而》："饭疏食饮水，曲肱而枕之，乐亦在其中矣。不义而富且贵，于我如浮云。"

自孔子立此标准，于是人生正义之价值，乃超越于经济势力之上。服其教者，力争人格，则不为经济势力所屈，此孔子之学之最有功于人类者也。人之生活，固不能不依乎经济，然社会组织不善，则经济势力往往足以锢蔽人之心理，使之屈伏而丧失其人格。其强悍者，蓄积怨尤，则公为暴行，而生破坏改革之举。今世之弊，皆坐此耳。孔子以为人生最大之义务，在努力增进其人格，而不在外来之富贵利禄，即使境遇极穷，人莫我知，而我胸中浩然，自有坦坦荡荡之乐。无所歆羡，自亦无所怨尤，而坚强不屈之精神，乃足历万古而不可磨灭。儒教真义，惟此而已。虽然，孔子之学，亦非徒为自了汉，不计身外之事也。成己必成物，立己必立人。

> 《中庸》："诚者，非自成己而已也，所以成物也。成己，仁也；成物，知也。性之德也，合外内之道也。"
> 《论语·雍也》："夫仁者，己欲立而立人，己欲达而达人。"

故修身之后即推之于家国天下，其于道国、为政、理财、治赋之法，无一不讲求，而蕲致用于世。《论语》所记孔门师弟问答之语，时时以为政为言，即群众之经济亦必使之富足。

> 《论语·子路》："子适卫，冉有仆，子曰：'庶矣哉。'冉有曰：'既庶矣，又何加焉？'曰：'富之。'曰：'既富矣，又何加焉？'曰：'教之。'"《颜渊篇》："子贡问政。子曰：'足食，足兵，民信之矣。'"

此则本末兼赅，有体有用，非若二氏之专言虚寂，遗弃一切也。孔子生于周，故其政见多主用周法，然用之亦有分别，观《论语》之言自见。

> 《论语·卫灵公》："颜渊问为邦。子曰：行夏之时，乘殷之辂，服周之冕。"《子罕篇》："子曰：麻冕，礼也。今也纯，俭，吾从众。"

陆桴亭《思辨录》谓孔子从周，后儒宜讲当代之制："孔子动称周家法度，虽周公制作之善，亦从周故也。予每怪后儒学孔子，亦动称周家法度，而于昭代之制，则废而不讲，亦不善学孔子者矣。"其实孔子之所主张，亦不尽周法，即世俗所通行而协于人情者，亦无不可从也。

孔子之学，固不以著述重，然其著述之功，关系绝巨。史称其时礼乐废，《诗》、《书》缺，传自孔氏，始可得述。

> 《史记·孔子世家》："孔子之时，周室微而礼乐废，《诗》、《书》缺。追迹三代之礼，序《书传》，上纪唐、虞之际，下至秦缪，编次其事。曰：'夏礼吾能言之，杞不足征也。殷礼吾能言之，宋不足征也。足，则吾能征之矣。'观殷、夏所损益，曰：'后虽百世可知也，以一文一质。周监二代，郁郁乎文哉。吾从周。'故《书传》、《礼记》自孔氏。孔子语鲁太师：'乐其可知也。始作翕如，纵之纯如，皦如绎如也以成。'吾自卫反鲁，然后乐正，《雅》、《颂》各得其所。'古者诗三千余篇，及至孔子，去其重，取可施于礼义，上采契、后稷，中述殷、周之盛，至幽、厉之缺，始于衽席，故曰：'《关雎》之乱，以为《风》始，《鹿鸣》为《小雅》始，《文王》为《大雅》始，《清庙》为《颂》始。'三百五篇孔子皆弦歌之，以求合《韶》、《武》、《雅》、《颂》之音，礼乐自此可得而述。"

盖其时如老子者，不以书籍所传言语为重。

> 《史记·老子传》："老子曰：'子所言者，其人与骨皆已朽矣，独其言在耳。'"

世复多不说学者，使任其放佚，则浸衰浸微，古代之文化复何从考见乎！《诗》、《书》、《礼》、《乐》皆述，《易》、《春秋》则述而兼作。

　　　　《汉书·儒林传》："孔子晚而好《易》，读之，韦编三绝，而为之传。"
　　　　《史记·儒林传》："西狩获麟，曰：'吾道穷矣。'故因史记作《春秋》。"

世谓孔子"述而不作"者，盖未读"十翼"及《春秋》也。《孟子》即称"孔子作《春秋》"，《公羊》明载未修春秋之原文，惟杜预称《春秋》多用旧史，然亦谓有刊正处。孔子传《易》修史，而合之《诗》、《书》、《礼》、《乐》，号为"六艺"，亦名为"经"。

　　　　《史记·孔子世家》："孔子以《诗》、《书》、《礼》、《乐》教弟子，盖三千焉，身通六艺者七十有二人。"

其为教亦各有得失，孔子尝详言之。

　　　　《礼记·经解》："孔子曰：入其国，其教可知也。其为人也，温柔敦厚，《诗》教也；疏通知远，《书》教也；广博易良，《乐》教也；洁静精微，《易》教也；恭俭庄敬，《礼》教也；属辞比事，《春秋》教也。故《诗》之失愚，《书》之失诬，《乐》之失奢，《易》之失贼，《礼》之失烦，《春秋》之失乱。其为人也，温柔敦厚而不愚，则深于《诗》者也；疏通知远而不诬，则深于《书》者

也；广博易良而不奢，则深于《乐》者也；洁静精微而
不贼，则深于《易》者也；恭俭庄敬而不烦，则深于
《礼》者也；属辞比事而不乱，则深于《春秋》者也。"

孔子于《易》，由阴阳奇偶之对待，阐明太极之一元。

《系辞》："易有太极，是生两仪，两仪生四象，四
象生八卦，八卦定吉凶，吉凶生大业。"

谓神无方，易无体，而道在阴阳之相对。

《系辞》："神无方而易无体，一阴一阳之谓道。"

其于形而上之原理，与老子所见正等。《易》之神妙，正赖孔子
发明。（按《论语》称"子不语怪、力、乱、神"。而《易·系
辞》屡言神，如"阴阳不测之谓神"，"蓍之德圆而神"，"神以
知来"，"是兴神物以前民用"，"圣人以此斋戒，以神明其德夫"，
"鼓之舞之以尽神"之类。）而世乃谓孔子系《易》，专重人伦日
用之事，

某氏论《易》曰："近人谓伏羲画卦，乃纯包天地
万物、万事万象、有形无形，诸凡共同之大原理而言，
即纯属哲理的著作。以今之新名词言之，即曰纯正哲
学。文王加彖、象各辞，始由图画而附文字说明，然
已由抽象的哲理，而喻以具体的事物。故可谓文王解
《易》，即由纯正哲学引入于伦理学范围。以今之新名
词言之，即曰伦理哲学。孔子作《文言》、《系辞》，则

更将《易》象移以解释人生种种善恶行为之报应，专在策人为君子，勿为小人。故孔子解《易》，实专以伦理的眼光看《易》象，并非以宇宙人生、万象森罗之哲理眼光看《易》象。若以今之新名词言之。《易》经中孔子所明，第可曰伦理学，或曰伦理的解释。孔子圣人，决非不解《易》象之哲理。第孔子一生志向，专以对人宣明伦理一门，作入世法，至孔子之真实本领，哲理一门之出世法，始终未欲与世人道之，此正是孔子之高大处。故至今儒家所知之孔子，第知孔子本领之半而已。"

奚足以知孔子之用心哉！孔子所言神明之德，必须洗心斋戒，退藏于密，而后可见，非腾口说、骋文辞所能指示也。至于孔子讲《易》以明人伦日用之道者，则有二义焉，曰"中"，曰"时"。

　　　　如释《乾》之九二曰"龙德而正中"，九三、九四皆曰"重刚而不中"，《坤》六五曰"君子黄中通理"，《同人》曰"中正而应"，《大有》曰"大中而上下应之"之类，皆以明"中"也。释《蒙》曰"蒙亨，以亨行，时中也"。《蹇》曰"蹇之时用大矣哉"，《益》曰"凡益之道与时偕行"之类，皆以明"时"也。

"中"以方位言，"时"以后先言，必合此二者而义乃全。且其几至微，稍过不及，即非所谓"中"；人心之执着胶滞，皆为未喻此义也。自尧、舜以来，以"中"为立国之道，孔子祖述其说，而又加以"时"义。故孟子谓孔子为"圣之时者也"。其实，"中"之一字，已足赅括一切，加以"时"字，则所以衡其中否者益密耳。此语至平常，而又至难，原其初，须得喜怒哀乐未发前之气象。

> 《中庸》："喜怒哀乐之未发，谓之中。"

推其极，则可以位天地，育万物。

> 《中庸》："致中和，天地位焉，万物育焉。"

故孔子于中道系之曰"庸"，而极言其不可能，

> 《论语·雍也》："中庸之为德也，其至矣乎，民鲜久矣。"
>
> 《中庸》："子曰：'中庸其至矣乎！民鲜能久矣。'""天下国家可均也，爵禄可辞也，白刃可蹈也，中庸不可能也。"

贤智则过，愚不肖则不及，强为貌似，则又成为乡原，三者皆病，乃取其微偏者而救正焉。

> 《论语·子路》："子曰：不得中行而与之，必也狂狷乎！狂者进取，狷者有所不为也。"

世人徒执后世乡原之儒者以病孔子，不知孔子固于此反复明辩，不容伪儒之矫饰也。论德之本曰"中"，论道之用曰"恕"，《周书》始言"恕"。

> 《逸周书·程典篇》："慎德必躬恕，恕以明德。"

而未详言其法，至孔子始推演之，以为终身可行之道。

> 《论语·卫灵公》："子贡问曰：'有一言而可以
> 终身行之者乎？'子曰：'其恕乎！己所不欲，勿施
> 于人。'"

对于子臣弟友、上下左右，一以恕待之。

> 《中庸》："子曰：'君子之道四，丘未能一焉：所
> 求乎子，以事父未能也；所求乎臣，以事君未能也；
> 所求乎弟，以事兄未能也；所求乎朋友，先施之未
> 能也。'"

> 《大学》："所恶于上，毋以使下；所恶于下，毋以
> 事上；所恶于前，毋以先后；所恶于后，毋以从前；所
> 恶于右，毋以交于左；所恶于左，毋以交于右。此之谓
> 絜矩之道。"

盖人类之相处，最难各得其平。处处以责人之心责己，则平心静
气。于人毫无怨望，而人之对我亦必出于和平，充其功效，岂惟
一人可行于世，使举世行之，则举世之战争、奋斗、猜疑、欺
诈，种种不德皆可蠲除，而全体之人类，咸相安而遂其生矣。曾
子之告其门人，谓忠恕则一贯。

> 《论语·里仁》："子曰：'参乎，吾道一以贯之。'
> 曾子曰：'唯'。子出，门人问曰：'何谓也？'曾子曰：
> '夫子之道，忠恕而已矣。'"

盖孔子所知所行，无不本于此，故以"而已矣"三字决之，明忠恕之外，无他道也。为人谋而不忠，亦由待人不恕。故曾子论一贯，犹兼言忠恕；孔子论终身可行之道，惟举一恕字，以恕可以赅忠也。忠恕之事，属行不属知，子贡问行，而孔子答以施；行与施皆指事为，非指一人独居讲学也。从来学者解释恕字，未有以为属于知识者，近人好为异论，乃以恕为推知。

> 《订孔下》（章炳麟）："心能推度曰恕，周以察物曰忠。故夫闻一以知十，举一隅而以三隅反者，恕之事也。夫彼是之辨，正处、正色、正味之位，其候度诚未可壹也。守恕者，善比类。诚令比类可以遍知者，是絜矩可以审方圆，物情之纷，非若方圆可以量度也。故用矩者困，而务比类者疑。周以察物，举其征符，而辨其骨理者，忠之事也。故疏通知远者恕，文理密察者忠。身观焉，忠也；方不障，恕也。上者寂焉不动，感而遂通天下之故，无有远近幽深，遂知来物，中之方人用法，察迹言也。下者至于原本山川，极命草木，合契比律，审曲面埶，莫不依是。《三朝记》：哀公欲学《小辨》，孔子对以力、忠、信。云：'知忠必知中，知中必知恕，知恕必知外。内思毕心曰知中，中以应实曰知恕，内恕外度曰知外。'此言以忠恕为学，则无所不辨也。周以察物，疑其碎矣。物虽小别，非无会通。内思必心者，由异而观其同也。"

夫闻一知十，举一反三，属于知识。己所不欲，勿施于人，属于行为。二者各有分际，不可混为一谈。《大戴记·小辨篇》虽言忠有九知，然其上文明言行为：

　　《小辩》："明忠信之备而又能行之，则可立待也。
君朝而行忠信，百官承事，忠满于中而发于外，刑于民
而放于四海，天下其孰能患之？""丘言之，君发之于
朝，行之于国，一国之人莫不知，何一之强避？丘闻
之，忠有九知。知忠必知中，知中必知恕，知恕必知
外，知外必知德，知德必知政，知政必知官，知官必知
事，知事必知患，知患必知备。若动而无备，患而弗
知，死亡而不知，安与知忠信！内思毕心曰知中，中以
应实曰知恕，内恕外度曰知外，外内参意曰知德，德以
柔政曰知政，正义辨方曰知官，官治物则曰知事，事戒
不虞曰知备，毋患曰乐，乐义曰终。"

所谓明忠信之备者，知也；而又能行之者，行也。朝而行忠信，
发之于朝，行之于国者，皆行也。徒明忠信而不行，得谓之忠信
乎？知中、知恕、知外、知德、知政、知官、知事、知患、知备
九者，皆须实行，故曰"动而无备，患而弗知，安与知忠信"？
试思备患恃知乎？抑恃行乎？章氏偏重知识，匪惟误解《论语》，
抑亦误解《戴记》，断章取意，贻误后人，匪浅鲜也。

　　孔子论治之书，以《春秋》为主，而《春秋》之学，为最难
讲，当时门弟子已不能赞一辞。

　　　　《史记·孔子世家》："至于为《春秋》，笔则
　　笔，削则削，子夏之徒，不能赞一辞。弟子受《春
　　秋》，孔子曰：'后世知丘者以《春秋》，而罪丘者亦以
　　《春秋》。'"

孟子则推其惧乱贼之功：

《孟子·滕文公》："孔子成《春秋》，而乱臣贼子惧。"

庄子则称其为先王之志：

《庄子·齐物论》："《春秋》经世，先王之志，圣人议而不辩。"

班固则谓口受弟子，弟子退而异言。

《汉书·艺文志》："仲尼与左丘明观其史记，据行事，仍人道，因兴以立功，就败以成罚，假日月以定历数，藉朝聘以正礼乐。有所褒讳贬损，不可书见，口授弟子，弟子退而异言。丘明恐弟子各安其意，以失其真，故论本事而作传，明夫子不以空言说经也。《春秋》所贬损大人当世君臣，有威权势力，其事皆形于传，是以隐其书而不宣，所以免时难也。及末世口说流行，故有《公羊》、《榖梁》、《邹》、《夹》之《传》。"

自汉以来，三《传》传而《邹》、《夹》不传。

《汉书·艺文志》："四家之中，《公羊》、《榖梁》立于学官，邹氏无师，夹氏未有书。"

于是说《春秋》者，各依传以为说，讫无定论。

《春秋榖梁传序》（范宁）："《春秋》之传有三，而为《经》之旨则一。臧否不同，褒贬殊致。盖九流分而微言隐，异端作而大义乖。《左传》以鬻拳兵谏为爱君，文公纳币为用礼。《穀梁》以卫辄拒父为尊祖，不纳子纠为内恶。《公羊》以祭仲废君为行权，妾母称夫人为合正。以兵谏为爱君，是人主可得而胁也。以纳币为用礼，是居丧可得而婚也。以拒父为尊祖，是为子可得而叛也。以不纳子纠为内恶，是仇仇可得而容也。以废君为行权，是神器可得而窥也；以妾母为夫人，是嫡庶可得而齐也。若此之类，伤教害义，不可强通者也。凡传以通经为主，经以必当为理。夫至当无二，而三传殊说，庸得不弃其所滞，择善而从乎！既不俱当，则固容俱失；若至言幽绝，择善靡从，庸得不并舍以求宗，据理以通经乎！……而汉兴以来，瑰望硕儒，各信所习，是非纷错，准裁靡定，故有父子异同之论，石渠分争之说。废兴由于好恶，盛衰继之辩讷，斯盖非通方之至理，诚君子之所叹息也！"

大抵孔子当时属辞比事，自有其详细解释。今所存之经文，特其辞之大纲。而其详细解释者，不可得见。三《传》所传，各有其微言大义，亦有各安其意以成口说者，不能尽以为得孔子之意，亦不能尽以为非孔子之意也。

《春秋》之义，在正名分，寓褒贬，其影响所及，有非他书可比者。观皮锡瑞之《春秋通论》可见：

> 或曰：孟子言孔子成《春秋》而乱臣贼子惧。何以《春秋》之后，乱臣贼子不绝于世？然则孔子作《春秋》之功安在？孟子之言，殆不足信乎？曰：孔子成《春

秋》，不能使后世无乱臣贼子，而能使乱臣贼子不能全无所惧。自《春秋》大义昭著，人人有一《春秋》之义在其胸中，皆知乱臣贼子人人得而诛之，虽极凶悖之徒，亦有魂梦不安之隐；虽极饰辞巧说，以为涂人耳目之计，而耳目仍不能涂，邪说虽横，不足以蔽《春秋》大义。乱贼既惧当时义士声罪致讨，又惧后世史官据事直书，如王莽者，多方掩饰，穷极诈伪，以盖其篡弑者也；如曹丕、司马炎者，妄托禅让，褒封先代，篡而未敢弑者也；如萧衍者，已行篡弑，旋知愧憾，深悔为人所误者也；如朱温者，公行篡弑，犹畏人言，归罪于人以自解者也。他如王敦、桓温谋篡多年，而至死不敢；曹操、司马懿及身不篡，而留待子孙。凡此等固由人有天良，未尽泯灭，亦由《春秋》之义深入人心。故或迟之久而后发；或迟之又久而卒不敢发；即或冒然一逞，犯天下之不韪，终不能坦怀而自安。如萧衍见吴均作史，书其助萧道成篡逆，遂怒而摈吴均；燕王棣使方孝孺草诏，孝孺大书"燕贼篡位"，遂怒而族灭孝孺。其怒也，即其惧也，盖虽不惧国法，而不能不惧公论也。

盖《春秋》之义，亦至难言，后世所执者，仅得其半，而尤严于乱臣。若以《左传凡例》论，则君臣相对，《春秋》未尝不责无道之君。

《左传》宣公四年："凡弑君称君，君无道也；称臣，臣之罪也。"杜预《释例》曰："天生民而树之君，使司牧之，群物所以系命。若高亢自肆，群下绝望，情义圮隔，是谓路人，非君臣也。人心苟离，则位号虽有，无以自固。故《传例》曰：'弑君称君，君无道；
称臣，臣之罪。'称君者，唯书君命，而称国人以弑，
众之所共绝也。"

孔子对齐景公以君臣并言：

《论语·颜渊》："齐景公问政于孔子。孔子对
曰：'君君，臣臣，父父，子子。'公曰：'善哉！信如
君不君、臣不臣、父不父、子不子，虽有粟，吾得而
食诸？'"

又以忠、礼并举：

《论语·八佾》："君使臣以礼，臣事君以忠。"

初非专责人臣也。又凡《春秋》褒贬之志，止以当时之事为断，
而言外尚有微恉。如《公羊》家张三世之说，则借事明义，正以
寓其理想，亦非专于事实也。

《公羊传》隐公元年《解诂》曰："于所传闻之世，
见治起于衰乱之中，用心尚麄觕，故内其国而外诸夏，
先详内而后治外。于所闻之世，见治升平，内诸夏而外
夷狄。至所见之世，著治太平，夷狄进至于爵，天下远
近小大若一。"

何氏之说，虽止一家之言，然与《礼记·礼运》之言大同者
颇合，

> 《礼运》："孔子曰：大道之行也，天下为公，选贤
> 与能，讲信修睦。故人不独亲其亲，不独子其子，使老
> 有所终，壮有所用，幼有所长，矜、寡、孤、独、废、
> 疾者，皆有所养；男有分，女有归，货恶其弃于地也，
> 不必藏于己；力恶其不出于身也，不必为己。是故谋闭
> 而不兴，盗窃乱贼而不作，故外户而不闭，是谓大同。
> 今大道既隐，天下为家，各亲其亲，各子其子，货力为
> 己。大人世及以为礼……以贤勇知，以功为己，故谋用
> 是作，而兵由此起。"

《礼运》正论历史事实，故由大同降而小康；《春秋》悬想文明世界，故由升平而至太平。顺逆虽殊，其为孔子所怀抱之宗旨一也。若专限于事实，则禄去公室，政逮大夫，陪臣执国命，每况愈下，尚何升平、太平可言哉！

孔子理想之广大，随在可见。《论语》及《易》之言教育，皆其不分族类，不分疆域之证也。

> 《论语·卫灵公》："子曰：有教无类。"《易·临
> 卦》："象曰：君子以教思无穷，容保民无疆。"

而《中庸》之言化育，则尤进于是。

> 《中庸》："唯天下至诚，为能尽其性；能尽其性，
> 则能尽人之性；能尽人之性，则能尽物之性；能尽物之
> 性，则可以赞天地之化育；可以赞天地之化育，则可以
> 与天地参矣。"

教育之功，至于尽物性，参天地，则不独为一时一世之人群谋矣。极巨之效，由极简之法而生。所谓宇宙内事，皆性分内事也。吾国古代圣人之思想，常思以人力造天地，其功既见于此数千年之大国，而其义犹未罄万一。后人准此而行，则所谓范围天地，曲成万物者，无不可以实现，正不必以国家人类为界，而区区于知识技能，以为教育之大事者，抑又不足深论矣！

古代学校，各有祀典。

> 《礼记·文王世子》："凡学，春官释奠于其先师，秋冬亦如之。""凡始立学者，必释奠于先圣先师。"郑玄曰："先圣周公若孔子。"

郑氏举孔子为例，盖就汉以后而言，汉以前未祀孔子也。历代帝王之祀孔子者，自汉高祖始。

> 《史记·孔子世家》："高皇帝过鲁，以太牢祠焉。"
> 《汉书·高帝纪》："十二年十一月，行自淮南，还。过鲁，以太牢祠孔子。"

而学校祀孔，自明帝始。

> 《后汉书·礼仪志》："永平二年……养三老五更于辟雍；郡、县、道行乡饮酒礼于学校，皆祀圣师周公、孔子。"

然孔子与周公并祀，非特祀也。唐、宋以降，渐次尊崇，礼等帝王，制亦数易。

《文献通考》："唐制，国子学立周公、孔子庙各一所，四时致祭。其释奠之礼，初以周公为先圣，孔子配享。贞观二年，停祭周公，升孔子为先圣，以颜回配。开元二十年，追谥'文宣王'，改西坐像为南面。诏曰：'昔周公南面，夫子西坐，今位既有殊，岂宜依旧？'其两京国子监及天下诸州，夫子南面坐，十哲等东西行列侍。"

《续通考》："宋太宗追谥孔子曰'先圣文宣王'，真宗时改谥'至圣'，元武宗加封'大成至圣文宣王'，明世宗嘉靖九年，改称'至圣先师'，易塑像为木主。"

盖自汉以来，虽已举国崇奉孔子之教，而立庙奉祀，近于宗教性质者，乃由人心渐演渐深，踵事增华之故。初非孔子欲创立一教，亦非仅一二帝王或学者，假孔子之教以愚民也。

孔子后裔，代有封号。

汉曰"褒成君"，魏曰"宗圣侯"，晋宋曰"奉圣侯"，后魏曰"崇圣大夫"，唐初曰"褒圣侯"，开元中改"文宣公"。

至宋始封孔子后为"衍圣公"：

《续通考》："宋仁宗至和二年，封孔子之后为'衍圣公'。"

迄今犹存其名，此亦无足深异。然自西周至今，奕叶相传，七十余世，谱牒统系，灼然无疑，则世所仅见也。自明以后，府县学皆祀孔子，外国如琉球、日本，亦立文庙，行释奠礼，高丽自宋时即祀文宣王，此虽不足为孔子重，而其为东方文化之祖，则举世所共信也。太史公立《孔子世家》而称"至圣"，有以哉！

　　《史记·孔子世家》："天下君王至于贤人众矣，当时则荣，没则已焉。孔子布衣，传十余世，学者宗之。自天子王侯，中国言六艺者，折中于夫子，可谓至圣矣！"

第二十五章　孔门弟子

　　春秋大哲，孔、老并称。老子曰："人之所教，我亦教之。"
而其教育之法，则以不言之教为主，故其弟子不多。今可考者，
惟文子、

　　　　《汉书·艺文志》："《文子》九篇。注：老子弟子，
　　　　与孔子并时。

蜎子、

　　　　《汉书·艺文志》："《蜎子》十三篇。注：名渊，
　　　　楚人，老子弟子。"

关尹子、

　　　　《汉书·艺文志》："《关尹子》九篇。注：名喜，
　　　　为关吏，老子过关，喜去吏而从之。"

数人。盖老子同非教育家也。孔子自少即教授于鲁，

　　　　《史记·孔子世家》："孟釐子……诫懿子曰：'今

孔丘年少好礼，其达者欤！吾即没，若必师之。'及釐子卒，懿子与鲁人南宫敬叔往学礼焉。"

自周反鲁，弟子益进，其后弟子弥众。

《孔子世家》："孔子自周反于鲁，弟子稍益进焉。""孔子不仕，退而修《诗》、《书》、《礼》、《乐》，弟子弥众，至自远方，莫不受业焉。"

委赞者三千人，达徒七十人。

《吕氏春秋·遇合篇》："孔子周流海内，再干世主；如齐至卫，所见八十余君，委赞为弟子者三千人，达徒七十人。七十人者，万乘之主得一人用，可为师。"

《史记·孔子世家》："孔子以《诗》、《书》、《礼》、《乐》教弟子，盖三千焉。身通六艺者，七十有二人。"

私家教授徒众之盛，自古以来，未有如孔子者也。

孔子自言"有教无类"，故三千弟子中，流品亦不齐，互乡童子、梁父大盗，

《吕氏春秋·尊师篇》："颜涿聚，梁父之大盗也，学于孔子。"

阳货、佛肸之类，

《墨子·非儒篇》："其徒属弟子，皆效孔丘。子

贡、季路辅孔悝，乱乎卫，阳货乱乎鲁，佛肸以中牟叛。"据此，则墨子以为阳货、佛肸皆孔子弟子。《孔丛子·诘墨篇》曰："如此言，卫之乱，子贡、季路为之耶？斯不待言而了矣。阳虎欲见孔子，孔子不见，何弟子之有？佛肸以中牟叛，召孔子，则有之矣；为孔子弟子，未之闻也。"

传者甚多，此正见孔子之大，初无损于孔子也。然三千之数，亦不可考，《史记·仲尼弟子列传》仅载七十七人。清代朱彝尊、梁玉绳等，广采诸书，亦只得一百九人。

《史记志疑》（梁玉绳）："孔子弟子之数，有作七十人者，《孟子》云七十子，《吕氏春秋·遇合篇》：达徒七十人，《淮南子·泰族》及《要略训》俱言七十，《汉书·艺文志序》、《楚元王传》所称七十子丧而大义乖，是已。有作七十二人者。《孔子世家》、《文翁礼殿图》、《后汉书·蔡邕传》、鸿都画像、《水经注》八汉鲁峻冢壁像、《魏书·李平传》学堂图，皆七十二人。《颜氏家训·诫兵篇》所称仲尼门徒升堂者七十二，是已。有作七十七人者。此《传》及《汉书·地理志》是已。《孔子家语·七十二弟子解》实七十七人，今本脱颜何，止七十六，其数无定，难以臆断。《汉书·艺文志》有《孔子徒人图法》二卷，《集解》载郑康成《孔子弟子目录》，《隋唐志》云一卷，此二书久亡。《汉书·人表》既疏略不备，而鸿都像、李平图俱失传，鲁峻石壁仅睹隶续残碑，《文翁图》在显晦之间，不尽可凭。世儒据以考弟子者，惟《史记》、《家语》。而古文

《家语》已不得见，今《家语》并非王肃旧本，则《史记》又较《家语》为确。史公从孔安国受学，亲见安国撰集之古文《家语》，故曰弟子籍出孔氏古文者近是。虽然，弟子之数，岂止七十七人而已哉！若以陈亢、琴牢、牧皮、林放、仲孙何忌、仲孙说、孟武伯彘、子服何、孺悲、左丘明、公罔之裘、序点、宾牟贾、颜浊邹、颜涿聚、盆成适、鞠语、季襄、惠叔兰、常季、孔璇、阙党互乡二童子、廉瑀、左子忠、襄子孺、襄子鱼、公子虚、驷子言、颜子思、巫子、苟子三十二人，增入七十七弟子，通计一百九人。"

而此一百九人中，有仅传姓名莫知其事实者，书阙有间，固无从悬测也。第以《史记·仲尼弟子列传》观之，亦可得孔子学派所及之地。七十七人之中，鲁人凡三十八：颜回、闵损、冉耕、冉雍、冉求、仲由、宰予、曾参、澹台灭明、宓不齐、原宪、南宫括、曾蒇、颜无繇、商瞿、漆雕开、公伯僚、有若、公西赤、巫马施、颜幸、冉孺、冉季、漆雕哆、公夏首、颜祖、申党、颜之仆、县成、左人郢、秦非、颜哙、乐欬、叔仲会、颜何、邦巽、孔忠、公西蒇。卫国六人：端木赐、高柴、奚容蒇、卜商、句井疆、廉絜。齐国六人：公冶长、公皙哀、樊须、梁鳣、后处、步叔乘。楚国三人：公孙龙、任不齐、秦商。秦国二人：秦祖、壤驷赤。陈国二人：颛孙师、公良孺。晋国二人：公坚定、鄡单。宋国一人：司马耕。吴国一人：言偃。

其余不著籍者，尚不知其属于何国。观其教化所被，南及江、淮，西及山、陕。在当时各国分立，而孔子之教不分畛域如此，此岂其他诸子所可拟哉！

孔子之先，已有儒名，孔子之时，多有妄命儒者，孔子尝为鲁哀公力辩之。

> 《小戴记·儒行》:"鲁哀公问于孔子曰:'夫子之服,其儒服软?'孔子对曰:'丘少居鲁,衣逢掖之衣;长居宋,冠章甫之冠。丘闻之也,君子之学也博,其服也乡,丘不知儒服。'哀公曰:'敢问儒行?'孔子对曰:'遽数之,不能终其物;悉数之,乃留,更仆未可终也。''儒有不陨获于贫贱。不充诎于富贵,不恩君王,不累长上,不闵有司,故曰儒。今众人之命儒也妄,常以儒相诟病。'"

且教其弟子,分辨儒之性质。

> 《论语·雍也》:"子谓子夏曰:女为君子儒。毋为小人儒。

是孔子于儒之一字,有承认者,有不承认者,而其时之毁儒者,更为有意寻隙,未足为儒之真相也。

> 《史记·孔子世家》:"晏婴进曰:夫儒者滑稽而不可轨法;倨傲自顺,不可以为下;崇丧遂哀,破产厚葬,不可以为俗;游说乞贷,不可以为国。"

孔子之后,学派繁衍,论者统名为儒,而又加以区别。如:

> 《荀子·非十二子篇》:"弟佗其冠,神襌其辞,禹行而舜趋,是子张氏之贱儒也。正其衣冠,齐其颜色,

嗛然而终日不言，是子夏氏之贱儒也。偷儒惮事，无廉
耻而嗜饮食，必曰君子固不用力，是子游氏之贱儒也。"

　　《韩非子·显学篇》："孔子之死也，有子张之儒，
有子思之儒，有颜氏之儒，有孟氏之儒，有漆雕氏之
儒，有仲良氏之儒，有孙氏之儒，有乐正氏之儒。"

大抵随意举示，不可即据以为孔子之学只分为此数派。韩非虽曰
"儒分为八"，似确只此八派；若合荀卿之言计之，当曰"儒分为
十"。子夏、子游皆与子张异趣，且为荀卿所摈，其别有宗派可
知矣。又《荀子·非十二子》以子思、孟轲为一派。

　　《荀子·非十二子篇》："略法先王，而不知其统，
犹然而材剧志大，闻见杂博。案往旧造说，谓之五行，
甚僻违而无类，幽隐而无说，闭约而无解。案饰其辞而
祗敬之，曰此真先君子之言也。子思唱之，孟轲和之，
世俗之沟犹瞀儒，嚾嚾然不知其非也，遂受而传之，以
为仲尼、子弓为兹厚于后世，是则子思、孟轲之罪也，"

　　韩非则以子思、孟氏为两派，又未知韩非所指之孟氏，即荀
卿所指之孟轲否？故论孔门弟子之学，而据韩非之言，无当于事
理也。
　　孔子之教诸弟子，内以期其成德，外以期其从政，故论颜回
之好学，惟以不迁怒、不贰过为言。

　　《论语·雍也》：哀公问弟子孰为好学，孔子对曰：
"有颜回者好学，不迁怒，不贰过，不幸短命死矣。今
也则亡，未闻好学者也。"

观此，可知孔子所谓学，最重在修身克己，不是专门读书讲学。颜子虽称夫子"博我以文"，而孔子并不以"博文"许之，《论语》载此文。《易·系辞》又称："颜氏之子，其殆庶几乎！有不善未尝不知，知之未尝复行也。"盖弟子之中，虽多聪明才辩之士，而即知即行，笃志克己者，无过于颜子，故孔子屡称之。不知此义，则虽读破万卷，说尽天下道理，无非为人之学，于自身了无益处，非孔子之所谓学也。而于雍、赐、由、求诸人，皆许其能临民从政。

> 《论语·雍也》："子曰：雍也，可使南面。""季康子问：'仲由可使从政也与？'子曰：'由也果，于从政乎何有？'曰：'赐也，可使从政也与？'曰：'赐也达，于从政乎何有？'曰：'求也，可使从政也与？'曰：'求也艺，于从政乎何有？'"

盖皆以当时实得其学之益为主，不徒期其传述六艺以教后世也。然德行一科，既多潜修之士，其他之从政者，亦多未能大用于世。故孔门弟子之有功于吾国者，惟讲学授经之人；六艺之昌，微诸弟子，未能历数千年而不绝也。

《仲尼弟子列传》述经师之传，惟商瞿最详。

> 《史记·仲尼弟子列传》："商瞿，鲁人，字子木，少孔子二十九岁。孔子传《易》于瞿，瞿传楚人馯臂子弘，弘传江东人矫子庸疵，疵传燕人周子家竖，竖传淳于人光子乘羽，羽传齐人田子庄何，何传东武人王子中同，同传菑川人杨何。何元朔中以治《易》为汉中大夫。"

秦火未焚，统绪灼然，而施、孟、梁丘之书皆不传，仅虞氏之说，略可窥其端绪耳。

《汉书·艺文志》："及秦燔书，而《易》为卜筮之事，传者不绝。汉兴，田何传之，讫于宣、元，有施、孟、梁丘、京氏，列于学官。"

《易经通论》（皮锡瑞）："《史记·儒林传》云：'言《诗》，于鲁则申培公，于齐则辕固生，于燕则韩太傅。言《尚书》，自济南伏生。言《礼》，自鲁高堂生。言《易》，自菑川田生。言《春秋》，于齐、鲁自胡毋生；于赵，自董仲舒。'是皆言汉初传经诸人。而申公、辕固、韩婴、伏生、高堂生等，皆不言其所授，盖史公已不能明，惟于《易》之授受独详。盖史公父谈，受《易》于杨何，故能详《易》家授受之人乃至于今，不特王同、周王孙、丁宽、服生之《易》传数篇无一字存，即施、孟、梁丘，汉立博士，授生徒以千万计，今其书亦无有存者，岂非事理之可怪，而经学之大可惜者乎！后惟虞翻注《易》，自谓五世传孟氏《易》，其注见李鼎祚《集解》稍详，近儒张惠言为之发明。此则孟氏之学，支与流裔，犹有存者，而汉儒《易》学，幸得存什一于千百也。"

《史记》称："子夏居西河教授，为魏文侯师。"初未言其传经，而子夏之传独广，于《易》则有传。《汉志》无子夏《易传》，《隋书·经籍志》、《唐书·艺文志》均有《周易·卜商传》二卷，今其书亦不传，惟唐李鼎祚《周易集解》中引之。于《诗》则有序，

　　《诗经正义》："沈重云：案《郑诗谱》意《大序》是子夏作，《小序》是子夏、毛公合作，卜商意有不尽，毛更足成之。"

毛公之学，相传出于子夏。

　　《汉书·艺文志》："《毛诗故训传》三十卷。"毛公之学，自谓子夏所传。《经典释文》（陆德明）："徐整曰：子夏授高行子，高行之授薛仓子，薛仓子授帛妙子，帛妙子授河间人大毛公。毛公为《诗故训传》，以授赵人小毛公，小毛公为河间献王博士。"陆玑曰："子夏授曾申，申传魏人李克，克传鲁人孟仲子，孟仲子传根牟子，根牟子传赵人孙卿子，孙卿子传鲁人大毛公。"二说未知孰是。

书之传授不详，而七观之义，见于《尚书大传》，

　　《尚书大传》："子夏读《书》毕，见夫子，夫子问焉。曰：'子何为于《书》？'子夏对曰：'《书》之论事也，昭昭如日月之代明，离离若星辰之错行。上有尧、舜之道，下有三王之义。商所受于夫子，志之于心，不敢忘也。'子曰：'《尧典》可以观美，《禹贡》可以观事，《皋繇》可以观治，《洪范》可以观度，六《誓》可以观义，五《诰》可以观仁，《甫刑》可以观戒。通斯七观，《书》之大义举矣。'"

是伏生之学，亦由子夏所传也。《礼》有《丧服传》，亦子夏作。

《仪礼疏》（贾公彦）："作传之人，皆云孔子弟子卜商子夏所为：其传内更云传者，是子夏引他旧传，以证己义。"

《春秋》虽莫赞一辞，而《公》、《穀》二传，皆有端绪可考。

《公羊传疏》（徐彦）引戴宏序曰："子夏传于公羊高，高传于子平，平传于子地，地传于子敢，敢传于子寿。至汉景帝时，寿乃与齐人胡毋子都著于竹帛。"《风俗通》（应劭）："穀梁子名赤，子夏弟子。"

盖今世所传五经，皆出于子夏矣。子夏之于吾国文化之关系亦大哉！

《后汉书》："徐防曰：《诗》、《书》、《礼》、《乐》，定自孔子；发明章句，始于子夏。"

子夏之外，曾子所传亦广。其最著者为《孝经》。

《公羊传》哀公十四年疏引《孝经》说："孔子曰：《春秋》属商，《孝经》属参。"《孝经》序疏引《钩命决》云："孔子曰：吾志在《春秋》，行在《孝经》。"是《孝经》与《春秋》同为孔子所定也。惟《孝经》首章有"仲尼居，曾子侍"之语，宋儒疑非孔子所著，详见《困学纪闻》。

《曾子》十八篇，《汉志》列儒家，今其书不传。《大戴礼记》有

《立事》、《本孝》、《立孝》、《大孝》、《事父母》、《制言》上、中、下、《曾子疾病》、《天圆》十篇，盖即十八篇中之十篇也。

> 《经学历史》（皮锡瑞）：十篇之义，"皆极纯正，《天圆篇》尤足见大贤之学无不通云。单居离问于曾子曰：'天圆而地方者，诚有之乎？'曾子曰：'天之所生上首，地之所生下首，上首之谓圆，下首之谓方。如诚天圆而地方，则是四角之不揜也。'据曾子说，谓圆，谓方，谓其道，非谓其形。方圆同积，圆者不能揜方之四角。今地为天所揜，明地在天中。天体浑圆，地体亦浑圆，与地球之说合。"

《小戴记·曾子问篇》及《檀弓篇》多记曾子问礼、议礼之说，曾子之深于礼，殆过于子夏，而《论语》及《学》、《庸》，皆出于曾子之门人。

> 《论语辩》（柳宗元）上篇："孔子弟子，曾参最少，少孔子四十六岁。曾子老而死，是书记曾子之死，则去孔子也远矣，盖乐正子春、子思之徒与为之尔。"
>
> 《史记·孔子世家》："子思作《中庸》。"
>
> 《三礼目录》（郑玄）："名曰《中庸》者，以其记中和之为用也。庸，用也。孔子之孙子思伋作之。"
>
> 《阙里述闻》："伋字子思，从曾子舆学。尝虑当世无可传道之人，乃以其闻于曾子者，著《大学》一书；复以体验有得者，著《中庸》一书，以垂教后世。"

孔子之学，微此三书，殆无以见其集前圣之大成也。

孔子之学，兼赅文武，而不以勇力闻。

　　《列子·说符篇》："孔子之劲，能拓国门之关，而不以力闻。"

　　《淮南子·主术训》："孔子之通，智过于苌弘，勇服于孟贲，足蹑于郊菟，力招城关，能亦多矣。然而勇力不闻，伎巧不知，专行教道，以成素王。"

即其弟子，亦多有勇于战陈者。

　　《左传》哀公十一年："齐伐鲁，冉求帅左师，管周父御，樊迟为右。季孙曰：'须也弱。'有子曰：'就用命焉。'季氏之甲七千，冉有以武城人三百为己徒卒……战于郊，齐师自稷曲。师不逾沟。樊迟曰：'非不能也，不信子也，请三刻而逾之。'如之，众从之。……冉有用矛干齐师，故能入其军。孔子曰：'义也。'"《史记·孔子世家》："冉有为季氏将师，与齐战于郎，克之。季康子曰：'子之于军旅，学之乎？性之乎？'冉有曰：'学之于孔子。'"

吾国兵家多称孙、吴，而吴起实曾子弟子。

　　《史记》："吴起者，卫人也。好用兵，尝学于曾子。

故孔子弟子之学，不尽限于儒家，徒以儒家目孔子弟子，亦未能尽其学也。儒有柔之训，

《三礼目录》（郑玄）："儒之言优也，柔也，能安人，能服人。又儒者，濡也，以先王之道，能濡其身。"

而孔子颇尚刚，

《论语·公冶长》："子曰：吾未见刚者。"《子路》又曰："刚、毅、木、讷近仁。"

《礼记·儒行》："儒有可亲而不可劫也，可近而不可迫也，可杀而不可辱也。其居处不淫，其饮食不溽，其过失可微辨而不可面数也。其刚毅有如此者。"

《中庸》且盛言君子之强，

《中庸》："故君子和而不流，强哉矫！中立而不倚，强哉矫！国有道，不变塞焉，强哉矫！国无道，至死不变，强哉矫！"

又言化愚柔为明强之法。

《中庸》："博学之，审问之，慎思之，明辨之，笃行之。有弗学，学之弗能，弗措也；有弗问，问之弗知，弗措也；有弗思，思之弗得，弗措也；有弗辨，辨之弗明，弗措也；有弗行，行之弗笃，弗措也。人一能之，己百之；人十能之，己千之；果能此道矣，虽愚必明，虽柔必强。"

盖孔门虽尚《中庸》，以世人多偏于柔儒，故恒思以刚强济之，非若老子专偏于柔弱也。后世儒者，未得孔门真传，徒以乡愿为儒，而儒遂有优柔濡滞之训，此自是汉人见解，非春秋、战国时之儒者也。近人习于非儒之言，诋毁儒家，无所不至，甚至有以曾子之战战兢兢为萎缩气象者，不知人之强毅，正由自反而缩得来，无内省慎独之功，而矫为强毅，是则客气用事，未足以入道也。即《论语》所记曾子之言观之，临大节而不可夺，任重而道远，是何等气象，恶可诋为萎缩？

　　《论语·泰伯》："曾子曰：'可以托六尺之孤，可以寄百里之命，临大节而不可夺也，君子人与？君子人也。'""士不可以不弘毅，任重而道远，仁以为己任，不亦重乎！死而后已，不亦远乎！"

蚍蜉撼树，是则至可笑者耳。

第二十六章　周末之变迁

　　春秋之后，是为战国。太史公作《六国表》，始于元王元年，迄秦二世，凡二百七十年。实则《春秋左传》终于元王八年，当自贞王元年始入战国，而秦始皇二十七年后，即秦统一之时，亦未可附于战国。要战国之始末，自周贞王迄秦灭齐，凡二百四十八年。其曰"战国"者，亦以《国策》记其时事，刘向定其名为《战国策》，故缘书而名其时也。此期史事，颇多阙轶，顾亭林尝论之：

　　《日知录》："春秋终于敬王三十九年庚申之岁，西狩获麟；又十四年，为贞定王元年癸酉之岁，鲁哀公出奔，二年，卒于有山氏，《左传》以是终焉。又六十五年，威烈王二十三年戊寅之岁，初命晋大夫魏斯、赵籍、韩虔为诸侯；又一十七年，安王十六年乙未之岁，初命齐大夫田和为诸侯；又五十二年，显王三十五年丁亥之岁，六国以次称王，苏秦为从长：自此以后，事乃可得而纪。自《左传》之终以至此，凡一百三十三年，史文阙轶，考古者为之茫昧，如春秋时犹尊礼重信，而七国则绝不言礼与信矣；春秋时犹宗周王，而七国则绝不言王矣；春秋时犹严祭祀，重聘享，而七国则无其事矣；春秋时犹论宗姓氏族，而七国则无一言及之矣；春秋时犹宴会赋诗，而七国则不闻矣；春秋时犹有赴告策书，而七国则无有矣。邦无定交，士无定主，此者变于一百三十三年之间，史之阙文。而后人可以意推者也。"

按太史公作《六国表》只本《秦记》，未见周室史记。

> 《史记·六国表序》："秦既得意，烧天下《诗》、《书》，诸侯史记尤甚，为其有所刺讥也。《诗》、《书》所以复见者，多藏人家，而史记独藏周室，以故灭。惜哉，惜哉！独有《秦记》，又不载日月，其文略不具。"

其文之阙轶，当以此为最大关系，又当孟子时，诸侯已去周籍。

> 《孟子·万章》："北宫锜问曰：'周室班爵禄也如之何？'孟子曰：'其详不可得闻也，诸侯恶其害己也，而皆去其籍。'"

则秦虽不烧诸侯史记，而周家典章制度之变迁，亦未必可考。晋之亡也，其太史抱图法归周。

> 《吕氏春秋·先识篇》："晋太史屠黍，见晋公之骄而无德义也，以其图法归周。"

周之衰也，太史儋西见秦伯。

> 《史记·周本纪》："烈王二年，周太史儋见秦献公曰：始周与秦国合而别，别五百载复合，合十七岁，而

霸王者出焉。”

史官转徙，图籍随之湮沦，则诸侯虽不去之，亦未必完全无缺也。仅就秦史所记，及其他残缺不完之书，推论当时状况，已难得其实际，而论者又多从退化方面著眼，如刘向《战国策序》有曰：

> 仲尼既没之后，田氏取齐，六卿分晋，道德大废，上下失序。至秦孝公捐礼让而贵战争，弃仁义而用诈谲，苟以取强而已矣。夫篡盗之人，列为侯王，诈谲之国，兴立为强，是以转相放效。后生师之，遂相吞灭，并大兼小。暴师经岁，流血满野。父子不相亲，兄弟不相安，夫妇离散，莫保其命，潸然道德绝矣。

益使人觉此期之史事无足道。然就其变迁之大概言之，有退化者，有进化者，亦不可执一而概其余也。

古代疆域之广袤，颇难质言。以春秋、战国两期较之，则战国时拓地之广，过于春秋远甚。江西、湖南之地，大半为楚、越所辟。

> 《史记·越世家》：“庞、长沙，楚之粟也；竟陵泽，楚之材也；越窥兵通无假之关，此四邑者不上贡事于郢矣。”《正义》：“楚之四邑，庞、长沙、竟陵泽也。庞、长沙出粟之地，竟陵泽出材木之地，此邑近长沙潭、衡之境，越若窥兵西通无假之关，则四邑不得北上贡于楚之郢都矣。战国时永、郴、衡、潭、岳、鄂、江、洪、饶并是东南境，属楚也；袁、吉、虔、抚、歙、宣并越

西境，属越也。"

越则南及闽中，

> 《史记·越世家》："楚威王伐越，越以此散，诸族
> 子争立，或为王，或为君，滨于江南海上……后七世，
> 至闽君摇，佐诸侯平秦。汉高帝复以摇为越王，以奉越
> 后。东越，闽君皆其后也。"

楚则两及巴、蜀、滇、黔，

> 《史记·西南夷列传》："楚威王时，使将军庄蹻将
> 兵循江上，略巴、蜀、黔中以西。……蹻至滇池，方
> 三百里，旁平地肥饶数千里，以兵威定，属楚。"

秦伐楚、蜀，其地益广，

> 《史记·秦本纪》："惠文君九年，司马错伐蜀，
> 灭之。……十三年，攻楚汉中，取地六百里，置汉中
> 郡。……十四年，伐楚，取召陵。丹、犁臣蜀。昭襄王
> 三十年，蜀守若伐楚，取巫郡，及江南为黔中郡。"

西攻义渠，遂置陇西北地诸郡。

> 《汉书·匈奴传》："魏有西河、上郡，与戎界边。
> 其后义渠之戎，筑城郭以自守，而秦稍蚕食之。至于惠
> 王，遂拔义渠二十五城。惠王伐魏，魏尽入西河及上郡

于秦。秦昭王时……伐灭义渠，于是秦有陇西、北地、上郡。"

燕、赵二国开拓北边，所置之郡，亦不下于秦。

《汉书·匈奴传》："赵武灵王亦变俗胡服，习骑射，北破林胡、楼烦，自代并阴山，下至高阙为塞，而置云中、雁门、代郡。其后燕有贤将秦开，为质于胡，胡甚信之；归而袭破东胡，东胡却千余里。……燕亦筑长城，自造阳至襄平，置上谷、渔阳、右北平、辽西、辽东郡以拒胡。"

三垂之辟，皆由国大力强所致，非封建诸侯尽并而为此四五国者，未能挥斥裔夷若此之广也。

春秋以来，井田之制渐隳。

《左传》襄公三十年："郑子产为政，使田有封洫，郑人诵之曰：'取我田畴为伍之。孰杀子产，吾其与之。'"

战国之初，犹有存者，故李悝作尽地力之教，犹以提封万顷为言，

《汉书·食货志》："李悝为魏文侯作尽地力之教，以为地方百里，提封九万顷，除山泽邑居。参分去一，为田六百万亩，治田勤谨则亩益三升，不勤则损亦如之。地方百里之增减，辄为粟百八十万石矣。""今

> 一夫挟五口，治田百亩，岁收亩一石半，为粟百五十
> 石，除十一之税十五石，余百三十五石。食，人月一石
> 半，五人终岁为粟九十石，余有四十五石。石三十，为
> 钱千三百五十；除社间尝新春秋之祠，用钱三百，余
> 千五十。衣，人率用钱三百，五人终岁用千五百，不足
> 四百五十。不幸疾病死丧之费，及上赋敛，又未与此。
> 此农夫所以常困，有不劝耕之心。"

然自文侯至孟子时，不过百年上下（魏文侯在位三十八年，武侯
十六年，惠王三十六年，襄王十六年），而各国已皆呈经界不正
之象，则其变迁之速可想矣。

> 《孟子·滕文公》："夫仁政，必自经界始。经界不
> 正，井地不钧，谷禄不平，是故暴君污吏必漫其经界。
> 经界既正，分田制禄可坐而定也。"

商鞅与孟子同时，独尸开阡陌之名，

> 《史记·商君列传》："为田开阡陌封疆。"
> 《通典》："秦孝公任商鞅，鞅以三晋地狭人贫，秦
> 地广人寡。故草不尽垦，地利不尽出。于是诱三晋之
> 人，利其田宅，复三代，无知兵事，而务本于内，而
> 使秦人应敌于外。故废井田，制阡陌，任其所耕，不限
> 多少。"
> 《开阡陌辨》（朱子）："《汉志》言秦废井田开阡陌，
> 说者之意，皆以为开置之开，言秦废井田，而始置阡陌
> 也。按阡陌者，旧说以为田间之道，盖因田之疆畔，制

其广狭，辨其纵横，以通人物之往来。商君以其急刻之
心，行苟且之政，但见田为阡陌所束，而耕者限于百
亩，则病其人力之不尽；但见阡陌之占地太广，而不得
为田者多，则病其地利之有遗。又当世衰法坏之时，则
其归授之际，不免有烦扰欺隐之奸。而阡陌之地，均近
民田，又必有阴据以自私，而税不入于公上者。是以一
旦奋然不顾，尽开阡陌，悉除禁限，而听民兼并买卖，
以尽人力；垦辟弃地，悉为田畴，而不使其有尺寸之
遗，以尽地利。使民有田即为永业，而不复归授，以绝
烦扰欺隐之奸；使地皆为田，而田皆出税，以核阴据自
私之幸。此其为计，正与杨炎疾浮户之弊，而遂破租庸
以为两税者同。盖一时之害虽除，而千古圣贤传授精微
之意，于此尽矣。故《秦纪》、《鞅传》皆云'为田开
阡陌封疆，而赋税平'。蔡泽亦曰'决裂阡陌，以静生
民之业，而一其俗'。详味其言，则所谓开者，乃破坏
铲削之意，而非创置建立之名。所谓阡陌，乃三代井田
之旧，而非秦之所置矣。所谓赋税平者，以无欺隐窃据
之奸也。所谓静民生之业者，以无归授取予之烦也。以
是数者合而证之，其理可见。"

度他国亦必仿行，而史文不具耳。

　　《七国考》（明董说）引《水利拾遗》云："李悝以
沟洫为墟，自谓过于周公，未知其说所本。若依此说，
则魏之废沟洫，必废阡陌，其事尚早于商鞅矣。"

田制既变，人民之生计，遂至贫富相悬甚远。

　　《汉书·食货志》："及秦孝公用商君，坏田井，开
阡陌，急耕战之赏……王制遂灭，僭差亡度。庶人之富
者累巨万，而贫者食糟糠。"又引董仲舒说："秦用商鞅
之法，改帝王之制，除井田，民得卖买，富者田连阡
陌，贫者亡立锥之地。又颛川泽之利，管山林之饶，荒
淫越制，逾侈以相高；邑有人君之尊，里有公侯之富，
小民安得不困？又加月为更卒，已，复为正一岁，屯戍
一岁，力役三十倍于古；田租、口赋、盐铁之利，二十
倍于古。或耕豪民之田，见税什五，故贫民常衣牛马之
衣，而食犬彘之食。"

国有之地变为民有，其害在生计不均，其利则在以竞争而促进人
之智力。经济之发展，当以此期为最大之关键矣。

　　春秋之时，惟《管子》有黄金一斤直食若干之语，他书未
有言金粟交易之价值者。盖人皆有田，不须购粟，故亦无市价可
言。至计然为越王勾践谋国，始以谷价高下相较。

　　《史记·货殖列传》："计然曰：'夫粜，二十病农，
九十病末。末病则财不出，农病则草不辟矣。上不过
八十，下不减三十，则农末俱利。平粜齐物，关市不
乏，治国之道也。'"

粟石仅值二三十钱，较之今日，似为极廉。然以家有余粟之人，
至于日日购米而食，亦可谓之巨变矣。史称秦并天下，始用二等
之币。

　　《汉书·食货志》："秦兼天下，币为二等：黄金

以镒为名，上币；铜钱质如周钱，文曰'半两'，重如其文。"

实则战国之时，已专用黄金，或以镒计，

> 《孟子·公孙丑》："于齐，王馈兼金一百而不受，于宋，馈七十镒而受，于薛，馈五十镒而受。"
>
> 《战国策》："苏秦为赵相，白璧万双，黄金万镒。"

或以斤计，

> 《战国策》："姚贾出使四国，资车百乘，金千斤。""孟尝君予冯谖车五十乘，金五百斤，西游于梁。梁遣使者黄金千斤，车百乘，往聘孟尝。"

或不言斤镒，而但称金若干。

> 《战国策》："温圈之礼，岁八十金。""唐睢载音乐，予之五十金。"
>
> 《史记·货殖列传》："朱公……善治生者，能择人而任时，十九年之中，三致千金。"

虞、夏、商、周虽有金币，未闻用金如是之多。战国之时，号为乱世，而各国用金，动辄千百斤镒者，又经济之大变也。吾意春秋百数十国，至战国时仅余数十国，各国之府藏储蓄，悉数流衍，此金多之一因也；农夫变而为商贾，治生之术日精，货币与实物交易之量骤增，二因也；僻远之地，以次开辟，矿产必多发见，三因也。史称：周显王六年，天雨金于秦之栎阳，四月至八月，秦自以为得金瑞，作畦畤于栎阳，祀白帝。世无雨金之事，此必矿产之溢出于外者，为风雨鼓荡，而飞于空，故以为雨金耳。又称：蜀王与秦伯遇，秦以金一笥遗之。又作石牛五，朝写金其后，曰"牛便金"；蜀使人请石牛，秦许之，乃遣五丁开道迎石牛，所谓"金牛道"也。此事虽近于小说，然亦可见其时秦国金多矣。世道离衰，物力进步，虽谓战国为黄金时代，非溢词也。

春秋之时，列国交兵，其数之多，不过数万，至多亦不过十万耳。至战国而竞以众胜，靡国不然，苏、张之徒，盛称其数。

《史记·苏秦传》："说燕文侯曰：燕地方二千余里，带甲数十万，车六百乘，骑六千匹。""说赵肃侯曰：赵地方二千余里，带甲数十万，车千乘，骑万匹，粟支数年。""说韩宣王曰：韩地方九百余里，带甲数十万。""说魏襄王曰：大王之卒，武士二十万，苍头二十万，奋击二十万，厮徒十万，车六百乘，骑五千匹。""说齐宣王：齐地方二千余里，带甲数十万，粟如丘山。……临菑之中，七万户。臣窃度之，不下户三男子，三七二十一万，不待发于远县，而临菑之卒，固已二十一万矣。""说楚威王曰：楚地方五千余里，带甲百万，车千乘，骑万匹，粟支十年。"

《史记·张仪传》："仪说魏王曰：魏地方不至千里，卒不过三十万。""又说楚王曰：秦地半天下，兵敌四国，被险带河，四塞以为固，虎贲之士百余万，车千乘，骑万匹。""说韩王曰：料大王之卒，悉之不过

> 三十万，而厮徒负养在其中矣，除守徼亭障塞，见卒不
> 过二十万而已矣。"

其言虽夸，然实数必去所言不远。观《史表》载秦斩首之数，尤
可互证。

> 《史记·六国表》："秦惠文王十三年，庶长章击楚，
> 斩首八万。""武王四年，拔宜阳城，斩首六万。""昭王
> 七年，击楚，斩首五万。""十四年，白起击伊阙，斩首
> 二十四万。""二十七年，击赵，斩首三万。""三十三
> 年，伐魏，拔四城，斩首四万。""三十四年，白起击魏
> 华阳，斩首十三万，沉其卒二万人于河。""四十七年，
> 白起破赵长平，杀卒四十五万。"

斩杀之多如是，所将之兵之多可知。即曰秦尚首功，或多虚
报，然以十为一计之，其多者亦有数万。如白起击伊阙斩首
二十四万，以二万四千计之，亦春秋时二军之数矣。秦并六国，
用兵尤多，攻楚一役，至六十万。

> 《史记·王翦传》："始皇问李信：'吾欲攻取荆，
> 于将军度用几何人而足？'李信曰：'不过用二十万
> 人。'问王翦，王翦曰：'非六十万人不可。'……王翦
> 曰：'大王必不得已用臣，非六十万人不可。'始皇曰：
> '为听将军计耳。'于是王翦将兵六十万人。"

若合两方计之，则秦、楚之战，其兵不下百余万矣。吾人读史，
不可徒讥其残暴，当知其平时养兵之费，教兵之法，驭兵之方，

以及战时指挥调度之才若何，而后可以胜之，非惟大将著名者如起、翦、颇、牧之类，非春秋时卿士将兵者所可及，即其偏裨将校，度亦必有过人之能，而后可与于战事。观韩信论汉高将兵之才不过十万，则战国时人才之多为何如乎？

春秋之时，多世卿执政，其由布衣崛起，骤至卿相者，不数数见也。至战国而风气一变。窭人下士，抵掌游说，往往取贵族世臣之权而代之，而阶级之制遂以渐泯。盖当战国之初，篡位夺国者皆强宗世族，其人虽甘冒不韪，恒惧他人之师其故智。

> 《孟子·万章》："齐宣王曰：'请问贵戚之卿。'曰：'君有大过则谏，反复之而不听，则易位。'王勃然变乎色。曰：'王勿异也，王问臣，臣不敢不以正对。'"此即可以见当时国君之心理。

故思以好贤礼士之名，罗致疏贱之士，畀以国政，而阴削宗族大臣之权，以为其子孙地，此一因也。（按战国之初，魏文侯最好士，其事田子方、段干木，用李克、吴起、两门豹、乐羊子，皆以抑其宗族也。史称公子季成谓魏侯曰："君与子方齐礼，假有贤于子方者，君又何以加之？"魏侯曰："如子方者，非成所得议也。仁人也者，国之宝也；智士也者，国之器也；博通士也者，国之尊也。子方，仁人也；非成之所得议也。"公子季成自退于郊，三日请罪。季成为文侯弟，且为魏相，而文侯抑之如此，可以窥其隐矣。）疏贱之士，既握政柄，必与贵戚世臣不相容，恃其言听计从，则力排异己以为快，虽有因之失败如吴起、商君之类者。

> 《史记·吴起传》："魏侯时，公叔为相，尚魏公主，而害吴起。……吴起惧得罪，遂去，即之楚。楚悼王素

闻起贤，至则相楚。明法审令，捐不急之官，废公族疏
远者，以抚养战斗之士。要在强兵……故楚之贵戚尽欲
害吴起。及悼王死，宗室大臣作乱，而攻吴起，吴起走
之王尸而伏之。击起之徒，因射刺吴起，并中悼王。悼
王既葬，太子立，乃使令尹尽诛射吴起，而并中王尸
者，坐射起而夷宗死者，七十余家。"又，《商鞅传》：
"商君相秦十年，宗室贵戚多怨望者。……秦孝公卒，
太子立。公子虔之徒，告商君欲反，发吏捕商君。商君
亡……秦发兵攻商君，杀之于郑黾池。"又，《范雎传》：
"范雎因请间说曰'臣居山东时，闻齐之有田文，不闻
其有王也；闻秦之有太后、穰侯、华阳、高陵、泾阳，
不闻其有王也。……今自有秩以上至诸大吏，下及王左
右，无非相国之人者。见王独立于朝，臣窃为王恐，万
世之后，有秦国者，非王子孙也。'昭王闻之大惧。曰：
'善。'于是废太后，逐穰侯、高陵、华阳、泾阳君于关
外。秦王乃拜雎为相。"

而游士相踵，争取高位，贵族不能一一倾之，而列国之风气，以
之大变，此二因也。国家积弱，宗族大臣不能自振，则人主急于
求士，士亦争往归之，此三因也。

《史记·秦本纪》："孝公时，河山以东强国六……
秦僻在雍州，不与中国诸侯之会盟，夷翟遇之。孝公于
是布惠，振孤寡，招战士，明功赏。下令国中曰：'宾
客群臣有能出奇计强秦者，吾且尊官，与之分土。'"又
《乐毅传》："燕昭王以子之乱，而齐大败燕，昭王怨齐，
未尝一日而忘报齐也。燕国小，僻远，力不能制，于是

屈身下士，先礼郭隗以招贤者。"

数千年之贵族政治，以此三因，遂渐转而入于平民之手，岂非至奇之事乎？！

战国之初，惟人君好士，如魏文侯、齐宣王之类，皆其著者也。

> 《史记·田敬仲完世家》："宣王喜文学游说之士，自如驺衍、淳于髡、田骈、接子、慎到、环渊之徒七十六人，皆赐列第，为上大夫，不治而议论。是以齐稷下学士复盛，且数百千人。"

其后，则大臣贵族亦以养士为高，士无贤不肖，麇聚而求食，遂成一时之风气。

> 《史记·孟尝君列传》："孟尝君在薛，招致诸侯宾客及亡人有罪者，皆归孟尝君。孟尝君舍业厚遇之，以故倾天下之士。食客数千人，无贵贱，一与文等。"又《平原君传》：平原君"喜宾客，宾客盖至者数千人"。又《魏公子传》：信陵君"仁而下士，士无贤不肖，皆谦而礼交之，不敢以其富贵骄士。士以此方数千里争往归之，致食客三千人"。又《春申君传》："春申君为楚相，客三千余人，其上客皆蹑珠履。"又《吕不韦传》称："吕不韦家僮万人。以信陵、春申、平原、孟尝皆下士喜宾客以相倾。不韦……羞不如，亦招贤士，厚遇之，至食客三千人。"

苏轼论此事，至谓六国之所以久存，秦之所以速亡，盖出于此。虽未必尽然，然亦不可谓非一因也。战国之君，权势之隆，过于周之天子。即其公卿大臣，亦不下于周之诸侯。徒以养士之风，阴弭贵贱之阶级，而王公贵人之权威，转有不敌匹夫之名誉者。

> 《说苑·尊贤篇》："魏击遇田无择于途，下车趋谒，无择坐乘如故。击意不说，因问曰：'不识富贵者骄人乎，抑贫贱者骄人乎？'无择曰：'亦贫贱者骄人耳，富贵者安敢骄人？诸侯骄人，则失其国；大夫骄人，则失其家。士贫贱，行不合，言不用，则蹑屦而适秦、楚耳，安往而不得贫贱乎？富贵者奈何能同之哉？'击乃再拜而后退。"
>
> 《战国策》："齐宣王见颜斶曰：'斶前！'斶亦曰：'王前！'宣王不悦。左右曰：'王，人君也；斶，人臣也。王曰斶前，斶亦曰王前，可乎？'斶对曰：'夫斶前为慕势，王前为趋士，与使斶为慕势，不如使王为趋士。'王忿然作色曰：'王者贵乎？士贵乎？'对曰：'士贵耳，王者不贵。'"

观战国时人之议论，可想见其时士气之盛，故战国虽为极残暴极混乱之时，然亦可谓极平等极自由之时。有挟策以干时者，有隐居而遁迹者。王公贵人不屈己以求士，士不之附；即屈己以求之，亦有终不可得而屈者。而贵贱之位乃相反，此亦他国史策所罕见者也。

战国之时，不独重士，且甚重民。盖当时有国者，虽日事战争，残民以逞，而国家常备之兵，非有百万或数十万，必不足以一战。兵出于民，民多则兵多，故恒以地狭民寡为虑，而于来民及养民之术，不惮勤求，而民遂为有国者之所重矣。

> 《商子·算地篇》："凡世主之患，用兵者不量力，治草莱者不度地。故有地狭而民众者，民胜其地；地广而民少者，地胜其民。民胜其地，务开。地胜其民，事来。"《徕民篇》："秦之所与邻者三晋也，所欲用兵者韩、魏也。彼土狭而民众……此其土不足以生其民也，似有过秦民之不足以实其土也。今利其田宅，而复之三世，然则山东之民无不西者矣。"

秦既重民，三晋也知重之。观赵威后之言，尤为深识立国之本：

> 《战国策》："齐王使使者问赵威后，书未发，威后问使者曰：'岁亦无恙耶？民亦无恙耶？王亦无恙耶？'使者不悦曰：'臣奉使使威后，今不问王，而先问岁与民，岂先贱而后尊贵者乎？'威后曰：'不然。苟无岁，何有民？苟无民，何有君？故有舍本而问末者耶？'"

正不独《孟子》有"民贵君轻"，《吕览》有"顺民心而立功名"之说也。

> 《孟子·尽心》："民为贵，社稷次之，君为轻。"
> 《吕氏春秋·顺民篇》："以德得民心，以立大功者，上古多有之矣；失民心而立功名者，未之曾有也。"

国家知对外之本于民力，又由民力之盛衰，推及于政法之良否，则政法因以革新，而吏治亦必整肃，此皆相缘而为因果者也。春秋之时，惟管仲知改革政法，其余列国之卿大夫，大都因循旧制，图补敝救偏之计，或因私利而更旧制。如鲁之用田赋作丘甲之类，止可以为民病，不能有利于国与民也。战国时国家之形式，既与春秋时迥殊，故其立国之精神，亦不得不变。而凡有识之士，多致意于改革，新旧争执，相因以生。如商鞅、申不害、赵武灵王、楚怀王，皆力图改革，而秦、赵二国新旧之斗最烈。

《周季编略》："韩申不害既相，以韩地墩民险，介于大国之间，晋国之故礼未灭，韩国之新法重出；先君之令未收，后君之令又下，新古相反，前后相缪，百官皆乱，不知所用，于是更定其法。韩侯问曰：'行法何其难乎？'不害对曰：'法者见功而与赏，因能而授官。今君设法而徇左右之请，此所以难行也。'韩侯曰：'吾自今知行法矣。'"

《史记·商君传》："孝公既用卫鞅，鞅欲变法，恐天下议己。卫鞅曰：'疑行无名，疑事无功。且夫有高人之行者，固见非于世；有独知之虑者，必见敖于民。愚者暗于成事，知者见于未萌。民不可与虑始，而可与乐成。论至德者不和于俗，成大功者不谋于众。是以圣人苟可以强国，不法其故；苟可以利民，不循其礼。'孝公曰：'善。'甘龙曰：'不然。圣人不易民而教，知者不变法而治。因民而教，不劳而成功；缘法而治者，吏习而民安之。'卫鞅曰：'龙之所言，世俗之言也。常人安于故俗，学者溺于所闻，以此两者居官守法可也，非所与论于法之外也。三代不同礼而王，五伯不同法而霸。智者作法，愚者制焉；贤者更礼，不肖者拘焉。'杜挚曰：'利不百，不变法；功不十，不易器。法古无过，循礼无邪。'卫鞅曰：'治世不一道，便国不法古。故汤、武不循古而王，夏、殷不易礼而亡。反古者不可非，而循礼者不足多。'孝公曰：'善。'"又《赵世家》："赵武灵王曰：'吾欲胡服。'楼缓曰：'善。'群臣皆不欲。于是肥义侍。王曰：'……夫有高世之功者，负遗俗之累；有独智之虑者，任骜民之怨。今吾将胡服骑射以教百姓，而世必议寡人，奈何？'肥义曰：'臣闻疑事无功，疑行无名。王既定负遗俗之虑，殆无顾天下之议矣。夫论至德者，不和于俗；成大功者，不谋于众。……愚者暗成事，智者睹未形，则王何疑焉？'王曰：'吾不疑胡服也，吾恐天下笑我也。狂夫之乐，智者哀焉；愚者所笑，贤者察焉。世有顺我者，胡服之功未可知也。虽驱世以笑我，胡地中山吾必有之。'于是遂胡服矣。……公子成曰：'臣闻中国者，盖聪明徇智之所居也，万物财用之所聚也，贤圣之所教也，仁义之所施也，《诗》、《书》、《礼》、《乐》之所用也，异敏技能之所试也，远方之所观赴也，蛮夷之所义行也。今王舍此而袭远方之服，变古之教，易古之道，逆人之心而拂学者，离中国，故臣愿王之图之也。……'王遂往之公子成家，因自请之，曰：'夫服者，所以便用也；礼者，所以便事也。圣人观乡而顺宜，因事而制礼，所以利其民而厚其国也。……乡异而用变，事异而礼易，是以圣人果可以利其国，不一其用；果可以便其事，不同其礼。儒者一师而俗异，中国同礼而教离，况于山谷之便乎？……今叔之所言者，俗也；吾所言者，所以制俗也。'公子成听命，于是始出胡服令也。赵文、赵造、周袑、赵俊皆谏止王毋胡服，如故法便。王曰：'先王不同俗，何古之法？帝王不相袭，何礼之循？……谚曰：以书御者，不尽马之情；以古制今者，不达事之变。循法之功，不足以高世；法古之学，不足以制今。子不及也。'遂胡服招骑射。"又《屈原传》："怀王使屈原造为宪令，屈平属草藁，未定。上官大夫见而欲夺之，屈平不与。因谗之曰：'王使屈平为令，众莫不知，每一令出，平伐其功，曰：以为非我莫能为也。'王怒而疏屈平。"

此等争执，至韩非时犹然。

《韩非子·五蠹篇》："今有构木钻燧于夏后氏之世者，必为鲧、禹笑矣；有决渎于殷、周之世者，必为汤、武笑矣。然则今有美尧、舜、禹、汤、武之道于当今之世者，必为新圣笑矣。是以圣人不期修古，不法常可，论世之事，因为之备。""故曰：事异则备变。上古竞于道德，中世逐于智谋，当今争于气力。""夫古今异俗，新故异备，如欲以宽缓之政，治急世之民，犹无辔策而御骍马，此不知之患也。"

大抵墨守故制者，不知社会变迁进化之理，其说常绌。识时知变者，又专务苟且偷薄，虽适于时，而其为法亦不能以无弊。战国之时代，盖新党竞胜旧党之时代也。后世新旧争执之议论，多不能出其范围，故备列之，以资学者考镜焉。

胡服骑射，为社会状况变革之最大者。近海宁王氏研究胡服之源流，援据甚博，兹附录之，以见古之所谓胡服者，今且视为汉人之古制矣。

　　《古胡服考》（王国维）："胡服之入中国，始于赵武灵王。其制，冠则惠文，其带具带，其履鞾，其服上褶下袴，战国之季，他国已有效其服者。至汉而为近臣及武士之服，或服其冠，或服其服，或并服焉。汉末军旅数起，服之者多，于是始有袴褶之名。魏、晋以后，至于江左，士庶服之，百官服之，天子亦服之。然但以为戎服及行旅之服而已。北朝造自戎夷，此服尤甚，至施之于妇女。后魏之初，以为常服及朝服，后虽复古衣冠，而此服不废。隋则取其冠以为天子之戎服，取其服为天子田猎豫游之服，皇太子侍从田狩之服，上下公服武官侍从之服，取其带与履，以为常服。唐亦如之。武弁之服，用其冠；平巾帻之服，用其服，常服用其带与履。唐季褶服渐废，专用常服。宋初议复之而未行，然仪卫中常用之。又自六朝至唐，武官小吏流外，多服袴褶，此胡服行于中国之大略也。"

骑射之法，实不始于赵武灵王。顾氏《日知录》尝言之。

　　《日知录》："春秋之世，戎翟之杂居于中夏者，大抵皆在山谷之间，兵车之所不至。齐桓、晋文仅攘而却之，不能深入其地者，用车故也。中行穆子之败翟于大卤，得之毁车崇卒，而智伯欲伐仇犹，遗之大钟，以开其道，其不利于车可知矣。势不得不变而为骑，骑射所以便山谷也，胡服所以便骑射也。是以公子成之徒谏胡服，而不谏骑射，意骑射之法，必有先武灵而用之者矣。"惠栋曰："案《韩非子》秦穆公送重耳畴骑二千，则单骑不始于六国。"

按苏秦以周显王三十五年说燕，三十六年说赵；赵肃侯之十七年也，距武灵王胡服，凡二十六年，而其言已历称某国骑几千匹，某国骑几万匹，是骑射之法，在武灵王未胡服之先已盛行矣。惟其由车战骤变而盛行骑兵之制，则未能质言其事也。

顾氏亦云六国之时始有单骑，苏秦所云车千乘，骑万匹，是也，而未考苏秦先于赵武灵王。吴起仕魏，卧不设席，行不骑乘，事在周威烈王二十三年，见《通鉴》卷一，亦先于苏秦。